中國古城墙

乙未暮春

謝辰生題
時年九十又四

十竹齋

中国古城墙

Ancient City Walls of China

主编 杨国庆

第四卷

四川

青海

宁夏

云南

西藏

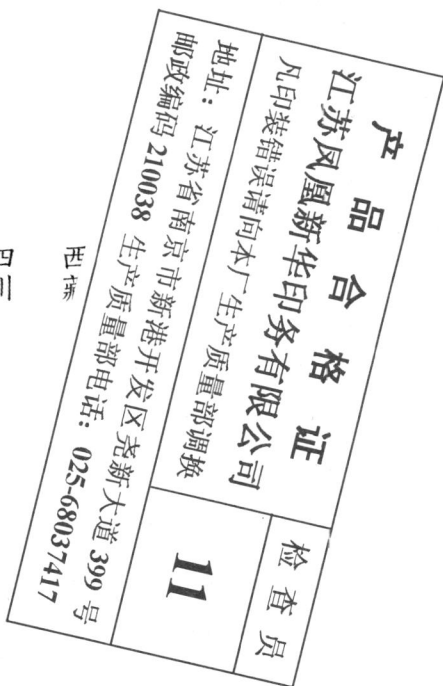

产品合格证

江苏凤凰新华印务有限公司

凡印装错误请向本厂生产质量部调换

地址：江苏省南京市新港开发区尧新大道399号

生产质量部电话：025-68037417

邮政编码 210038

检查员

11

江苏人民出版社

图书在版编目（CIP）数据

中国古城墙 / 杨国庆主编. —— 南京：江苏人民出版社，2017.6
ISBN 978-7-214-19295-0

Ⅰ.①中… Ⅱ.①杨… Ⅲ.① 城墙—研究—中国—古代 Ⅳ.①K928.77

中国版本图书馆CIP数据核字（2016）第170045号

书　　　名	中国古城墙（第四卷）
主　　　编	杨国庆
责 任 编 辑	汪意云
特 约 编 辑	刘仁军
封 面 设 计	姜　嵩
版 式 设 计	许文菲
责 任 监 制	王列丹
出 版 发 行	江苏人民出版社
出版社地址	南京市湖南路 1 号 A 楼，邮编：210009
出版社网址	http://www.jspph.com
照　　　排	江苏凤凰印刷数字技术有限公司
印　　　刷	江苏凤凰新华印务有限公司
开　　　本	787毫米×1092毫米　1/16
总 印 张	135.75　插页24
总 字 数	2000千字（全六卷）
版　　　次	2017年8月第1版　2017年8月第1次印刷
标 准 书 号	ISBN 978-7-214-19295-0
定　　　价	1800.00元（全六卷）

（江苏人民出版社图书凡印装错误可向承印厂调换）

《中国古城墙》编委会

名誉主任：刁仁昌
主　　任：郑孝清
副 主 任：杨国庆　夏维中

主编：杨国庆
第一卷　副主编：郭　豹　　张　俊
第二卷　副主编：马　麟　　金玉萍
第三卷　副主编：刘东华　　王柏夫
第四卷　副主编：强巴次仁　何敏翔
第五卷　副主编：肖　瓛　　王　腾
第六卷　副主编：曹方卿　　张　君

编委及编务（按姓氏笔划排序）：

Cathleen Paethe　于放　马自新　马军勤　马俊　马麟　王军　王志高
王柏夫　王喜根　王腾　孔源　考薇　成大林　朱明娥　任卓　刘东华
刘建凌　刘斌　许扬　孙秀丽　严文英　李少华　李日影　李文龙　李昕桐
李朝晖　杨帆　杨庆饶　杨昊玉　杨国庆　杨新华　杨辟　肖瓛　吴林
何海平　何敏翔　狄祝芳　张君　张依萌　张俊　张琪　张辉　陈启东
尚珩　金玉萍　金连玉　周源　郁慧慧　郑园　郑嘉励　赵梦薇　荆绍福
胡静　洪峰　姚远　姚媛　袁学军　徐振欧　徐骏凯　凌易　高增忠
郭世军　郭豹　萧红颜　曹方卿　盛铖　符炫　葛维成　韩丽勤　程长进
强巴次仁　蒙乃庆

"中国明清城墙"联合申遗办公室、南京城墙保护管理中心、南京城墙博物馆、南京城墙保护基金会、南京城墙研究会对本书编撰给予了大力支持，特此鸣谢！

目录
【第四卷】

陕西 003

甘肃 *091*

西藏 *155*

新疆 *113*

四川 *191*

青海 *255*

宁夏 *275*

云南 *297*

N

石峁城址 ●

黄

榆林城 ●

米脂城 ●

吴堡城 ●

肤施城 ●
延安城 ● ● 丰林县城遗址

洛

河

韩城城 ●

汉高陵(千春)
县城遗址

长武城 ●
白水城 ● 澄城城 ●

安戎关古遗址 ● 陇县城 ●
蒲城城 ●
淳化城 ●

凤翔城 ●
泾阳城 ● 高陵城 ●
潼关城 ●

唐鹿苑县城遗址 ● 西安城 ● 汉阳陵县城遗址
蓝田城 ●

汉左冯翊城遗址 ● 洛南城 ●

商州城 ●

古胡城遗址 ● 洋县城
汉中城 ● 城固城 ● 石泉城 ●

汉阴城 ● 旬阳城 ●

平利城 ●

陕西

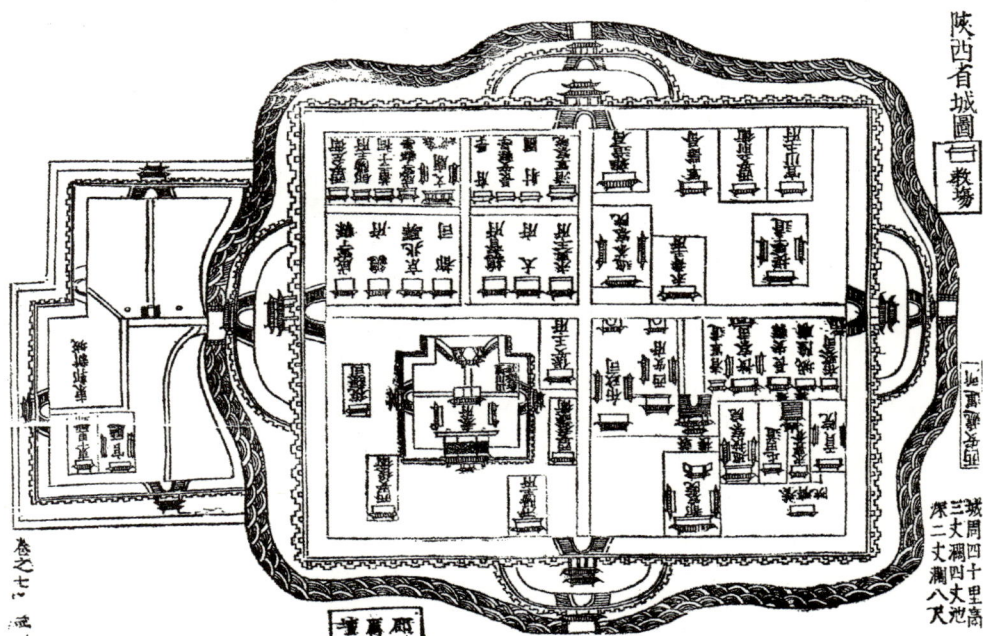

陕西省城图 据《陕西通志》卷四十（明嘉靖二十一年刊本），张君重绘

西安，位于渭河南岸、秦岭山脉北边、关中平原中部，因周围曲流环绕，自古有"八水绕长安"之说。先后有西周、秦、西汉、新、东汉（献帝初）、西晋（愍帝）、前赵、前秦、后秦、西魏、北周、隋、唐等13个王朝在这里建都达1100余年之久。故文物古迹种类多、数量大，有"天然历史博物馆"之誉。1982年，被列为国家历史文化名城。

西安，在西周时称为"丰镐"，是周文王和周武王分别修建的"丰京"和"镐京"的合称。汉高祖五年（前202），刘邦在此立名"长安"，意即长治久安。唐贞观八年（634），在原外郭城东北龙首原上营建大明宫。元代改京兆为安西路（后改奉元路）。明洪武二年（1369），废奉元路设西安府，"西安"由此得名。1928年，在西安首次设市，1947年由省辖市改为国民政府行政院辖市。1949年，为中央人民政府直辖市。自1954年改为省辖市以后，一直为陕西省省会所在地。

西安最早筑城与最早建都有关，即西周建造的丰京与镐京都城，但不在今日西安的主城区，而在长安区境内。汉高祖五年（前202），刘邦即皇帝位，并选定渭河南岸名称为"长安"的小村落为基础建立都城，即后世著名的汉长安城。经过汉高祖（前206～前195）、汉惠帝（前194～前188）、汉武帝（前140～前87）三个时期的大规模营建，使汉长安城的规划设计被推崇为"览秦制，跨周法"（《文选》卷二，东汉张衡《西京赋》）。城市整体布局形成南、北二城，北城为"北斗星"，南城为"南斗星"，突显了内城（皇宫）的威严和防御。因此，汉长安城又被称为"斗城"。城墙周长约25公里、高3.5丈（至今最高遗存仍有8米），墙体上窄下宽，全部以夯土版筑而成，基宽约16米。城外均设有宽8米、深3米的护城壕。四面城墙各开城门3座，每座城门大小不一。汉长安城仍不在今日西安市主城区内，而隋、唐时期的大兴城、长安城则与今日西安城有了直接关系。

隋开皇元年（581），隋文帝杨坚建立隋朝，在汉长安城南边的龙首原营造新的都城。因杨坚在北周时被封为大兴公，故命名该城为"大兴城"。大兴城具体的设计和督造官是太子左庶子宇文恺，他是中国古代城市建设史上著名的建筑设计大家。他借鉴了北魏洛阳和东魏高齐邺城等都城的设计优点，针对龙首原以南六条冈阜的地形地貌，运用《周易》乾卦之六爻的文化内涵加以诠释，整座城市由外郭、皇城和宫城组成，外郭略呈方形，四周城墙长35.5公里，布局规模宏大，层次分明，既突显了皇权（皇宫正中的位置）的至高与威严，又以街道将全城分割成若干"里"和"坊"，作为城市的商住区。

唐武德元年（618），李渊于此建立唐朝后，仍以大兴城为基本城市框架，略加修整，定都为长安城。唐长安城局部变化主要是唐太宗李世民为其

▽ 唐代长安城明德门遗址 本页两图引自李泽奉、毛佩琦编撰《岁月河山——图说中国历史》（上海古籍出版社，1989年）

▽ 汉代长安城墙遗址（西安市西北）

△ 经过修葺的安定门城楼 本文照片除署名外，均由西安城墙管委会提供

▷ 永宁门瓮城登城步道

父李渊增建的避暑胜地大明宫。大明宫位于太极宫东北的龙首原上，地势较高，宫城四周筑有城墙，周长7600多米，设城门11座，是唐代高宗以后（除玄宗以外）的政治中枢。唐朝末年，战乱频繁，长安城遭严重破坏。天祐元年（904），驻防长安的节度使韩建，放弃了破损严重的外城与宫城，只对皇城加以改修（又称"新城"），封闭了皇城的朱雀、安福、延喜三门，仅开北面的玄武门，以便防守。这座小城历经五代的后唐、后晋、后汉、后周，到宋、元二代，城的名称和建置虽屡有变换，但城垣规模却无改变，作为控制中国西北、西南地区军事重镇的战略地位依旧存在。

明洪武二年（1369），明政府改奉元路为"西安府"，"西安"之名由此而来。明太祖朱元璋出于对这座城市的重视，于洪武三年封其次子朱樉为秦王，负责西安的军政事务。明初西安城池的变化是加修城墙。自洪武三年开始拓城与建城，将唐城的东、北二面城墙拆除后向外扩展，把西、南二面旧城墙加以延伸和修整，洪武十一年完工。扩建后的西安城呈长方形，城墙周长13.912公里（《考工典》记为"城周四十里"）。开始修筑的城墙是用细密黄土分层夯打版筑而成，顶部、底部及墙体外侧使用石灰、土与糯米汁混合夯打，十分坚硬，且起到防水的效果。隆庆二年（1568），陕西巡抚张祉将城墙外壁和顶面加砌了城砖，始为砖城。明代西安城墙高12米、顶宽12～15米、底宽15～18米。城墙顶部每隔40～60米设有用于排水的吐水槽，向外一侧设垛口（雉堞）5984座。全城四面设城门4座：南曰"永宁"，北曰"安远"，西曰"安定"，东曰"长乐"，均建有城楼。嘉靖五年（1526），巡抚王荩重修城楼。崇祯九年（1636），陕西巡抚孙传庭为防备农民义军李自成攻城，在四门外修建了郭城4座（已毁）。西安城门附属建筑还设有主城楼、箭楼、闸楼的三重城楼。主城楼高32米、长40余米，为歇山顶式，四角翘起，三层重檐，底层有回廊环绕。箭楼与正楼之间的瓮城内原无马道（后建），登城均由城内门洞左侧，并建有门楼。闸楼外的护城河上，还设有吊桥。在城墙四角建有角楼，除西南角台为半圆形外，其余三座均为方形。城墙外侧每隔120米建有敌台（又称"墩楼"，俗称"马面"）1座，每座宽20米，从城墙向外伸出12米，全城计98座，敌台上建卡房3间（供守城士卒住宿）。在南门以东城墙上还建有魁星楼1座。

清代，西安城基本沿袭明制，但进行过不少于12次的大规模维修。其中

▽ 西安北门 引自［德］恩斯特·柏石曼《中国的建筑与景观》1926年德文原版

▲ 2006年东南城角

△ 西安城墙夜景

△ 永宁门箭楼

△ 环境改造后的环城西苑

△ 2006年修缮后的永宁门及城楼

△ 护城河试验段远景

△ 整修改造后的顺城巷

△ 护城河改造后新景观

△ 西南城角的角台与护城河

最大规模有5次，最重要的一次是乾隆四十六年（1781）的修缮工程，将全城的包砖墙增厚，城顶铺设了海墁，增修排水道等。先后历时一年才告竣。

自1912年后迄今，西安城时有损毁，也时有修缮，先后增建了14座城门。除明代原有四门外，南边城墙增开城门6座：曰"含光门"（1984年发现遗址，就地保护）、"勿幕门"（小南门，1939年开通）、"朱雀门"（1986年开通）、"文昌门"（1986年开通）、"和平门"（1953年开通）、"建国门"（1986年开通）。北边城墙增开城门5座：曰"尚武门"（1986年开通）、"尚德门"（1986年开通）、"解放门"（小北门）、"尚俭门"（1986年开通）、"尚勤门"（1986年开通）。西边城墙增开城门1座：曰"玉祥门"（小西门，1928年开通）。东边城墙增开城门2座：曰"中山门"（小东门，1927年开通）、"西安门"。目前，全城合计城门18座（不含明代城门两侧为便于现代交通后开的券洞）。

自1950年以后，以习仲勋为代表的领导人曾先后三次力保西安城墙，使这座古城墙避免被拆（参考《城记》2013年第1期创刊号）。

20世纪80年代以前，西安城墙因年久失修，许多城墙毁损，甚至有些地段城墙形成豁口。自1984年起，西安城墙开始全面修葺，补建已被拆毁的东门、北门箭楼、南门闸楼、吊桥，并建成环城公园。2006年5月，西安火车站段城墙连接工程主体完工，形成一座完全弥合的古城。护城河实现全线清淤，清理淤泥量达13万立方米。2009年11月，《西安城墙保护条例》正式实施，使西安城墙的保护有了法律依据。并建立了城墙文物保护巡查制度，确定了城墙墙体外侧重点观测部位26处，安装了观测标志碑。

1961年，西安城墙被列入全国重点文物保护单位。2012年，西安城墙再次被列入"中国明清城墙"世界文化遗产组合项目，进入预备名单。

杨国庆

西安府城池：即隋唐京城，隋文帝因长安制小，命高颎等创建新都。其地在汉长安故城之东南。明洪武初，都督濮英增修，城周四十里，高三丈。池深二丈，阔八尺。门四：东曰长乐，南曰永宁，西曰安定，北曰安远。长安、咸宁二县俱附郭。

——清《考工典》第十九卷，引自《古今图书集成》

△ 小南门券洞北口东侧破损状况

△ 白水县分野图　引自《白水县志》清顺治四年版

白水，因其境内白水河而得名，位于陕西省中部偏东北，东隔洛河与澄城县相望，南接蒲城县，西接铜川市印台区与渭北黑腰带相连，北以黄龙山、雁门山为界，与宜君、黄龙、洛川三县毗邻。

秦孝公十二年（前350），设白水县，为设县之始。西汉景帝（前156～前141）时，废白水县，建粟邑县。东汉初，废粟城县。北魏置白水县，唐贞观年间废县。五代（907～960），复建白水县，先隶属同州，后隶属耀州。宋时，隶同州。明清时，基本隶西安府同州。雍正三年（1725），曾改属耀州；雍正十三年，又复隶同州。1959年，蒲城、白水、澄城三县合并为蒲城县。1961年，恢复白水县建制，隶属渭南地区。1995年，隶属地级渭南市至今。

白水最早筑城不详，且城址变迁较多。据清乾隆十九年《白水县志》载："县城原方四里，府志云相传唐尉迟恭监筑"，又注："唐贞观时，尉迟恭为同州刺史，县城或其所檄修者。"元朝末年，县城因兵乱成为废墟。

明洪武二年（1369），主簿丁华于南临川修筑县城。洪武四年（《考工典》为"洪武三年"），知县张三同因县城易遇水患，而在唐城原址新筑土城，城周长410丈、面积约2.3平方里。城墙高2.5丈、顶宽1.3丈。设城门3座：东曰"环洛"，南曰"永宁"，北曰"景泰"。城墙上有雉堞、敌楼。城壕深1丈、宽1.5丈。嘉靖三十二年（1553），因农民在中部县（今黄陵县）造反，将逼近白水境，潼关兵备道张翰传檄知县温伯仁加筑外廓，起自内城西北角，终至东南角，增加面积约5平方里。城周长960丈、高2丈、宽2丈。县内城无西门，外城无东南水门。隆庆二年（1568），知县赵翰于城垣之上砌砖起女墙，又以东南水门用木棚搭置易腐朽，改用砖石砌成水门（据清雍正版《陕西通志》卷十四）。崇祯十二年（1639），因农民起义军李自成率部攻城，知县王无逸见城顶路径窄狭，不便御敌，又恐起义军临城竖梯，遂扩基1丈，高与旧墙齐，又筑雉堞、城楼。攻城义军经过数次攻城，最终城陷（据清顺治四年《白水县志》卷上）。

清顺治三年（1646），知县王永命见县城屡陷，城中居民迁徙，城门圮坏，遂深挖城壕，壕阔2丈、深3丈。后又因东南不通陆路，填塞水门，筑墙围井，多开矮门。康熙二年（1663），知县蒋如瑶见县城因历经战乱而城中荒凉，重修县城，后因防止民乱，塞闭东南水井及矮门。康熙四十年，重开东南水门，而矮门永久封闭。雍正元年（1723），东、北二关门倾坏，东门谯楼也坏，知县谢立重加修葺，有门8座、谯楼4座。乾隆十九年（1754），知县梁善长又重修葺（1925年《白水县志》卷二）。此后，县城虽时常毁坏，在地方官员主持下也时常得到修缮。

1943年时，县城周长7里，内城设门4座：东曰"来旭"（原名"环洛"），南曰"奎聚"（原名"永宁"，上有"仓圣名区"匾），北曰"依斗"（原名"景泰"），西曰"宝成"，东、北及南门门上都有楼。外城设门4座：东曰"迎阳"，东南曰"汲井"（又名

"水门"），西曰"险宁"，北曰"拱星"，唯东门有楼。

1949年后，白水县不断改建和扩建，旧城墙和城门陆续被拆除（据1989年《白水县志·建置志》），仅残存部分遗址。

1990年，白水县古城墙遗址被列为市（县）级文物保护单位。

肖瓛

白水县城池：旧城延袤四里，相传唐尉迟恭监筑。明洪武三年，知县张三同重修，建三门。周四里，高二丈。池深一丈。嘉靖三十二年，知县温伯仁接旧城东北，连筑新城，增广五里，环关外。城之高厚准旧城，并建二门。

——清《考工典》第十九卷，引自《古今图书集成》

△ 城固县城图 据《陕西通志》卷四十（明嘉靖二十一年刊本），张君重绘

　　城固，位于陕西省西南部，西邻汉中市，西北接留坝县，西南界南郑县，东及东北连洋县，东南连西乡县。因交通便利、土地肥沃，素有大西北之"小江南"之称。

　　春秋时，城固为蜀地。战国时，属秦地〔秦惠文王更元十三年（前312）置成固县〕。汉高祖五年（前202），属汉中郡。南朝宋改成固为"城固"。隋开皇三年（583），撤郡留州，县属梁州。唐武德二年（619），改城固为"唐固"。贞观二年（628）复名"城固"。南宋绍兴十四年（1144），分利州为东、西两路，县属利州东路兴元府。明洪武三年（1370），改兴元路为汉中府，城固属之。1913年，废府设道，县属陕西省汉中道。1928年，城固直属陕西省。1996年撤销汉中地区，设立地级汉中市，城固属之。

　　城固开始建城有二说：其一据《华阳国志》卷二《汉中志》记载："城固县故城在今陕西省城固县东六里"，故城即汉王城。府、县志有载"今县东

八里"者，多称此城；其二为蜀汉建兴七年（229），诸葛亮建。宋熙宁八年（1075），于城固设茶场，开通西北陆运。明嘉靖版《城固县志》记载："宋崇宁二年移建今所……薄垣，高仅寻许，三面为门，而缺其北。"后开北门和东、西二小门。后虽经屡修，其县城规模、城门仍维持原址、原形。元末，城垣废坏（据清康熙五十六年《城固县志》卷一）。

明洪武三年（1370），县丞刘翮主持在县城原址重建新城，城墙薄矮，无壕堑沟垒。正德七年（1512），汉中府通判周盛主持修城，当年三月开工，翌年七月建成。城周7里，呈长方形。城高3丈、阔2.5丈。开城门4座，均建门楼：东曰"永和"，西曰"安远"，南曰"通济"，北曰"新宁"，后废"北门"。城壕深2.5丈、阔3.5丈。城上有女墙，四角各建角楼1座，每20丈建小楼1座。城内马道5尺。嘉靖六年（1527），知县刘佳开东、西二小门，东曰"富春"，西曰"阜秋"（据清雍正版《陕西通志》卷十四）。

清康熙四十五年（1706）秋，城固因遭大雨，部分城垣崩坍，城楼倾倒。知县潘焘率工修葺。嘉庆十二年（1807），修浚护城河。光绪年间（1875~1908），重建丰乐桥和钟楼。

1958年城门被拆除。1964~1984年，由于城市建设等因，逐渐拆除城墙，扩建街道，城墙遂被拆毁。

今保留较好的城固钟楼，是昔日城固城留下的遗迹，位于城固县博望镇钟楼街，原城固县城东、西、南、北大街的交汇中心。城固钟楼始建于清康熙年间，后因兵祸焚毁，重建于清光绪二十四年（1898）。城固钟楼通高20米，为砖木结构，由台座与楼阁构成，内有陡梯可通顶层。2008年，城固钟楼被列为省级文物保护单位。

附：

古胡城遗址 位于城固柳林镇古城东北侧。据《元丰九域志》《舆地纪胜》记载：汉博望侯张骞出使西域回国，携副使及胡妻归城固故里，筑此城而居，故名"古胡城"，后简称"古城"。该城址平面呈长方形，现残存夯筑北墙和东墙各一段，北城墙长65.5米、顶宽3.5米、高4.2米；东城墙长12米、顶宽3米、高34米，东城门因修建村级道路而遭破坏。遗址上现为村民的桔园和蔬菜地，地表散落的条砖被当地村民拣回砌墙垒圈建粪池。1981年，古胡城遗址被列为市（县）级文物保护单位。

肖璐

城固县城池：蜀汉建兴七年，丞相诸葛亮建。明正德七年，通判周盛重修，甃以砖。嘉靖六年，知县刘佳开东、西小二门。周七里，高三丈。池深二丈五尺。

——清《考工典》第十九卷，引自《古今图书集成》

澄城 城

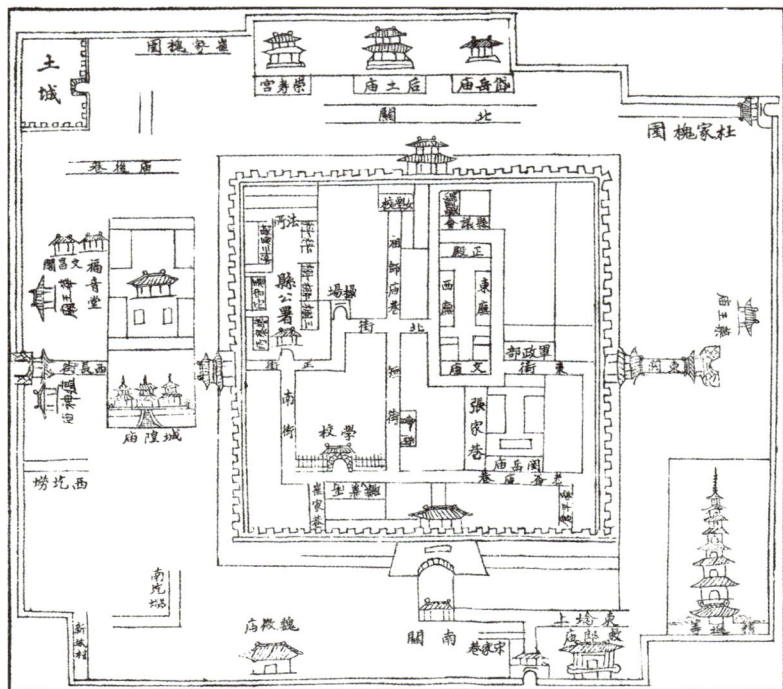

△ 澄城治城全图　引自《澄城县志》民国十五年刊本，载《中国方志丛书·华北地方·陕西省（245）·澄城县志》

　　澄城，地处陕西渭北高原东北部，南与大荔县毗连，北与黄龙县接壤，东隔大浴河与合阳县相望，西界洛河与蒲城县、白水县为邻。

　　北魏太平真君七年（446），始建县治，以县城西河有澄泉而得名，县治始设今址。此后，建置、驻地及隶属多有变化。明清时，澄城先后隶属西安府同州和陕西省潼商道同州府。1958年，撤销澄城县建制。1961年，恢复县制。

　　澄城最早筑城不详，且有数次异地重建。据清咸丰元年《澄城县志》记载：澄城"城池，后魏时建，周三里有奇，高二丈五尺，土筑。池深一丈三尺，门四"。元时，陕西平章李思齐迁县治于亲邻寨。

　　明洪武二年（1369），澄城县治复迁原址。明正统（1436～1449）、景泰（1450～1456）、弘治（1488～1505）年间三次重修。嘉靖二十五年（1546），边事告急，知县徐效贤奉檄加固城墙，墙基宽1.6丈、顶宽9尺、高

△ 澄城古城遗址　郑诚提供

2丈余。嘉靖二十七年，知县郑光溥建郭门4座，上建谯楼，砖砌女墙。西城门外南侧建大水池，俗称"西湖"。湖靠城墙处以石护基，西、北二面用石条砌就，池沿高出地面三尺多，南为开口，湖水由此泄于西河。后由于泥沙沉积，淤塞湖底，西湖名存实亡。崇祯六年（1633），知县王选令在城头增土三尺，兼并垛堞（据清雍正版《陕西通志》卷十四）。

清顺治五年（1648），知县姚钦明重修城垣，开水门于西门之左，重建北楼。康熙三年（1664），知县侯万里重修谯楼。乾隆三十一年（1766），知县额乐春再次重修；乾隆四十八年，知县周志阎于四门外建石桥以通水道。

1921年6月，因军阀争城之战，南城楼被轰毁，后驻军重修。1925年春，战争又起，城墙又遭轰击，南城门复圮。同年秋季，驻军姜景塞、知事王怀斌主持重修城墙。同时，加固城角炮台（大土墩）4座，疏浚东、南、北三面城壕，壕深2丈、宽2.5丈。1926年6月，县城驻军段懋功为巩固阵地，在县城四关筑围墙，建东北、正南、正西郭门3座，砖箍门洞。三门之间，布设13座炮台，派兵把守（据1926年《澄城县附志》卷二）。1927年，段懋功败走后，民众开墙通道，挖土平壕，城墙遭到损毁。

1970年，因县城扩展需要，拆除残余城墙。现澄城城墙尚存部分遗址、遗迹。

肖璇

澄城县城池： 后魏时建。明嘉靖二十五年，知县徐效贤复加筑凿；二十七年，修四门；二十八年，建四郭门。周三里，高二丈五尺。池深一丈三尺。顺治五年，知县姚钦明重修，开水门。

——清《考工典》第十九卷，引自《古今图书集成》

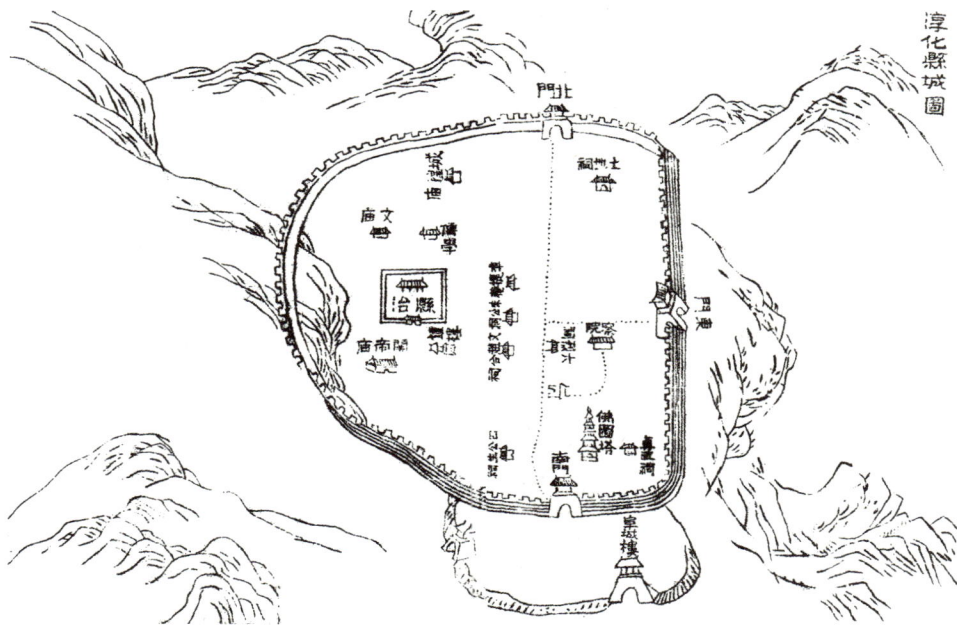

△ 淳化县城图　引自《淳化县志》民国二十三年版

淳化，位于陕西省咸阳市北部、渭北黄土高原南缘、泾河左岸，东临三原，西连彬县，南与泾阳、礼泉、永寿交界，北和耀州、旬邑接壤。

今境秦属云阳县。西汉始元二年（前85），汉昭帝为奉其母（即钩弋夫人）陵寝，在云阳县境内增设云陵县。曹魏初（220）撤销云阳县。北魏太平真君七年（446）复设云阳县。北宋淳化四年（993），于云阳县梨园镇（今淳化县城）设淳化县，以"太宗"年号命名。明清时，淳化先后隶属西安府邠州、邠州直隶州。1984年，正式撤销咸阳地区，成立地级咸阳市，淳化县属之。

淳化最早筑城不详，据文献记载：北宋淳化四年（993），始筑城墙，但形制已不可考。左有高岭，右为深沟，依山为城，临水为池，以土筑城，屡圮屡修。

明嘉靖九年（1530），知县马崇增筑城垣。修毕，城周4里170步、高2.5丈。南、北、东三面有门，均建城楼，东门匾额为"迎和"，南门为"阜民"，北门为"拱极"。城壕深1丈、宽5尺。嘉靖四十三年，知县张介设垛楼（清雍正版《陕西通志》卷十四为"女墙、门楼"）。万历年间（1573～1620），城垣长5.3里、高3.5丈、上宽1丈、下宽2.5丈。南、北、西三面有濠，东面为河。四门未变。崇祯八年（1635），赵之琴增修城垣；崇祯末年，知县孟学孔于西南角设敌台。

清顺治五年（1648），知县赵宾修城楼。康熙三十九年（1700）冬，知县张如锦捐俸补筑城垣130余丈，城垣东西170步、南北1里268步、周4里170步、高2.5丈，池深1丈、宽5丈，东、南、北三门修葺一新，匾额仍沿明称。南北以沟为濠，东以河为濠。乾隆二十八年（1763），知县吴国栋详请动项，重修城垣，周围长4.1里20步2尺，其西城依塬而筑，无城门，围长748.2丈。同治元年（1862），为防回民起义军，知县唐正恩主持以砖修城身（据1934年《淳化县志》）。

1912年后，城垣无增修。1949年后，淳化城墙唯存东、南局部残墙。

2010年以来，淳化县多方筹措资金1100多万元，按照原貌，对宋城墙遗址实施恢复保护性措施。目前，恢复淳化旧城墙约1000米，修建起南城门阙、宋城墙遗址公园和文化文物广场及管护用房。

肖瓛

淳化县城池：宋淳化四年建。明嘉靖九年，知县马崇增筑；四十三年，知县张介饬女墙、门楼。崇祯中，知县孟学孔于西南角筑敌台。周四里一百七十步，高二丈五尺。池深一丈。建东、南、北三门。

——清《考工典》第十九卷，引自《古今图书集成》

△ 凤翔府城图　引自《重修凤翔府志》清乾隆三十一年刊本，载《中国方志丛书·华北地方·陕西省（292）·重修凤翔府志》

凤翔，古称"雍"、"雍州"、"雍城"，位于陕西省关中平原西部，东毗岐山，南邻宝鸡，西连千阳，北接麟游。横水河环于东，千河流于西，雍河贯其中，皆南汇入渭河，是陕西省首批公布的省级历史文化名城。

秦时，始置雍县。西汉高祖二年（前205），雍县属中地郡。三国魏改名为扶风郡。唐至德元载（756），改扶风郡为凤翔郡，取"凤鸣于岐、翔于雍"之意。次年，升郡为府，称"西京"，改雍县为凤翔县。此后，建置及隶属多有变化。1980年，凤翔县属宝鸡市管辖，延续至今。

凤翔城，始建于秦德公元年（前677），后称"古雍城"，在今县境中部。现该城遗址四周有残垣相连，东西约长3300米、南北宽约3200米，形状依稀可辨。第二次筑城名曰"雍城镇"（俗称"小城"），位于古雍城之北。据记载，为北魏太武帝拓跋焘在位初期所建，为岐州治所，城周长约4公里、墙高7米、底宽3米左右，有城门5座。清·张兆栋《守岐公牍汇存》记载："郡城东关，街长十里，巨商大贾，云集于此，为一郡精华之地"，即雍城镇内的东西街道，今县城东关地区。第三次筑城，为唐末岐王李茂贞所筑（据清乾隆三十一年《重修凤翔县志》卷二），位于县境之中心，古雍城之北，南城墙基在雍城旧址上，城周长12.3里、高2.5丈。

明景泰元年（1450），知府扈进重修。正德十三年（1518），知府王江增修。万历二年（1574），知府邹廷望增筑。修毕，城墙高3丈、厚3丈，女墙换成砖墙。翻新城门楼：东曰"迎恩"，楼曰"朝阳"；西曰"保和"，楼曰"金鞏"；南曰"景明"，楼曰"文明"；北曰"宁远"，楼曰"拱辰"。又有小南门在正南门之东，上建奎楼，在文昌祠前，常闭，唯有贵宾来时才开启。修垛口1782座、箭楼48座。城壕深2.5丈、宽3丈（据清雍正版《凤翔县志》卷二）。万历三十八年，通判姚希会开重门于南墙，上建门楼。万历末年，知府熊应元重修（据清雍正版《陕西通志》卷十四）。

清顺治八年（1651），重修城楼。清乾隆十七年（1752），县令史曾奉檄再次重修。修城门4座：东曰"迎恩"，南曰"景明"（据道光六年《凤翔府志卷二》），西曰"金巩"，北曰"宁远"。女墙均为砖砌，修建城垛4206座、窝铺8座。凤翔城东西城门正面直开，南北城门均转向东，呈凤凰展翅状。城墙内坡外陡，城壕长、宽各3丈，水深壕宽，易守难攻，俗称"卧牛城"。凤翔城西北角有凤凰泉，泉水分东、西两支，沿护城河流至城东南角汇

▽ 修缮后的凤翔古城遗址　郑诚提供

合，经凤尾桥南流入雍河。

1938年，驻凤翔的黄埔军校第七分校借修房之名，拆搬城上女墙砖块，造成凤翔城墙破损严重，但城墙、城门仍保留大部分。1949年后，因城市建设需要，扩城修路，逐年挖掘城门，城墙大部分被拆除（据1991年《凤翔县志》第十七卷）。

20世纪80年代以后，据有关部门调查显示：凤翔古城墙仍存残留三段，其中一段位于凤翔古城墙西南角，长约700米、高约10米，基本保持了原城墙外陡内缓的特征。2008年，凤翔县为保护残存城墙，修建了城墙遗址生态公园。其余两处残段古城墙，分别位于陕西省凤翔师范学校南端30米和关中工具厂西侧一段。

1986年，凤翔城墙遗迹被列为市（县）级文物保护单位。

肖璠

凤翔府城池：唐末，李茂贞建。明景泰元年，知府扈进重修。万历三十八年，改建南门。周一十二里三分，高三丈，厚称之。池深二丈五尺，阔三丈。门四：东曰迎恩，南曰景明，西曰保和，北曰宁远。顺治十八年，茶院许之渐鼎建门楼。凤翔县附郭。

——清《考工典》第十九卷，引自《古今图书集成》

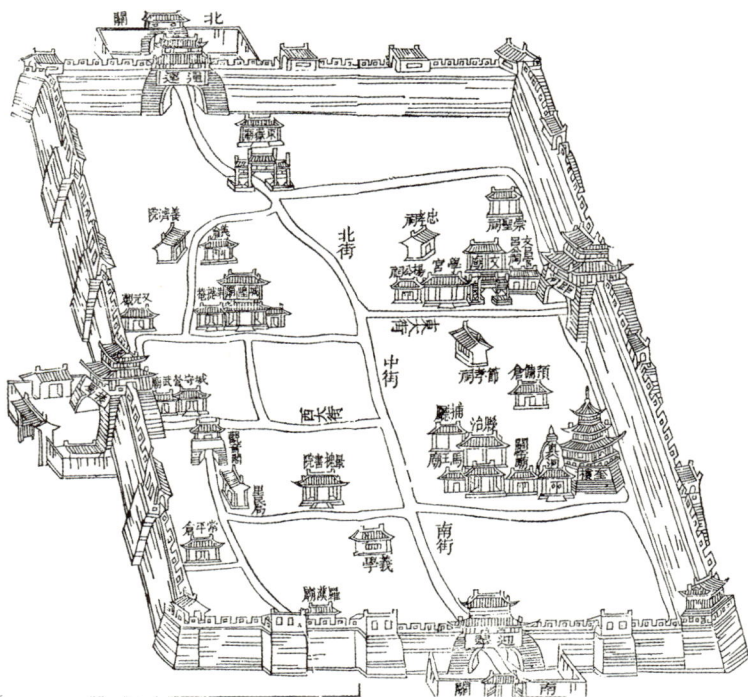

△ 高陵县城池图　引自《高陵县续志》清光绪十年刊本，载《中国方志丛书·华北地方·陕西省（232）·高陵县续志》

高陵，地处陕西省关中平原腹地，隶属于西安市，位于其辖域北部。因境内有奉正塬，塬体高隆，貌似为陵，故名“高陵”。以“泾渭分明”自然景观闻名遐迩，素有关中“白菜心”之美誉。

秦孝公十二年（前350），高陵始设县治，是中国建县最早的县之一。新莽天凤二年（15），改名“千春”。更始元年（23），复名“高陵”。三国魏黄初元年（220），更名“高陆”。隋大业二年（606），又复名“高陵”，相沿至今。1949年之前，县境未有太大变化。2015年，正式撤销高陵县，设立西安市高陵区。

秦孝公十二年（前350）置县时，城邑无考。两汉时，高陵县城在今鹿苑街道政府驻地西偏北0.57公里千春村处，“城周三里”，已废圮难考。三国魏黄初元年（220），更名“高陆县”后，县城迁至今县城西南一里的小古城村附近，筑有城郭，周长无载。北魏太武帝神麚四年（431），县城迁至今地，城郭史料无载。隋大业七年（611），筑城，周2里120步，各志中均称为"土城"（据明嘉靖二十年《高陵县志》卷一）。

明景泰元年（1450），知县张锦扩筑城郭，周长4里220步、广270步、袤1里200步、高3丈。设门4座：东曰"距河"，南曰"迎翠"，西曰"接蜀"，北曰"通远"，东、南二门由知县杨清以砖砌之。天顺年间（1457～1464），佥事张绅重筑城楼及16座更房。嘉靖年间（1522～1566），知县邓兴仁开水门1座，并以石包砌。建谯楼于东门内转南墙下（据清雍正版《陕西通志》卷十四）。

清乾隆十八年（1753），知县肖大中重修县城四门。同治元年（1862），回民起义，城楼、更房俱烬。同治五年六月，知县陆墍筹款补修，重建城楼，增置更房33座，砖砌城墙的雉堞，工未竣离任。随后知县曹琛、洪敬夫先后莅任，筹款续修。修毕，土城周长830丈、城身均高3丈、顶厚7尺、底厚1.7丈、池深2.5丈（据清光绪十年《高陵县续志》卷一）。

1928年后，高陵县城也曾修葺城郭。1949年前夕，地方县政府在四门外筑有明暗碉堡，在城墙四角、城门楼两侧筑有机枪火力槽和步枪射击眼等工事。

1953年后，逐步改造街巷道路，拆除城墙，城墙基本无存。

附：

汉高陵（千春）县城遗址　位于今县城西偏北约0.57公里千春村处。新朝天凤二年（15），更名为千春县。更始元年（23），复名高陵县。城周三里，已废圮无迹。此城作为县治始于西汉，终于东汉。

汉左冯翊城遗址　左冯翊城，原为西汉武帝元鼎四年（前113）建置的佐助左内史并掌军事的左辅都尉府城。武帝太初元年（前104），改左内史为"左冯翊"后，随之改为佐助左冯翊的最高官署城，是所谓三辅都尉之一。东汉光武东都后，左冯翊出治本县，与之同驻一城。曹魏初年，改左冯翊为"冯翊郡"，治所迁至临晋。左冯翊（左辅都尉）城历时300多年。遗址位于县城西南1.85公里的鹿苑镇大古城村，地表层内存有墙基、零星瓦片、陶片及五角地下水管等汉代遗物。1982年，该遗址被列为县级文物保护单位。

汉阳陵县城遗址　位于马家湾米家崖村东北300米泾河南岸台地上。呈长方形，城墙夯筑。现存南墙残长约600米，东、西墙均残长约60米，残高1～2米、基宽3米、夯层厚13～15厘米。因泾河南移，北墙已不存。采集有"长生无极"、"长乐未央"瓦当及外素面、内布纹筒瓦、板瓦残片。西汉景帝时以弋阳县改制，王莽时改为渭阳县。1982年，该遗址被列入县级文物保护单位。

唐鹿苑县城遗址　位于泾渭街道西营村南塬上。唐武德元年（618）建县，贞观元年（627）并入高陵。该遗址东西长1公里，因被渭水冲刷，现南北宽只有0.25公里。东、西、北三面墙基残存，为窝夯土筑。遗址中有大量唐、宋时代的瓦片、瓷片、砖块等，还有战国时代的陶片。相传周赧王曾在此筑寨屯兵，故有"赧王寨"之称。又传鹿台将军佐轩辕破蚩尤于此，故有"鹿台营"之名。元末，陕西等处行中书省平章政事李思齐又在此筑城戍守，故又称"鹿台城"或"鹿台戍"。1982年，该遗址被列为县级文物保护单位。

肖璇

高陵县城池：隋大业七年建。明景泰元年，知县张锦增筑。周四里二百二十步，高三丈。池深二丈五尺。

——清《考工典》第十九卷，引自《古今图书集成》

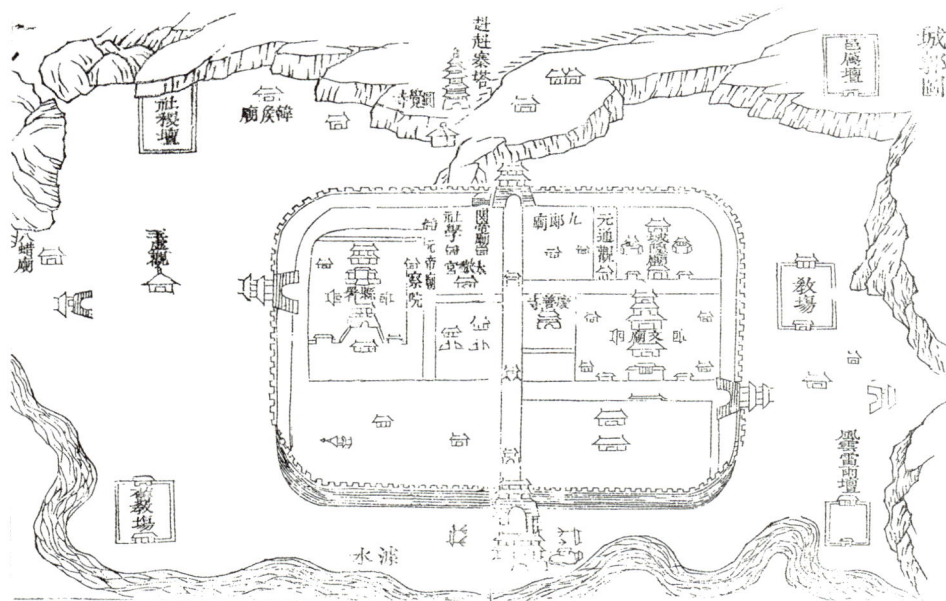

△ 韩城县城郭图　引自《韩城县志》清乾隆四十九年刊本，载《中国方志丛书·华北地方·陕西省（547）·韩城县志》

韩城，古称"龙门"，位于陕西省东部黄河西岸、关中平原东北隅，东隔黄河，北依宜川，西邻黄龙，南接合阳。1986年，被列为国家历史文化名城。

韩城在西周时为韩侯国。春秋时先属晋国，后属秦国。秦惠文王十一年（前327），始置夏阳县。隋开皇十八年（598），以古"韩侯国"为名，改名"韩城"。此后，建置及隶属多有变化。1984年1月，韩城改县为市（县级市）。2012年5月，升格为省内计划单列市（副地级市）。

隋开皇时期（581~600），韩城始筑城，但形制不明。据清嘉庆二十三年《韩城县志》记载：韩城于金大定四年（1164）始修土城。城墙周长4里59步（《考工典》记为"周四里百步余"）、高2.5丈，护城河深2丈。有城门4座：东曰"迎旴"，西曰"梁奕"，南曰"濠涛"，北曰"拱震"。

明嘉靖二十一年（1542），知县金文主持修城，并于四门修建月城。后因年久失修而荒废。崇祯三年（1630），增筑城墙，上下各3尺，后遇大雨而崩塌。崇祯五年，知县左懋修西门楼，更名"望甸"（据清雍正版《陕西通志》卷十四）。崇祯十三年（1640），由韩城的当朝首辅薛国观奏朝廷批准，倡议地方官员、绅士捐资改土城墙为砖城墙。城墙周长6里65步、高3丈、底宽3.3丈、面宽1.6丈。城墙上有雉堞1308座、警铺32座。城门为砖拱门洞，有砖木结构的城楼，高为1.5丈。城门牌匾东门为"黄河东带"，西门为"梁奕西襟"，南门为"溥彼韩城"，北门为"龙门盛地"。城外有环城路，路外挖有城壕，壕宽2丈、深1.5丈。各城门口有石砌吊桥。城壕外围又筑有高约1丈的土墙（据清乾隆四十九年《韩城县志》卷二）。

清雍正七年（1729），知县刘方夏再次修筑重葺，建四门城楼、鼓楼。其后文献少有记载。

20世纪三四十年代，当时的县政府下令拆除城墙。1947年，县长赵玉琳为阻止解放军入城，强迫民众重新筑城。1949年后，陆续拆除了全部城墙和四个城门洞。

韩城的城门及城垣今虽已无存，但其古城格局、城墙走势及城门朝向和位置等因素对城市发展的影响延续至今。原城墙位置今改为东、西环城路，位置界限尚可辨。城市内部街道以金城大街作为南北主要道路，大街两侧街巷多以东西走向为主，布局井然，结构紧凑，均保留了明清韩城城池内部空间的格局和风貌。

20世纪80年代，韩城市政府为保护古城区，择地另建新区，以保护古街区的城市肌理。

附：

韩城的周边，现存有大量古寨堡形式的建筑。2001年，据韩城文物局调查发现：从宋代至民国初年，修建的各类古寨堡共计201座，其中石寨6座、土寨195座。

寨堡是韩城周边村民用于防御的建筑形式，因韩城古城建在低洼处，防卫能力弱，在城边的台塬高地上环城修建古寨堡群，便构成韩城古城墙之外的第二道外围防线。寨堡城墙高度不定，随山势地形而各有不同，一般为8～10米。城墙皆为土筑，用石料砌筑墙基。墙上设有哨楼，部分寨墙垒成雉堞形态。另据《创筑保安寨碑记》记载："同知六年七月初旬间，贼匪拥至，黎明纷来，缘山追逐，衣物为之一空，骡马尽为所掳，村中十室仅留四五焉。而邻村有寨堡者，不过登城守御，而财务无一所失焉。"由此可见，寨堡在防卫方面发挥着重要的作用。目前比较完整的有赵家寨、吉家寨、纠纠寨以及姚庄东、西寨等10余座。

肖瓛

韩城县城池：隋开皇建。金大定四年改置桢州。元复置，周四里百步余，高二丈五尺。池深二丈。明嘉靖二十一年，知县金文筑四门月城。

——清《考工典》第十九卷，引自《古今图书集成》

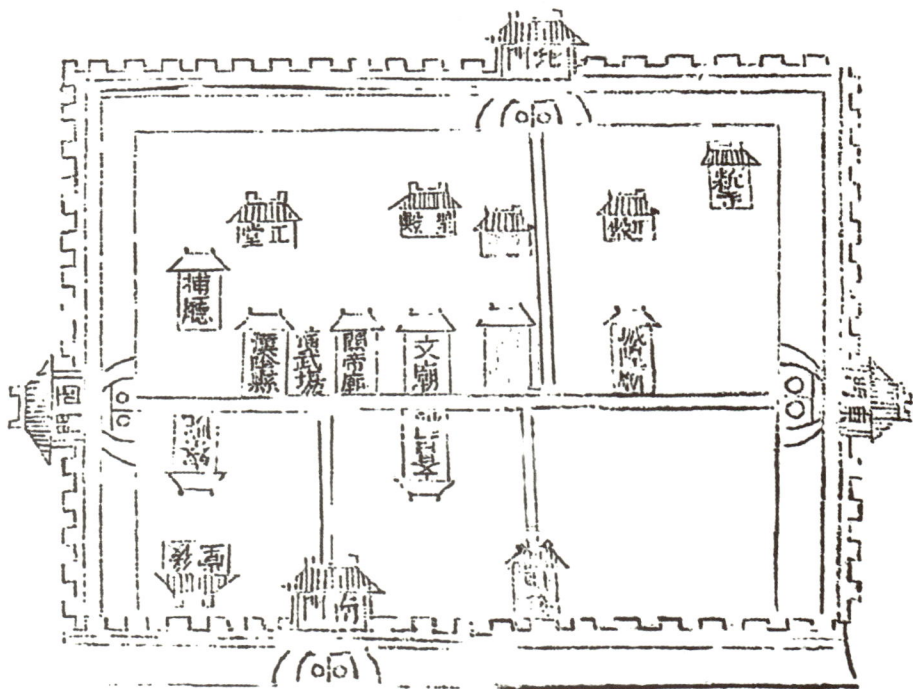

△ 汉阴县城图　据《汉阴县志》清康熙二十六年版，张君重绘

　　汉阴，古称"西城"、"安阳"、"汉宁"、"安康"，地处秦巴腹地，北枕秦岭，南倚大巴山，凤凰山横亘东西，汉江、月河分流其间。

　　秦时，汉阴为西城县地。三国魏，置安阳县，据《水经注》载："县治在城固县东。"晋太康元年（280），安阳县改名安康县，辖地未变。唐至德二载（757），县城地处汉水之南，故改名为"汉阴"。后因汉水泛滥，城池被毁。宋绍兴二年（1132），县城迁至汉水北面100多里的新店（即今县址），仍沿称"汉阴"至今。清，曾改汉阴厅。1913年，废厅复置汉阴县。1958年，并入石泉县。1961年，恢复汉阴县建制。

　　据清康熙二十六年《汉阴县志》记载：汉阴，明以前无城。明成化元年（1465），典史徐铎始筑土城，建门4座，东西长380步、南北宽150步。成化二十三年，知县张大纶（《考工典》记为"张纶"）始置四门城楼。弘治九年（1496），知县唐希介扩建，周围拓宽4尺。正德七年（1512），知县丁珣将城墙增高至2丈、厚1.8丈，并在内外加砌砖石。嘉靖十四年（1535），知县李时秀环城开凿护城河，河宽2丈、深1丈。同时为四城门题名：东曰"迎晖"，南曰"南熏"，西曰"承恩"，北曰"拱宸"。万历十二年至四十五年（1584～1617），多次整修汉阴城。万历四十六年，知县袁一翰、张启蒙拓宽城外马道，建东、南、北三门吊桥。并改题南门曰"朝凤"，北门曰"拱龙"。崇祯十四年（1641），知县张鹏翱培筑里城640余丈，重建四门城楼，新建西北与东北角楼及守城窝房50间，并在护城河侧构筑土郭（俗称"拦马墙"），竖栅栏门，题词"重关保障"。

△ 汉阴古城墙不同建材的墙体　本文照片均由段玉印提供

清康熙十八年（1679）秋，河水泛滥，冲毁汉阴城西南角数丈。康熙二十五年，知县赵世震捐助纹银1608两，捐米450石，筑补城墙，内外补砌青砖（据清雍正版《陕西通志》卷十四）。乾隆三十二年（1767），知县黄道嘉整修砖城，砖城全长595.5丈、底宽1.5丈、顶宽1、高1.5丈，全城设筑752垛。北面因地僻人稀，封闭城门，改东门曰"日升"，西门曰"肇庆"，南门曰"文明"。嘉庆元年（1796），通判高蓝珍补修内墙430余丈。嘉庆十八年，通判钱鹤年疏浚东、南、北三条护城河，河深1丈、宽8尺，引月河水自西北角注入。补修内外城垣，四隅各建炮台，北城另设谯楼1座、敌楼3座。同治十二年（1873），因"邑士累科，无能登桂"，为振文风，在东南隅城墙上修建文峰塔。

1913年，西北角崩裂10余丈，随即补筑。1927年，修葺城门楼。1936年，补修内墙。1939年，因汉白公路通车而开建北门，题名曰"中正门"。1940年，为防日寇飞机空袭，于城西北角开"小西门"。

1955年，因修建县委大楼需用砖，将东、北二面城垛拆除取砖。1964年，东城门及门楼被毁。其后，南、西二门上的箭楼以及角楼、城垛、内墙相继坍塌或被拆除。1969年，对幸存的北门箭楼进行整修，改题为"解放"。1977年开始，因修百货大楼，北城门被毁。以后陆续拆掉东城墙、北门及北城墙和西城墙。护城河改为下水道，周长1926米的城墙仅保存南面城墙和西城墙共计800余米的一段，以及城墙上的文峰塔、文明门、肇庆门。1984年，西、南城墙内侧因雨崩塌7段，总长110米。次年，修复残存的汉阴城墙。

2003年，汉阴城墙（含文峰塔）被列为省级文物保护单位。

肖璇

汉阴县城池：明成化元年，典史徐铎始筑垣、建门。二十三年，知县张纶置楼其上。弘治九年，知县唐希介拓广之。正德七年，知县丁珝甃以砖石。周四里，高一丈。池深一丈。

——清《考工典》第十九卷，引自《古今图书集成》

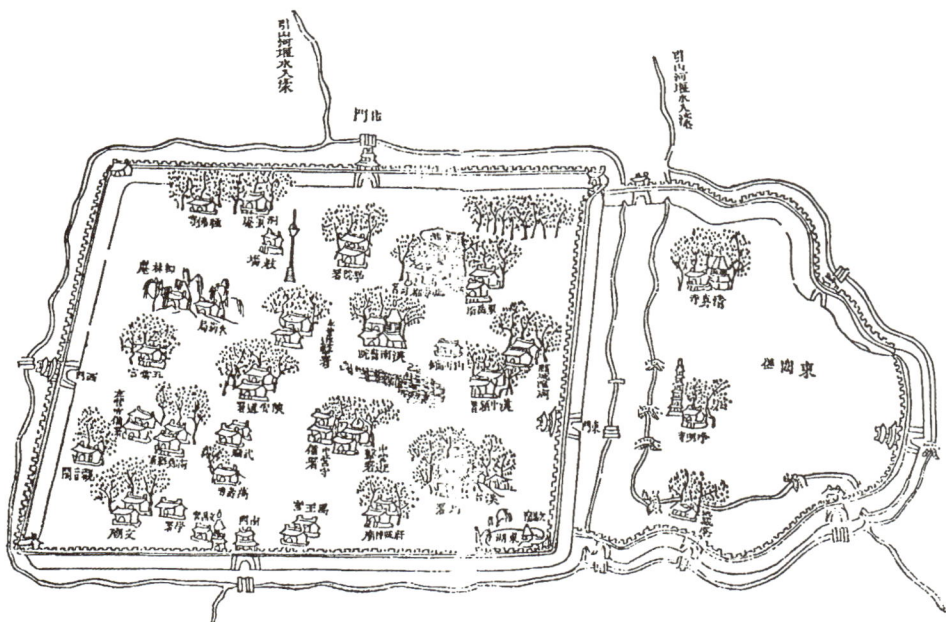

△ 汉中府城图　引自张驭寰《中国古代县城规划图详解》（科学出版社，
　2007年）

汉中，因汉水而得名，简称"汉"，位于陕西省西南部、汉江上游，是
长江最长支流汉江的源头，有"汉家发祥地，中华聚宝盆"之誉。1994年，被
列为国家历史文化名城。

战国时，汉中为楚国汉中郡。东汉末，张鲁割据汉中，改为"汉宁
郡"。唐兴元元年（784），改为兴元府。明洪武三年（1370），改兴元路
为汉中府，"汉中"之名被沿用至今。1996年，改设地级汉中市。

汉中建城始于战国时期。据《史记·六国年表》载，秦厉共公二十六年
（前451），为汉中首次筑城。此城在今汉中市东北二里新桥至陈家营一带，
规模等详情已失考。另据宋代王象之编纂的《舆地纪胜》载："古汉中郡
城，在南郑县东二里。"东汉初期的建武年间（25～57），汉中郡治移至南
郑县，南郑城遂为郡（府）、县治所。北魏郦道元《水经注》中有载："南

△ 汉中府城楼 ［俄国］鲍耶尔斯基1874年摄，张俊提供

郑，大城周四十二里，城内有小城，南凭津流，北结环雉，金墉漆井，皆汉所修筑。"此后，历代还有多次修城之举，城址无较大变动。据《晋书》载："咸康（335～342）中，梁州刺史司马勋，断小城东三分之一，以为梁州汉中郡南郑县治。"隋大业八年（612），汉中城第一次迁徙，在原城西择址进行第二次修筑。城址南临汉水，距汉水100米。新城定址后，历经唐、五代、宋朝早期，城址无变化。汉中城第二次迁徙，即第三次修筑为宋朝嘉定十三年（1220），从原址迁往现址，筑城（清雍正版《陕西通志》卷十四为"嘉定十二年"）。至此，汉中城"两迁三筑"，此后城址基本未变（据1921年《续修南郑县志》卷二）。

据《汉南续修郡志》载：明洪武三年（1370），汉中知府费震重修府城，城周9里80步、高3丈、上阔1.5丈、下阔2.5丈。城有门4座：东曰"朝阳"，西曰"振武"，南曰"望江"，北曰"拱辰"。弘治十五年（1502），汉中城"崩塌圮坏，殆存其基址而已"。同年十一月，汉中知府周东下令军民共同分段修城，其中百姓修筑自东门转北门抵西门段，长5.2里；军人则承担自西门转南门抵东门段，长4.1里。次年二月，修城竣工。城墙增宽1丈、增高5尺。正德五年（1510），知府周东以砖建城门楼。万历二十三年（1595），因雨城崩，知府叶修重修。万历三十年，知府崔应科下令严禁百姓在城墙周边开荒种地，以固城根。城外设护城河，河宽10丈、深8.8丈。天启元年（1621），因建瑞王府，城墙北移20步，拓城东北角110丈。崇祯十五年（1642），关南道李应选主持重修城池（据清雍正版《陕西通志》卷十四）。

清顺治十三年（1656），知府冯达道修四门。不久，城楼毁圮。康熙二十七年（1688），知府滕天绶重修东城楼。康熙二十八年，重修南、北两座城楼。康熙二十九年，复修西城楼，建外瓮城、炮台，周围2300余丈。乾隆二十年（1755），知县张其昴补修砖城二百数十丈。乾隆五十五年，南郑知县王行俭修砖城101丈、土城157丈。乾隆六十年，复修。不久城墙局部再次损毁，城楼、马道也有坍塌。嘉庆十一年（1806），巡抚方维甸上奏朝廷，认为汉中修城为当务之急。嘉庆十七年，巡抚董教、知府严如熤重修府城，筑土城7段，长260.4丈。砖砌原无砖土胎城身20段，长271丈。剥落土胎城身39段，长444.25丈。共补修里外城身66段，长975.65丈。又修南、北月城，建东西大炮台2座、西面小炮台10座、月城炮楼4座。重建城楼4座，砖墙木柱。东、北、西三角台改作碉堡，另修卡房、马道4座，城门外均另建吊桥1座。后又修东南角大碉楼1座、正东1座、正南2座、西南2座、西北2座、东北1座共9座，均建二层楼。又添东、南、西卡房3座：额北门曰"雍梁锁钥"，额南门曰"山南保障"。在城东南角建丙台（疑为"炮台"之误）1座，垫厚3尺、宽3丈余、长6丈、高3丈，上建台阁3座。其城下有饮马池，由东南角数至第八炮台前，穿城凿出水涵洞2个，相距6丈余，砖砌，高3尺、宽3尺、深3丈，内外均有铁栅（据清嘉庆十九年《汉中续修府志》卷八）。同治二年（1863），太平天国西征军攻入汉中，城内大批房舍被毁，城墙局部受损。宣统三年（1911），陕西道黄诰、知府爱星阿重修城墙。

1912年以后，汉中城墙虽时有利用，但基本呈逐步毁圮的趋势。1914

▽ 修缮后的汉中西城墙残存　本文照片除署名外，均由程长进摄

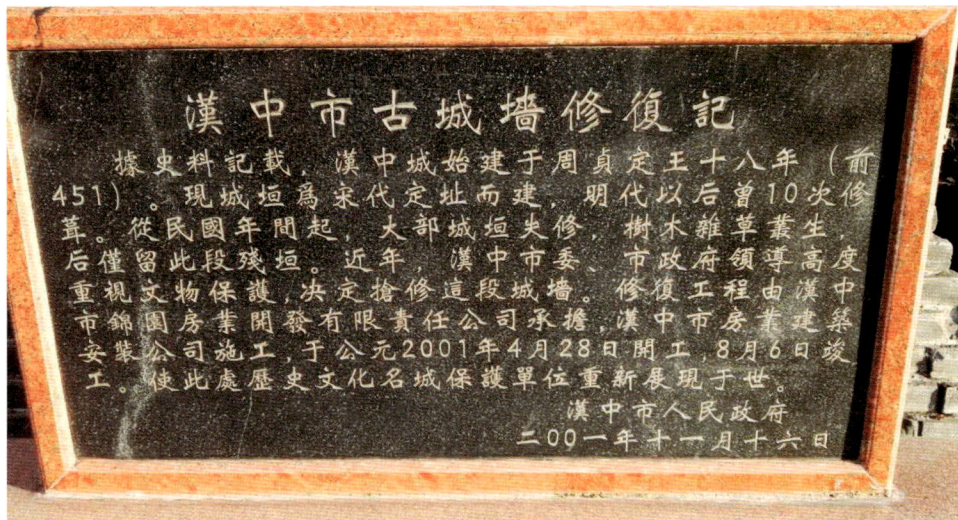

△ 修缮后的城墙下立有"汉中城墙修复记"标识碑

年，南门城楼倾圮，汉中道尹孙荫重建。1918年，因战乱城墙崩裂。1919年春，知事郭凤洲增补城垣一周，并疏浚城壕（据1921年《续修南郑县志》卷二）。

1938年后，为防侵华日军空袭时便于城中人口疏散，先后拆除了东、西、南、北四门外城（瓮城），只留了一道城门，并在城墙挖开了多处出口。后又利用城基挖掘防空洞，拆去城墙砖修补市内公共建筑。

1949年以后，残存的汉中城墙先后多处出现坍塌。此后，随着城市扩建，汉中残存的城墙再次被拆除。

20世纪80年代以后，据当地文物部门调查，在民主街与西环一路交会处附近还存有部分汉中城墙残段。近年来，又对新发现的残存城墙进行了加固保护。

肖璇

汉中府城池： 故址在城东二里，宋嘉定十二年徙此。正德五年，知府周东始甃以砖。万历二十三年，知府叶修补筑。周九里三分，高三丈，阔二丈五尺。池深一丈八尺，阔一丈。门四：东曰朝阳，南曰望江，西曰振武，北曰拱辰。天启元年，拓城东北角一百一十丈。南郑县附郭。

——清《考工典》第十九卷，引自《古今图书集成》

二弟圖城

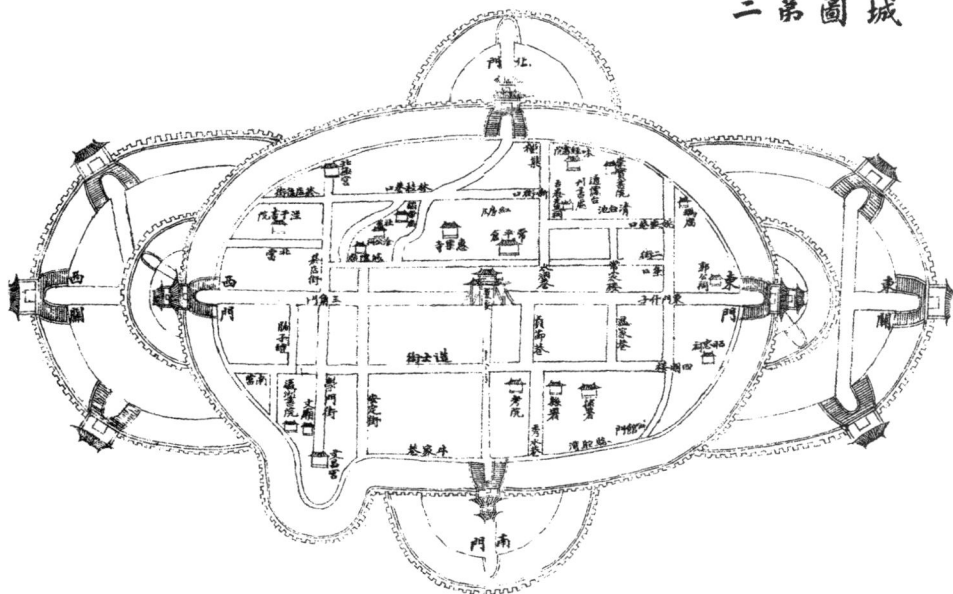

△ 泾阳县城图　引自《泾阳县志》清宣统三年刊本，载《中国方志丛书·
　华北地方·陕西省（236）·泾阳县志》

泾阳，位于陕西省"八百里秦川"的腹地，东与三原县、高陵区交界，南与咸阳市渭城区接壤，西隔泾河与礼泉县相望，北依北仲山、嵯峨山与淳化、三原县毗邻。

战国时期，秦灵公以此为临时都城；秦并六国后属内史辖地。十六国前秦皇始二年（352），析置泾阳县。此后，建置、隶属及辖地多有变化。明清时，泾阳县隶属西安府。1914年，属陕西关中道。1984年至今，属咸阳市的辖县。

据清雍正版《陕西省志》记载：泾阳城始建城墙为前秦苻坚时期，初为土城，形制无考。元至正二十七年（1367），张思道令右丞魏文佐修筑县城，城东西1里240步、南北1里40步、周长5里20步（清宣统三年《泾阳县志》载为"三里二十步"，疑误）、高3.5丈，护城河深7尺。

明景泰元年（1450），知县曾玉修建东、西二门，东曰"宣文"，西曰
"宁武"。成化十三年（1477），巡抚右都御史余子俊增辟南、北二门，南曰
"临川"，北曰"拱辰"。嘉靖二十六年（1547），增建东、西二郭。崇祯四
年（1631），旧城倒塌，知县梁士淳重修。崇祯八年，知县王珵增修北门外瓮
城（据清雍正版《陕西通志》卷十四）。

清康熙九年（1670），知县王际又增修南门城楼及窝铺（清雍正版《陕
西通志》记载为"顺治九年"）。乾隆九年（1744），知县唐秉刚重修东、
西、南、北四门城楼。乾隆二十八年，巡抚鄂恺奏请重修县城，知县罗荣
德督工，年余告竣。时城高2.8丈、周长973.39丈、顶厚1.1丈、底厚1.95丈。
垛口高4.1尺、厚1.6尺。修城楼4座，"五檩四椽、两檐张翼，登城坡路各
设栅栏"。城壕周长1021.4丈。南城外低洼深7尺，其余皆1.5丈，宽4丈。
道光年间（1821～1850），大雨，城垣倾圮，知县郭熊飞重修。咸丰年间

▽ 在城楼上眺望泾阳古城内　南京城墙保护管理中心藏

（1851～1861），南城墙圮坏，知县龚衡龄重修。同治元年（1862），回汉冲突时，因炮轰县城，城墙倾塌过半。同治四年，知县黄传绅重修。同治七年，知县沈淦劝、邑绅姚德出资，怡立方督工，增高垛墙，改用双孔，增添窝铺，加深护城河。光绪二十五年（1899），因大雨，县城东南、西北两角倾塌，知县张凤歧聚资，城内各商贾出资重修。宣统二年（1910）秋，大雨40余天，城墙倒塌多处。不久，地方政府主持修复（据清宣统三年《泾阳县志》卷一）。

1912年后，泾阳城曾屡次整修，主体结构依旧。1949年前夕，为防御兵乱，加深城壕丈余深。后县城幸免炮火，四周城墙基本完好。

1958年，因城市扩建，改造公路，旧城城墙逐渐拆毁。

肖璇

泾阳县城池： 秦苻坚建。明成化中，巡抚都御史余子俊建南、北门。周五里二十步，高三丈五尺。池深七尺。嘉靖二十六年，并置东、西郭。

——清《考工典》第十九卷，引自《古今图书集成》

蓝田城

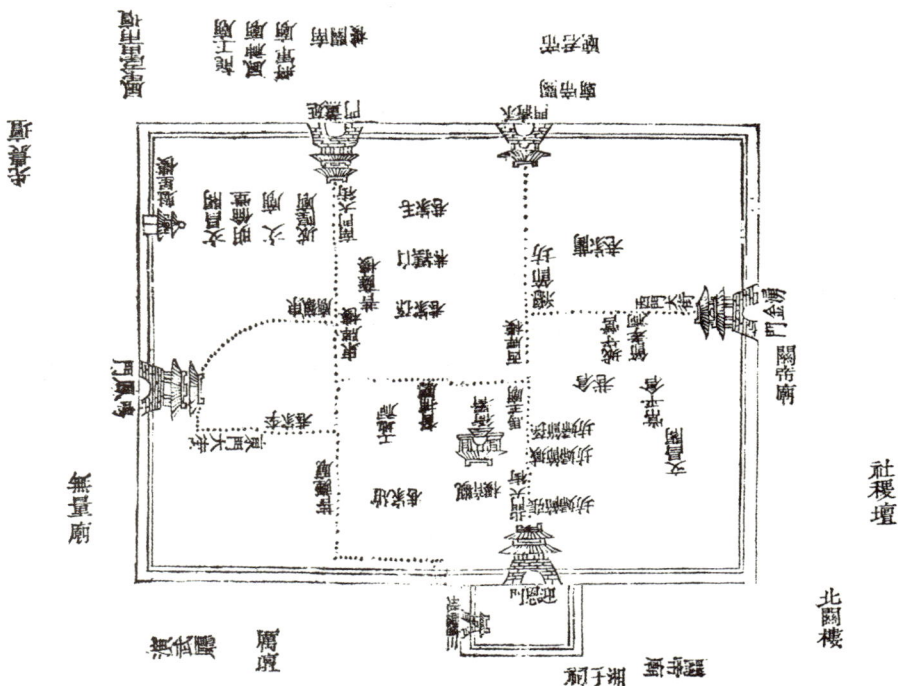

△ 蓝田县城图　引自《蓝田县志》清光绪元年刊本，载《中国方志丛书·华北地方·陕西省（235）·蓝田县志》

蓝田，地处陕西秦岭北麓、关中平原东南部，自古为秦楚大道，是关中通往东南诸省的要道之一。

秦献公六年（前379），蓝田始设县治。此后，建置、隶属及辖地多有变化。明清时，蓝田隶属西安府。1983年，蓝田县划归西安市至今。

蓝田最早筑城不详。据《水经注》《元和郡县志》等典籍记述，蓝田县城，古名"峣柳城"，俗称"青泥城"。宋敏求《长安志》载："峣柳以前对峣山，其中多柳为名，城周八里。"清嘉庆元年《蓝田县志》记载："本名峣柳城，亦名'青泥城'。旧城周八里，后改筑之。因东南一隅，仅三里许，门二。"

明嘉靖二年（1523），知县王科改建，城周长4里多、高3丈多。护城河深2丈、宽1丈（《考工典》记为：周长5里、高2.5丈、池深1丈）。有城门4座并建城楼，东门曰"玉山映翠"，西门曰"白鹿呈祥"，南门曰"灞水环清"，北门曰"秀岭回春"。嘉靖二十年，知县吕好古主持修城，在城的西南隅开辟水门。嘉靖三十二年，知县杨绍先改土城上的女墙为砖墙。万历（1573～1620）中，知县王邦才增筑北门外瓮城，改西面土墙为砖墙。崇祯（1628～1644）中期，知县雷鸣时用砖包砌北墙（据清雍正版《陕西通志》卷十四）。

清顺治七年（1650），知县杨行健补修北门外瓮城。顺治十六年，知县郭贤显再次主持修城。乾隆十七年（1752），知县郑锜用县署专项银8598两，组织重修城池。维修后的蓝田县城周856.1丈、均高2.5丈、顶厚1.2丈、底厚2丈。护城河深2丈、宽1丈。嘉庆六年（1801），知县邵琨见城墙年久失修倾斜，打算拨款兴修时，因得到奉文而缓建。道光七年（1827），知县罗文均重建南、北城门楼。道光十七年，知县胡元瑛鉴于城墙倒塌460余丈，捐银3300两，又筹集白银1500两重修。修城墙900丈、门楼5座、卡房5座。复建魁星楼1座，题四门额匾：东曰"鸣凤"，南曰"延薰"，西曰"涌金"，北曰"迎恩"。设水门1座，曰"永清"（据清光绪元年《蓝田县志》卷一）。同治九年（1870），知县吕懋勋重修四面城墙垛口1350座，添建卡房7间，于西北隅增修魁星楼1座。添建四门吊桥，凿护城河深2丈、宽1.5丈，铸炮13尊。清朝末期，相继四次复修北、东城门楼及

▽ 蓝田古城墙 郑诚提供

四周城墙。

1949年前，蓝田旧城区保存比较完整。50年代后，因城建需要，在城区扩建时将四周城墙相继拆除。

2001年，蓝田残存城墙已不足百米，地点位于向阳路往东的东场村砖瓦厂。据悉，砖瓦厂就建在老城墙根，因古城墙未列入保护名单，致使墙体严重风化、剥落，部分地方产生裂缝而无人管理，近况堪忧。

肖瓛

蓝田县城池：本名峣柳城，亦名青泥城，周八里。明嘉靖二年，知县王科更筑。周五里，高二丈五尺。池深、阔一丈。后知县吕好古于西南开水门。

——清《考工典》第十九卷，引自《古今图书集成》

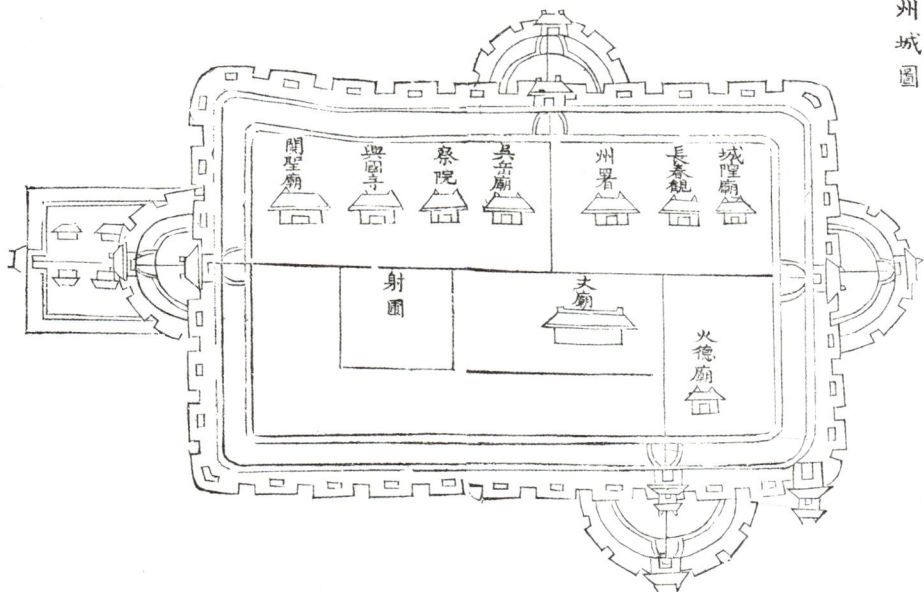

△ 陇州州城图　引自《陇州志》清康熙五十二年刊本，载《中国方志丛
书·华北地方·陕西省（255）·陇州志》

　　陇县，古称"陇州"，因地处陇山东阪而得名，位于渭北黄土高原南部、关中平原西部、宝鸡市西北，古有"秦都陇关"之称。

　　秦始皇二十六年（前221），其境为汧县。汉高祖元年（前206），置陇关。中平六年（189），改属汉安郡。北魏太延二年（436），置东秦州（一说为孝明帝时）。西魏元钦二年（553），改东秦州为"陇州"，"陇州"之名此始。1913年，改州为县。1958年，千阳县并入陇县。1961年，重新恢复千阳县建置，陇县辖区依旧。

　　据1993年《陇县志》记载：陇县最早的城池为春秋时秦襄公所筑的汧邑，位于今城南1.5公里处的郑家沟原。西魏（535~556）时期，城墙有所改建。北周明帝二年（558），因避水患，迁至今县城址。至元代，县城周长为9.3里，城郭四方形，设有南、西二门。

　　明景泰元年（1450），为防北河水患，知县钱日新缩筑城墙，城周长5.3

里、高3丈、底宽2.6丈、顶宽1丈，女墙高5尺，城壕深2丈、宽1.5丈。景泰五年（1454），开筑北门。成化十五年（1479），知州李镛增筑东门（据清雍正版《陕西通志》卷十四）。陇州城遂成四门：东曰"迎恩"，西曰"览翠"，南曰"挹薰"，北曰"拱极"。嘉靖十八年（1539），知州李樸增筑。隆庆二年（1568），知州杨世卿再次增筑。万历五年（1577），知州张凤羽重修。此后，历任地方官吏对城墙时有修缮，也时有损毁。

清顺治十七年（1660），知州黄云蒸重修。康熙五十二年（1713），知州罗彰彝组织重修（据清康熙五十二年《陇州志》卷二）。乾隆八年（1743），城东北角被河水冲垮78丈，倒塌城墙半面计18丈。知州郑大纶请库银修筑石堤，以护城垣。乾隆十年九月，知州洪维松捐资维修，修理坍塌北城18丈暨女墙垛口。乾隆十四年、十五年，知州洪维松、顾世瑛、朱兴燕先后主持重修。乾隆十六年，大雨连绵，冲毁城垣44段、垛口260座、女墙122.8丈，城墙崩塌38丈。署州刘度昭上报请库银主持维修。乾隆十七年，知州朱永年勘明陇州城共坍塌180余丈，急需修缮，但每次上报均被驳回。乾隆十九年，州同赵继撰又上报请添修四门月城城楼等，估算需银1430余两。次年，知州韩成基修筑城垣，三月开工至同年十一月完工（据清乾隆三十一年《陇州续志》卷二）。修葺后的城垣高至3丈、底阔2.6丈、顶宽1丈；环城掘筑深2丈、宽1.3丈余的护城河。同时于四门建瓮城、城楼，四城角建角楼和马道、水道。清道光（1821～1850）以后，又加固城垣。光绪二十一年（1895），改建四城角门楼，增建炮台7座，修建更房3座和西门外木吊梯4处。四门刻有木匾：东曰"阳谷腾辉"，南曰"关陕锁钥"，西曰"山阜屏汉"，北曰"表里山河"。

1935年时，实测陇县城垣规模为东长177.5丈、南长285丈、西长244.5丈、北长249丈，有炮台27座、女墙高5.4尺，护城河长1017.7丈。

1949年后，为适应城内交通运输业和城市建设的不断发展，于1952年拆除东、西城门。1962年后，又拆除南、北二门，以及西关西端的过街楼和城墙，城墙基本无存。

附：

安戎关古遗址 汉、唐时期营造，位于县城西30公里的固关镇关山沟二桥。此城东南为绝壁，西北是重山，地势险要，沟壑纵横，灌木丛生，地形复杂，易守难攻。为秦陇要冲，历代都在此设有关隘。现为县级文保单位。

肖璇

陇州城池：西魏改建，周九里三分，西、南二门。明景泰元年，知州钱日新改筑，周五里三分；五年，建北门。成化十五年，知州李镛建东门。万历五年，知州张凤羽重修，高二丈，池深二丈。

——清《考工典》第十九卷，引自《古今图书集成》

△ 洛南县署图　引自《洛南县志》清乾隆十一年版

洛南，旧称"雒南"，位于陕西省东南部，旧有陕西"东南门户"之称。

西汉至三国魏，今县境属上雒（洛）县。西晋析置拒阳县，后废。北魏复置拒阳县。隋开皇三年（583），以县治在洛水之南更名"洛南"。以后，建置隶属等多有变化，但其名沿用至今。现为商洛市的辖县。

据清同治版《雒南县志》记载：宋以前，洛南旧城兴废已不可考。金兴定二年（1218），怀远大将军粘割子仁主持洛南事务，始筑土城。当时城墙低矮，城池狭小，详情难考。

明正统年间（1436~1449），洛南知县张玑主持修城浚池。成化十七年（1481），县令王琪拓为周围3.3里的城墙，墙高1.7丈，池深5尺（清《考工典》第十九卷记为"池深一丈"）。并于城北修一道深5尺、宽5尺的水渠（据清雍正版《陕西通志》卷十四）。嘉靖十三年（1534），县令杨士元改筑为石城。隆庆年间（1567~1572），知县徐旭在城北及东西处各修护城敌台1座，同时在城门左右各筑护城敌台2座，台上各为二层楼。并增修县衙前的鼓楼，以居高临下远眺四周，利于防守。万历二十一年（1593），大水毁城，城墙1/3被冲塌。在知县洪其道主持下，将城墙外小石换为大石，用石灰砌筑，内墙改沙土为黏土，较前坚固。此时有城门3座：东曰"长春"，西曰"永靖"，南曰"朝阳"，北因靠山未建门，之后又在南门西边辟筑一门，曰"恒庆"，也叫"禹门"。万历四十七年，久雨城圮，墙及石基俱为洪水所冲毁。知县贺贡改石墙为砖墙。此后至明末，县城曾多次损毁，其中曾有被洪水冲毁的记载。在地方官吏主持下，洛南城均得到及时修缮。

清顺治十六年（1659），知县畅体元修葺城垣，墙体用砖和石灰砌成，使其更加坚固。康熙元年（1662），又对南门及禹门再次修葺，此后历任知县胡永祚、吴良谟等均有修补。康熙五十二年，城墙坍塌。县令范理主持重新修补。乾隆八年（1743），由于霪雨连绵，城墙毁损2/5，地方官吏主持城墙损毁地段的修葺。同治六年（1867），城墙坍塌十之八九。在知县张国钧的主持下，历时三年修城，将城墙增高3尺，底宽增至2丈，砌水道36处，增筑炮台5座，修缮旧护城敌台5座（据清同治七年《雒南县志》卷二）。

1912年后，洛南城墙因年久失修，日渐颓废。1925年，洪水冲毁洛南城东南角20余丈，知事靳毓英当即组织民夫修补。1929年，东城角被兵患所毁，又予重修。

1949年后，随着城市建设的发展，洛南城逐渐被拆除。1952年，先拆除南城墙，用城墙土填平护城河，拓建成今日的华阳东路。1953年，开始拆除西、东城墙，扩建为西、东新街。1970年拆除北城墙，建成环城北路。

肖璞

洛南县城池： 金兴定二年建。明成化十七年，知县王琪拓修，周三里三分，高一丈七尺。池深一丈。城北近山南邻木墙，惟浚水渠一道，深五尺，广亦如之。

——清《考工典》第十九卷，引自《古今图书集成》

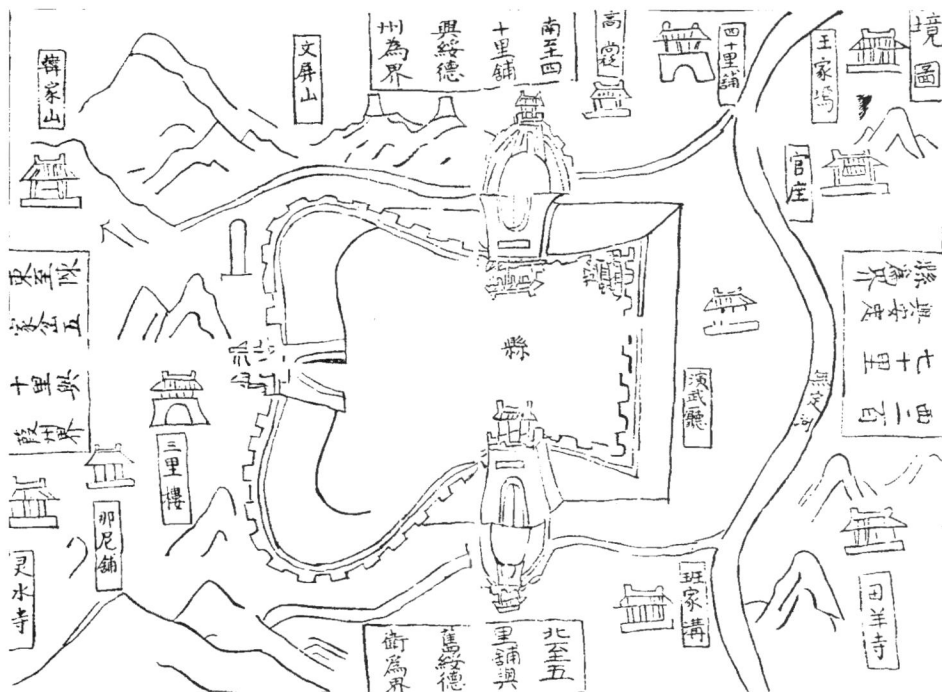

△ 米脂县县境图　引自《康熙米脂县志》清康熙二十年刻，据钞本，载《中国地方志集成·陕西府县志辑（42）·康熙米脂志》

米脂，古称"银州"，位于陕西省榆林市东南部、无定河中游，有"小戏之乡"、"梯田之乡"等称。

周赧王四十五年（前270），米脂属秦上郡。北周保定三年（563）正月，设银州。宋宝元二年（1039），改名"米脂寨"，以"其地有米脂水，沃壤宜粟，米汁淅之如脂"而得名。金正大三年（1226），置米脂县。明崇祯十六年（1643），李自成在西安建大顺朝，改延安府为天保府，米脂县为天保县。清顺治元年（1644），恢复为米脂县，属延安府。1979年，米脂属榆林地区。2000年至今，属地级榆林市。

北宋初，米脂城所在地就出现小村落，名"惠家砭"。宋太宗（976～997）时，山皇半腰平坦处建毕家寨，四周构筑简易土寨墙，设寨门、鹿砦，背倚小山，前呈陡壁。宝元二年（1039），更名"米脂寨"。崇宁四年（1105），改称"米脂城"。固有"先有惠家砭,后有毕家寨"、"先有毕家寨,后有米脂城"之说。元泰定三年(1326),知县吕东主持修葺米脂城,夯土加宽加高旧有寨墙,局部段落砌石垒门,即所谓上城(又名"小城")。

明洪武六年(1373),绥德卫驻米脂守御千户王纲修上城。成化五年(1469),知县陈贵兴工拓城,拓筑东北隅,将上城扩大。正德十一年(1516),知县袁泽筹划建筑东、西关城,因故未能实现,仅构小段土基。嘉靖二十三年(1544),榆林兵备使方远宜巡视米脂,因觉得米脂地处咽喉要地,而城防过于简陋,遂呈请巡抚衙门批准,责成米脂知县丁让修城,由推官曾继志、千户刘龙协理督办。嘉靖二十四年正月至次年六月,修筑了下城(又名"关城"),将东、西关至华严寺湾等全部围在城垣之内。城墙内壁用黄土层层夯筑,外部用大石垒砌,总长500丈、高2.5丈、宽1.6丈。万历元年(1573),知县张仁覆进一步整治城垣,将上、下城联为一体,城墙加高到2.9丈,从流金河、饮马河畔一直盘蜒到凤凰岭上,周长5.3里,建城门3座:东曰"拱极门"(迎旭门),南曰"化中门"(捍卫门),北曰"柔远门",附设城楼和外瓮城。为防水患,未设西门,在西角城墙上修一座方亭(清雍正版《陕西通志》卷十四为"角楼"),城壕深1丈、宽7尺。至此,老城基本形成,其东北依托大鱼山,西临无定河和川区,流金河、饮马河绕城而过。

▽ 米脂县李自成行宫,宛如小城堡 余海涛摄

清康熙二十年（1681）、乾隆二十四年（1759），米脂知县宁养气、曾捷宗先后修整加固城垣。同治三年（1864），知县张守基重修城垣以防兵乱，驻军分四个团，每团添修团房3间、哨房6间，凤凰台西大炮2处、炮房各3间。光绪九年（1883），知县骆仁因水患，于城西南隅建水门，水门高8尺（据1944年《米脂县志》卷二）。直到1912年间，米脂城墙保存完好。

1935～1937年，由县长楼铿声主持兴工建新城。新城城垣东段靠文屏山麓，北段沿流金河畔，西段面临无定河，南段对着小石砭，周长1.5公里、高9米、上宽6米、下宽8米；有城门4座，较为简陋：东曰"倚屏门"，西曰"永定门"，南曰"南屏门"，北曰"新民门"。南关遂成为新城，与旧城隔河对应。

20世纪50～70年代，由于城市发展，城墙年久失修，损毁严重，甚至逐渐被拆除。

20世纪80年代后，据当地文物部门调查，昔日城墙整体已不太明显，仅北段残留部分土夯城墙，北城门的城门拱券完整保存。

1984年，米脂城北门（柔远门）遗存被列为市（县）级文物保护单位。

肖瓛

米脂县城池： 宋金为寨。元为县。明成化五年，知县陈贵拓城东北隅。万历元年，知县张仁覆增筑，周五里三分，高二丈九尺。池深一丈。东、西、北三门。

——清《考工典》第十九卷，引自《古今图书集成》

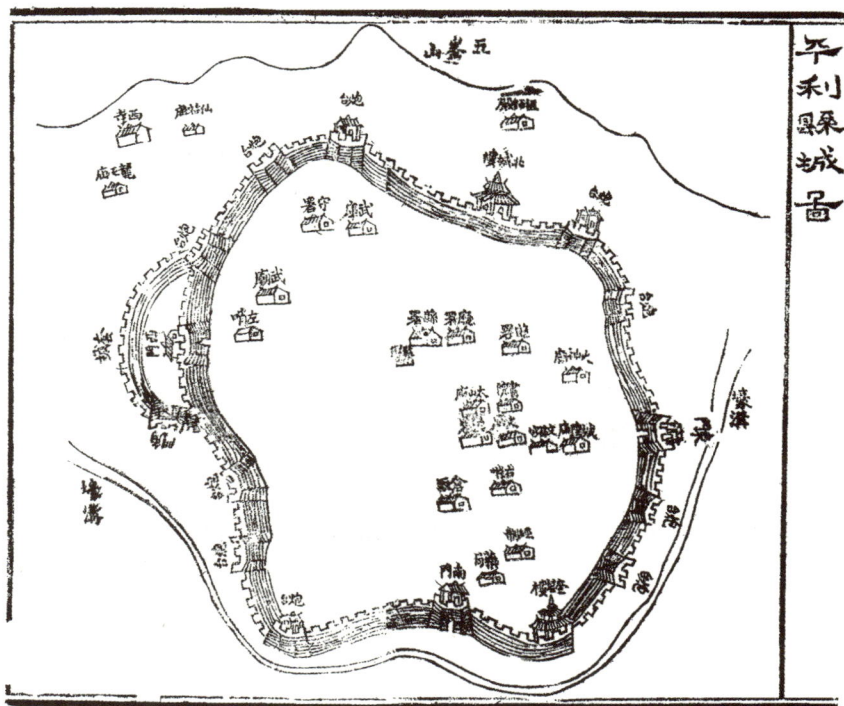

△ 平利县城图　引自《续修平利县志》清光绪二十二年版

　　平利，位于陕西省南部，地处陕、鄂、渝三省市交界处，平利是女娲文化的重要源发地，被誉为"女娲故里"。

　　太康元年（280），以"上廉水"为名设置上廉县，系平利县前身，为置县之始。唐武德元年（618），划金川县东南，在上廉故城，以"平利川"名置平利县。明清时，平利归属虽有变化，但建置及名称未改。1949年后，平利隶属安康地区。2000年后，隶属地级安康市。

　　平利历史上筑城多次，城址至少有四次迁移。第一座城址，在白土关垭子。1982年当地文物普查发现"城墙东西直径120米，南北蜿蜒，东西各有一城门，夯筑层明显存在，并散存南北朝时代青瓷陶片"。此为西晋太康元年（280）平利县始建置之治所，初为上廉县，以"上廉水"命名，后改"吉阳县"，西魏更名"吉安"县。第二座城址，在关垭西10公里的石牛河口，是石牛河和长安坝河交汇处，有一大片平坝地，今仍流传"官田坝"地名。隋大业三年（607），与安康、岚皋并，名为"金川县"，治所设安康城西关。第三座城址，在古声口（今老县）。唐武德八年（625），平利县治所迁于古声口。元代撤县，设巡检司于石牛河口。

明洪武五年（1372），平利遭遇洪水，县城大部分建筑被冲坍，知县冯宛遂将县治所移至古声口旧城。成化元年（1465），平利旧城因"土旷人稀，县治规模狭小"，遂"编竹为墙，垒土作阶，朴陋苟简"。正德五年（1510），知县李瑚重修四门，各建门楼。隆庆元年（1567），知县马云以城墙大部倾圮、难以修葺为由，改筑城墙约2/3，周365丈、高1.2丈，皆以石砌，故被称之"坚固"。虽建了四门，但又以北门与风水不利为由，而闭塞（据清雍正版《陕西通志》卷十四）。崇祯七年（1634）夏，李自成农民义军攻破县城，杀守城团练首领罗得宏。

清雍正六年（1728）五月，大雨冲毁平利县城西南两处，城墙毁60余丈。雍正十三年，知县古沣撰文说："城垣跨山临溪，周廻不过三里，高者及肩，颓毁强半者，高不踰尺，虎豹时往来，食民畜犬家无禁。衙署茅茨湫溢，仅蔽风雨。城中居民二十余家，晦暗则闭户自守，不敢夜行街间……"这是当时县城的真实写照。此后，平利城墙屡受洪水威胁，历任官吏均有补修。

嘉庆七年（1802），经略大臣额勒登保，率兵在鄂西、川北、陕南一带镇压白莲教义军，见平利城地势"褊窄低洼，无险可凭"，遂向清廷奏请移治于白土营。次年，清廷准旨，旋调任奎光监修新城（第四座城址）并任知县，遂依关堡旧基加固，筑城墙548.5丈，设东、西、南三门，外筑套城。嘉庆九年，建西瓮城，城垛齐全，门上有楼。道光三年（1823），知县诸能定重修，将旧址两面铲削，城墙加高6尺，增厚5尺，共高1.6丈、底宽1.5丈、顶宽1丈。拆去南墙，与套城合为一体。城身计807.8丈多，垛墙1030个。建东、西、南三门城楼3座，北墙设箭楼1处，筑炮台12座、箭楼平台5座、马道4座、水箕16道、水门6座。同治元年（1862），知县梁际殷于东、南、西各开一条护城河，河深2丈（据光绪二十二年《续修平利县志》卷三）。后又修东南角建魁星楼（又名"五峰楼"）1座，东城墙与护城河之间筑土墙为郭。

1912年后，平利县城又多次补修，加固城垣。此后，因城市发展的需要，逐渐拆除城门与城墙。

20世纪80年代，据文物部门调查，仅有西城墙基等处残段遗存或遗址。

1991年，平利城遗址被列定为市（县）级文保单位。

肖璇

平利县城池：唐初改建，东西阻水，南北倚山，周六里。明正德五年，知县李瑚建四门楼。隆庆元年，知县马云改筑，约三分之二，甃以石；高一丈二尺，遂称坚固。

——清《考工典》第十九卷，引自《古今图书集成》

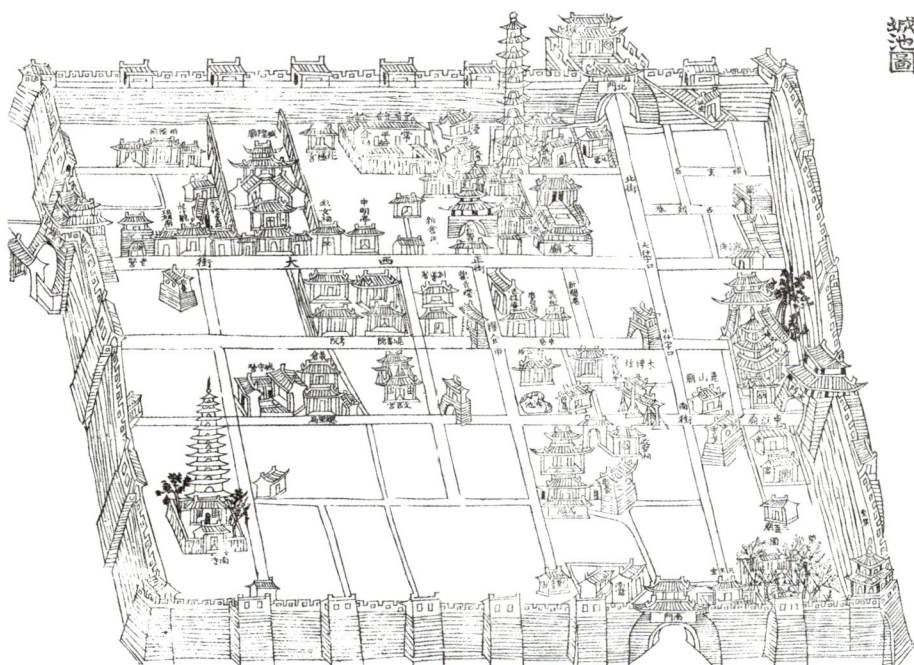

△ 蒲城县城池图　引自《蒲城县新志》清光绪三十一年刊本，载《中国方志丛书·华北地方·陕西省（249）·蒲城县新志》

　　蒲城，位于陕西省关中平原东北部，是陕西历史文化名城，被称为"酥梨之乡"和"焰火之乡"。

　　秦孝公十二年（前350），蒲城始设县治，名"重泉"，因其地原有二泉，高低有别，上下相重，故名。北魏太和十一年（487），撤重泉改设南白水。西魏恭帝元年（554），改南白水县为蒲城县。明、清两代，蒲城建置无变动。1958年，合白水、澄城、蒲城三县为蒲城县，县址仍设原蒲城县址。1961年，三县分开，恢复蒲城县原建置。

　　西魏（535～556），蒲城始建土城。据清乾隆四十七年《蒲城县志》记载："土城，周围八里，崇九尺，濠深四尺。"此后，城池损毁及修缮等详情不明。

　　明景泰元年（1450），蒲城知县高隆主持加修后，城周8里180步、高2.9

丈，护城河深1.5丈、宽3丈。正德年间（1506～1521），张锾备修腰铺、城壕，并植树环之。嘉靖年间（1522～1566），杨仲琼修筑城墙，墙宽1.8丈，女墙以砖砌之。因此，蒲城县民间俚语有云："蒲城县，九里三，个个城垛都是砖。"万历年间（1573～1620），田蕙对四门各建门楼，增置"文昌"、"青龙"、"奎星"等楼于东城墙。后铺墩毁圮，马道渐废，多次修葺。崇祯九年（1636），知县田臣加修城壕，壕深3丈、宽6丈（据清雍正版《陕西通志》卷十四）。崇祯十六年，李自成率起义军入关，知县朱一统拒降，投井死，蒲城遂陷。

清顺治三年（1646），有义军首领刘文炳率众攻城，守军因有护城河阻隔，直到清军副将任轸率部增援时，攻城死者已达千余人。顺治七年，大雨连绵长达四个月，导致蒲城城墙部分崩塌。知县张舜征集民夫，组织修葺城墙。康熙年间（1662～1722），知县汪元仕重修城门。乾隆二十八年（1763），据当时的调查：蒲城城墙东长360丈、西长364丈、南长470丈、北长480丈、周长1674丈。城高3.6丈、基厚1.8丈、顶厚1.3丈，砖垛高5尺、厚2尺（据清乾隆四十七年《蒲城县志》卷四）。建城门4座：东曰"承恩"，西曰"庆成"，南曰"迎薰"，北曰"挹秀"，门扉皆以铁皮包裹。建城楼4座，每处盖五檩转角楼3间。城上巡铺9间，每处建鞍架房1间。嘉庆二十年（1815），地震，城楼、垛墙多倾圮，孙晋元重修。道光二十一年（1841），大雨坏城，朱大源重修。同治元年（1862），周相焯为防太平军增修，建更房89座，复修东城墙雉堞及西、南、北三面女墙。光绪二十一年（1895），张荣升为防兵乱重修，疏浚城壕，四门外又建月城，并树栅门，通濠处各有耳门；光绪二十四年，大雨，城坏数十处，杨孝宽补修，只有北城楼及西面女墙未修（据清光绪三十一年《蒲城县新志》卷二）。

1926年夏，当时蒲城县政府筑建北关围墙，修东、西、北三座临街的城门。1939年，国民政府第90军拆毁城上女墙，后华潼师管区所部又拆毁东、北城楼及城上水道垛口。1943年秋，霪雨数十天，城垣多段被冲塌。

1949年以后，为了便利交通、发展经济，先后拆除县城城墙和城门（据1993年《蒲城县志》卷十三）。现蒲城县城垣仅存部分残段，如位于蒲城县蒲城中学院内、蒲城回收公司院内的残墙。

1996年，蒲城城墙遗迹被列为市（县）级文物保护单位。

肖璟

蒲城县城池：西魏时建。明景泰元年，知县高隆增修，周八里一百八十步，高二丈九尺；池深一丈五尺。

——清《考工典》第十九卷，引自《古今图书集成》

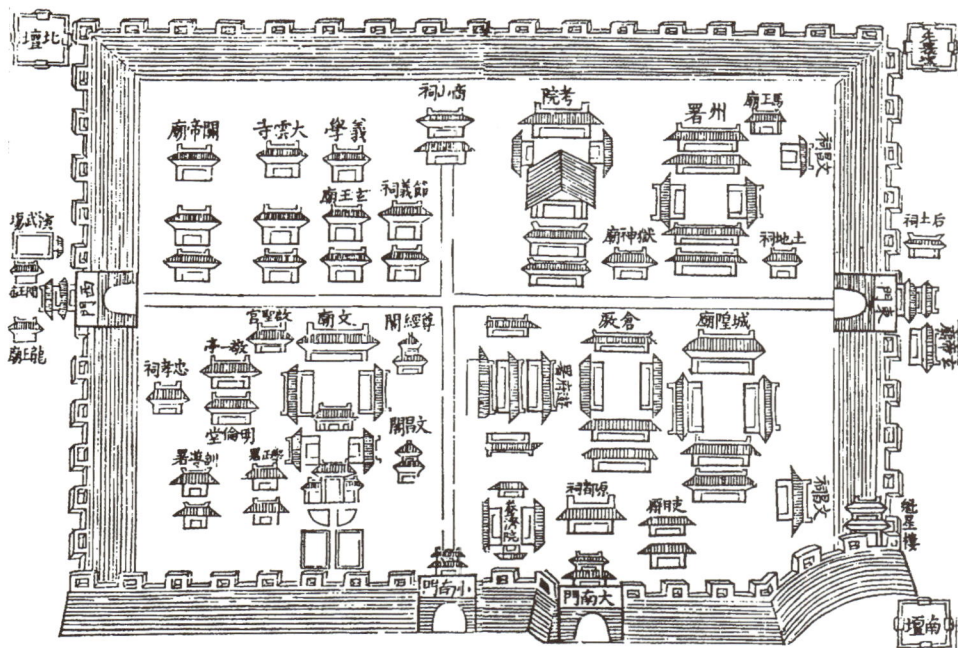

△ 商州州城图　引自《乾隆直隶商州志》清乾隆九年刻本，载《中国地方志集成·陕西府县志辑（30）·乾隆直隶商州志》

　　商州，位于陕西省东南部、秦岭南麓、丹江源头，自古是古都长安的东南门户。

　　秦始皇二十六年（前221），始设商县。西汉元鼎四年（前113），设立上雒县。东汉改为上雒侯国。三国魏黄初三年（222），改名上洛县。北周宣政元年（578），改洛州为"商州"。后名称建置有变化。明洪武七年（1374），降州为县。成化十三年（1477），复升为州，属西安府。清雍正三年（1725），升为直隶州。1913年，改设商县。1988年，撤县设市，名商州市。2001年，设立商洛市，商州市更名为商州区。

　　商州古城何人始建、规模如何，已无资料可考。仅清乾隆九年《商州县志》中记载："秦孝公十一年（前351），城商塞。晋兴宁（363~365）末，王靡之改筑故城。"另据清康熙四年《续修商志》记载：元代，安西路判官

督义兵万户寡骨里拓对城池进行修葺，其城东西长5里、南北宽2.5里、墙高2.5
丈，"形如鹤翔"。因面对龟山，因此又称为"龟山鹤城"。该城辟有城门
3座：东曰"觐阳门"，西曰"靖羌门"，南曰"镇远门"，西南另设水门1
座，用于排除莲湖及城内雨水，取名"靖顺"。

明初，战乱不断，县治俱废，城垣损毁。洪武年间（1368～1398），知
县陈容祖曾组织民众重修城池。成化年间（1465～1487），知州孙昌再次修
葺。成化十八年，吏目刘玺负责督工，以青砖砌封部分城墙外层。嘉靖二年
（1523），参议苏乾将商州城通砌以砖。隆庆元年（1567），知州陈潞将城
墙增高5尺，使墙高至3丈（据清乾隆九年《直隶商州志》卷四）。万历四年

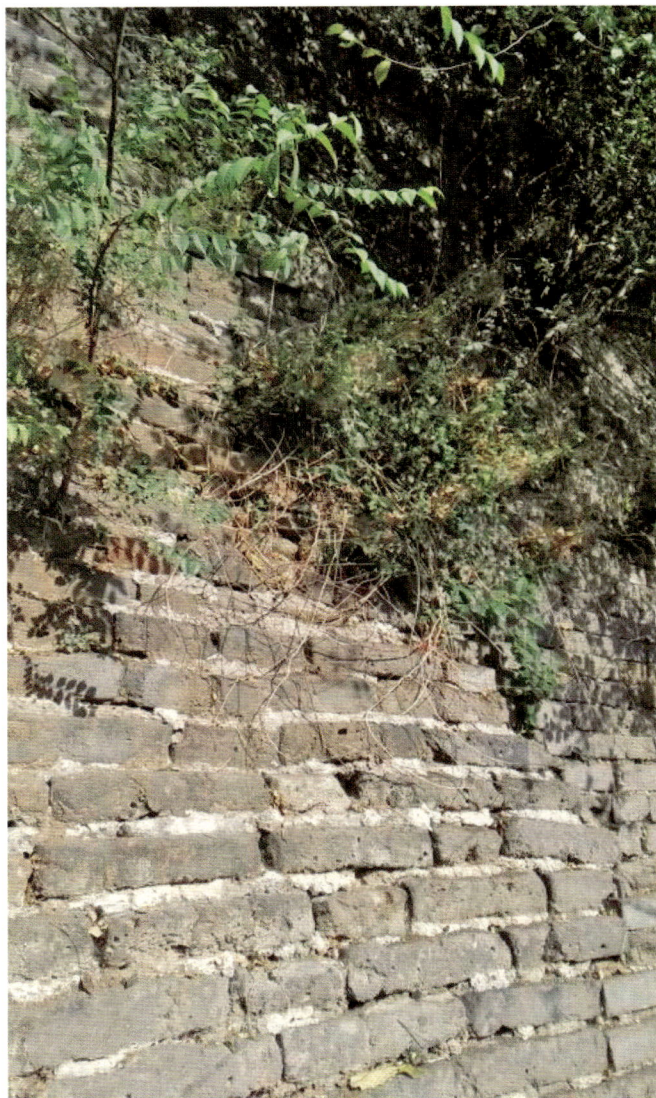

◁ 商州城墙墙体及植被
郑诚提供

（1576），知州李石岭添修南、北敌台和垛楼各4座。万历二十八年，知州李日煦增修城垣。万历四十四年，知州王邦俊督工，再修城门和水门。至明末，商州城周长5.3里、高2.2丈、女墙5尺，共2.7丈，城墙底宽2丈、顶宽1.2丈，有垛口1660座、墩台17座、角楼4座、腰铺21间。东、西、北三面有护城河，河深2丈。城南因靠近州河，故不另挖护城河（据清乾隆二十二年《续商州志》卷一）。

清顺治二年（1645），抚治商洛道袁生芝重建谯楼（据清雍正版《陕西通志》卷十四）。乾隆五年（1740），谯楼又重加修补。乾隆二十一年，东门遭损毁，门楼倾圮。之后，知州罗文思捐俸修葺，同时南门、西门也一并修理。咸丰十年（1860），知州刘良驷于东关建牌楼3楹。同治三年（1864），知州陈作枢增修角楼4座，并补修城垣及城楼。宣统元年（1909），修葺南门及水门楼，并建栅门2座。

1940年，第四行政督察区专员章烈、西荆公路警备司令谢辅三等人主持开辟北门，以便城内道路与西荆公路相通。

1956年文物普查时，对商州古城东、西城楼进行考察，按其建筑特征，为宋代建筑。1964年后，因城市建设，商州古城墙陆续被拆除，仅存一段长约500米残垣位于商州城西南隅低凹处（据1998年《商州市志》卷十一）。

20世纪90年代后，商州修建位于商州城西南隅的莲湖公园，并利用商州古城墙的残段为公园西、南围两面围墙，供游人参观游览。

1985年，商州城墙遗迹被列为市（县）级文物保护单位。

肖瓛

商州城池： 史记：秦孝公十一年，城商塞。疑即此。元安西路判官寡胃里拓修，周五里，高二丈五尺；池深二丈。嘉靖间，甃以砖。

——清《考工典》第十九卷，引自《古今图书集成》

石泉城

△ 石泉县城图　　引自《石泉县志》清道光二十九年版

石泉，位于陕西省安康市的西部，北依秦岭，南枕大巴山，地处秦巴腹地、汉水之滨，长江最长支流汉江自西向东穿境而过，素有"秦巴山水、石泉十美"之称。

东汉时，石泉属安阳县。晋代后，几度易名为"长乐县"、"永乐县"。西魏废帝元年（552），因县城石隙多泉，其水清洌，径流不息，改名"石泉"。此后，县名、隶属多有变化。明清时，仍称石泉县。1958年，石泉、汉阴、宁陕三县并为石泉县。1961年，三县再次分设，恢复石泉县旧置。

石泉，自晋代设郡后，就建有城池，但明清时县志中均无详细记载。据清道光十四年《石泉县志》中载：宋绍兴（1131～1162）中，知军魏禧奏筑土城。但形式、建置等详情均不可考。元末时，该城被毁。

明洪武（1368～1398）初年，始筑土城，详情不明。天顺年间（1457～1464），石泉始砌石城，周长4.3里，计714丈。设城门3座："阜民"、"镇远"、"宏文"。城壕深5丈、宽3尺（据清道光十四年《石泉县志》卷二）。成化十七年（1481），知县张翔筑东北城，覆以砖石。正德四年（1509），副使来天球令四面筑城，周长3里，"以御蜀寇"。正德十三年，知县卢绣又加完善。但因"城临汉滨，涨发之时，四周皆水，以故寻筑寻圮"。万历年间（1573～1620），知县杜珏又重修石泉城，"乃以石为基，以砖为堞"，建城门4座，门各有楼，楼各三层（据清雍正版《陕西通志》卷十四）。

清乾隆十七年（1752），知县崔轮缩旧址重修，周2里（计370丈）、高1.4丈。设城门3座，名称如旧。乾隆三十七年（1772），知县李照远把北门修为炮台。于是县城只有东、西、南三门。嘉庆（1796～1820）初，朱适然、李枢焕补修。道光二年（1822），石泉涨大水，城垣倾圮崩塌。道光二十四年，知县慕维城劝捐重修。城墙修缮工程一直延续到道光二十八年，在知县舒钧的督导下，才最后竣工。新修的城墙总长2里252步、高1.5丈。东、西、南三门

▷ 石泉古城门及城楼
  郑诚提供

皆如旧，并新开小南门。东城门上建有一座魁星楼，高三层。南、北、西门各建楼一层。城通身皆石，石上以灰土合筑，外加砖堞。江边修石堤两道，"底挖掘至实基下石丈余，高复丈余"，计共长212丈（据清道光二十九年《石泉县志》卷一）。

20世纪40年代，为防侵华日军侵扰，地方政府曾对石泉城墙进行过部分加固。

20世纪50年代后，随着石泉县城的城建需要，加上疏于管理，城墙年久失修，损坏严重。

20世纪80年代后，据当地文物部门调查：石泉城墙由于个人及单位随意拆除，城墙本体基本被拆除，城墙遗迹的残段及部分城门尚存。具体地段分别为：现存城墙南部约200余米、东部40米，残存墙体为石质，片石侧立砌成。尚存的东城门宽9.7米、厚10米、高5.48米，平面呈长方形，建筑占地面积100平方米，正中辟券门，券门顶部镶嵌扇形题额，题额为清代石泉县知事莫维城于道光丁未年所书"远瞻金州"四个大字，外部用青砖包庇，门内部为碎石堆砌，门洞内用片石再砌长方形门洞，两面门扇尚存。西城门宽9.24米、厚6米、高5.73米，分布面积约58平方米，建筑占地面积约51平方米，平面呈长方形，正中辟券门，券门中部顶端镶嵌有清代石泉知事李照远所题"秀挹西江"四字长方形题额，"道光丁未年莫维城重建再用"。门内部为碎石堆砌，外部用青砖包庇，门洞内用片石再砌长方形门洞，两面门扇尚保存完整。小南门宽10.27米、厚5米、高5.54米，平面呈长方形，正中辟券门，券门正中顶端镶嵌有扇形题额，题额为"雄临汉浒"四个字，外部用青砖包，门内部为碎石堆砌，门洞内用片石再砌长方形门洞。

近年来，在当地政府重视和当地文物部门指导下，石泉古城的东、西城门上复建了城楼。

2008年，石泉残存城墙及城门被列为省级文物保护单位。

肖璐

石泉县城池：城倚山阻水为固。明成化十七年，知县张翔筑东北城。周三里，高一丈五尺。池深一丈。

——清《考工典》第十九卷，引自《古今图书集成》

△ 潼关卫城图　引自《康熙潼关卫志》清康熙二十四年刻本，载《中国地
方志集成·陕西府县志辑（29）·康熙潼关卫志》

潼关，位于陕西省渭南市潼关县北，北临黄河，南踞山腰。据《水经注》载："河在关内，南流潼激关山，因谓之潼关。"因为潼关地处黄河渡口，位居陕、晋、豫三省要冲，有"畿内首险"、"四镇咽喉"、"百二重关"之称。

秦惠文王六年（前332），潼关设宁秦县，属宁秦县辖地。此后建置及隶属多有变化。明洪武七年（1374），设潼关守御千户所。洪武九年，设潼关卫（另据顾祖禹《读史方舆纪要》记载，为洪武三年设潼关卫）。清雍正二年（1724），撤潼关卫。雍正五年，设潼关县。1958年，设潼关人民公社。1961年，复置潼关县，并延续至今。

潼关，地势险峻，呈"关门扼九州，飞鸟不能逾"之势。东汉建安元年（196），曹操废函谷关，设潼关，以防关西兵乱。《资治通鉴》卷一一八记

△ 1936年，陕西潼关主城门及瓮城箭楼 南京城墙保护管理中心藏

载："自渑池西入关有两路，南路由回溪阪，自汉以前皆由之。曹公恶路险，更开北路为大路"，改山路于河滨。当路设关，始有潼关。《清一统志·同州府志》卷二十载："汉（潼）关城在今上南门外四里"（今城北村南）。隋大业七年（611），移关城于南北连城关之间的坑兽槛谷，称"潼关"或"禁峪关"，即禁沟口。《资治通鉴·胡注》载："小关在潼关之左。唐时谓之禁峪关。左有谷，平日禁人往来以摧征税，因谓之禁坑。"武周天授二年（691），迁隋城于黄河南岸。宋熙宁元年到熙宁十年（1068~1077），遣侍御史陈泊扩建关城。

明洪武五年（1372），千户刘通筑旧城。九年，指挥佥事马骥"依山势而曲折"增修城墙，城周长11里72步、高5丈（《考工典》记为：高1.8丈），南面最高处约10丈。设城门6座：东曰"金陡"（清《考工典》第十九卷载为"金陕"），西曰"怀远"，南曰"上南"、"下南"，北曰"大北"、

"小北"。因南面靠山，未建城楼，其他三面城门各建城楼。潼关将潼河入黄河段囊括进关城之内，使得由南向北流入黄河的潼河穿越潼关城而过，由此增强潼关城的防御能力。全城设有水关2座：南水关由成山侯建于建文二年（1400），北水关由守备魏赟建于宣德年间（1426～1435）。正德七年（1512），兵宪张□主持修缮关城。嘉靖十八年（1539），兵宪何鳌重修关城，建重门2座。隆庆四年（1570），兵宪范懋和增筑，修更铺72座，雉堞皆以砖砌。万历十九年（1591），参政张维新重修，题东郭门曰"天险"，西郭门曰"地维"，上南门曰"凌云"，下南门曰"迎薰"，大北门曰"吸洪"，小北门曰"俯晋"。天启四年（1624），河水冲毁北水关；天启七年，兵宪黄和主持修复（据清雍正版《陕西通志》卷十四）。

清康熙二十四年（1685），参政高梦说重修潼关城。雍正五年（1727），知县黄宪鲲修补城墙27.7丈；雍正七年，再修补102.7丈（清雍正版《陕西通志》卷十四载为"六年"）。乾隆九年（1744），知县王怀堂主持重修；乾隆三十四年，同知赵本嶓于城东、南、西、北各修城路，并设栅栏；乾隆五十三年，潼商道德明奉敕，修南面土城3298.7丈、北面砖城733.3丈，城高3丈、顶宽1.8丈、底宽3丈。改六门名及附属建筑：东曰"迎恩"（城门上正楼5间、箭楼3间），西曰"怀远"（城门上正楼7间、箭楼7间），北曰"镇河"，小北门曰"拱极"，南曰"凤翔"，上南门曰"麟游"。修南水关闸楼7间、北水关闸楼9间、马道10座、更铺房72座。嘉庆六年（1801）七

▽ 潼关老城残墙　郭峰摄

月，工程全部竣工，总计花费65.3743万两白银。嘉庆二十年九月，因地震，南城崩塌71丈（据清嘉庆二十二年《续潼关县志》卷上）。道光至光绪年间（1821~1908），潼关城或因年岁久远，或因天灾人祸，常有破损坍塌，知县及众乡绅也屡有捐款修复。光绪二十九年（1903），潼关城东南坍塌10余丈，同时西面垛口及城墙多有损坏。同知唐沛霖禀请巡抚自善后局领银800两，本人又拿出40两，将其修补完固。

1911年后，潼关城由于年久失修，部分地段损毁。1957年，修建三门峡大坝，按照最初的规划，潼关故城所在地因靠近黄河，被划进淹没区。为此，当地进行了大规模拆城、移民工作。此后潼关城楼全部被拆除，城墙也损毁严重。三门峡大坝蓄水运行后，水位却从来没有到达或淹没过潼关故城。

20世纪80年代以后，据当地文物部门调查：潼关城仅存北城墙的部分土垣和水门。

1992年，潼关古城（明城）北城墙遗址被列为省级文物保护单位。

肖瓛

潼关卫城池：始建未详。明洪武中增修，城隍依山势曲折，周一十一里七十二步，高一丈八尺。池深一丈五尺。门六：东金陟，西怀远，南上南、下南，北大北、小北。南北二水关，三水门。

——清《考工典》第十九卷，引自《古今图书集成》

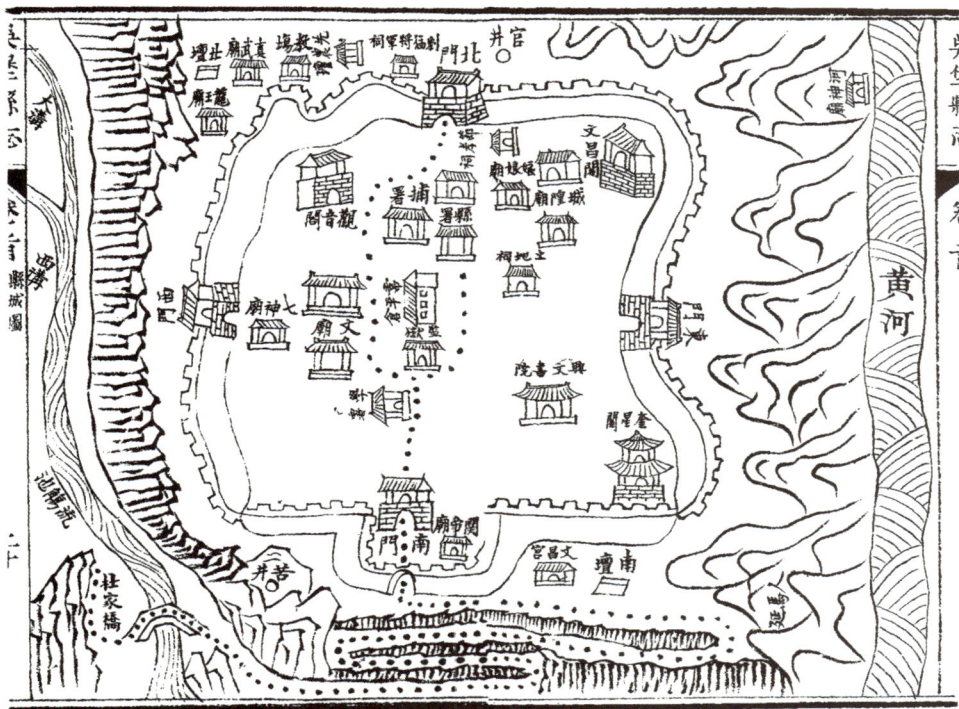

△ 吴堡县城图　引自《吴堡县志》清道光二十七年版

吴堡（bǔ），位于陕西省东北部、榆林市东南部，北靠佳县，西接绥德县，东和南为黄河曲流所环抱，与山西省临县、柳林县隔河相望。

春秋时期，吴堡先为白翟属地，后属晋。此后，建置、名称和隶属多有变化。金正大三年（1226），设吴堡县。元至元二十八年（1291），升为吴州。明洪武十三年（1380），复设吴堡县。1913年，吴堡属延绥榆道。1958年，吴堡县并入绥德县。1961年，恢复吴堡县，属榆林专区。2000年至今，隶属地级榆林市。

后周广顺元年（951），吴堡最初筑水寨。刘豫阜昌八年（1137），寨主折彦若重修吴堡石寨。金正大三年（1226），吴堡由寨升县，原寨堡作为吴堡县城。东南以黄河为池，西北以石壑为城壕。城以青石砌筑，其规模有三说：其一，明弘治版《延安府志》载：城建于山，依地势高下，城周1080丈、高3丈、宽1.3丈；其二，清·李抡元《吴堡县志》稿记载：周2里57步（《考工典》记为"一里七十步"）、高2.5丈；其三，清道光二十七年《吴堡县志》载：建城周1里70步、高2.5丈、深8尺，修城门4座：东曰"观澜"，西曰"熙皞"，南曰"景阳"，北曰"迎恩"。

明嘉靖十五年（1536）、十七年，知县刘钺、张弛在任时均予补修。嘉靖二十二年，知县李锦在任，增筑北门瓮城，瓮城门曰"拱极"。嘉靖三十三年，知县李辂增筑瓮城，建南、北门楼。万历三十五年（1607），知县杜邦泰主持，筑东城楼，名曰"生聚"。万历四十二年，知县卢文鸿主持，建西门楼，名曰"威远"。崇祯年间（1628～1644），知县简国宁主持，建南外门，名曰"带砺"（据清雍正版《陕西通志》卷十四）。

清雍正八年（1730），知县詹绍德主持开北门改向黄河。南、北门楼改曰"南薰"、"北固"（据清道光二十七年《吴堡县志》卷二）。乾隆三十一年

▽ 吴堡城门　蔡理摄

（1766），知县倪祥麟测得城周长403丈，内城墙高7尺至1丈。倪祥麟大修城郭，于乾隆三十四年竣工。大修后的吴堡城墙底宽1.2丈、顶宽1丈，内外均以石块砌成，中间以土夯实。新建南门2座：内曰"石城"，外曰"重巽"。东、西、北各设一门，依次称为"闻涛"、"明溪"、"望泽"，四门各有门楼1座。道光四年（1824），知县龙迪兹在任时，主持补修城墙及城楼。

1936年，吴堡县政府由古城迁至宋家川后，古城遂为城关镇的一个行政村（现名古城村），城墙虽长期荒置，但基本规模却得到幸存。

吴堡城遗迹于1982年被列为县级文物保护单位。1992年，被列为省级文物保护单位。2006年，被列为全国重点文物保护单位。

肖瓛

吴堡县城池：宋金为寨。元始为县。周一里七十步，高二丈五尺。池深八尺。

——清《考工典》第十九卷，引自《古今图书集成》

旬阳城

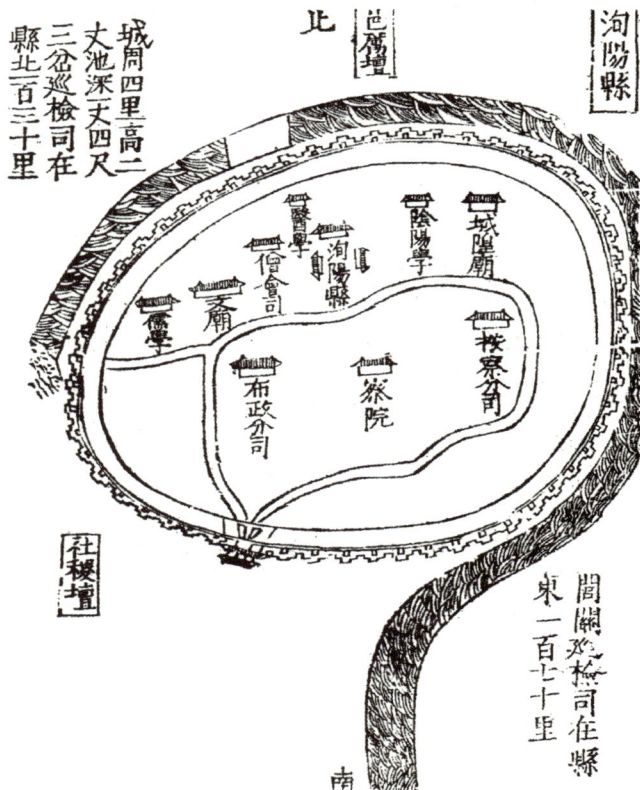

△ 洵阳县城图　据《陕西通志》卷四十（明嘉靖二十一年刊本），张君重绘

　　旬阳，位于陕西省东南部、秦巴山区东段，汉江横贯其中。又因县城位于汉江、旬河交汇处，曲水环流，形似太极，被誉为"天然太极城"。

　　周赧王三年（前312），旬阳属秦国。西汉（一说秦始皇）时期始置旬阳县。此后，建置、隶属及辖地多有变化。明洪武三年（1370），复置洵阳县。1964年，改名旬阳县，名称及建置延续至今。今为安康市辖县。

　　明以前，旬阳县治所在何处，旧志说法不一。1996年《旬阳县志》中，推定明代以前洵阳县治所一直就在今县城一带。洪武三年（1370），复置洵阳县后，知县李肃在原洵阳巡检司署旧址建洵阳县署，县署位于今县城东门外。成化十年（1474），汉江涨溢，县署倾圮，遂迁于龚家梁。此时，明代以前所筑城垣早已无存，洵阳县治仍"倚山为城，阻水为池"，并在龚家梁险要之处建筑城门4座（名称、位置无考），另有小巷、小门13座。崇祯八年（1635）

二月，为防御农民起义军，始修筑城墙，至同年十月竣工。此城周长594丈，近似椭圆形。东段和南段各高2.25丈，西段和北段各高1.97丈；墙体底厚1.8丈，共有垛口398座，平均高3丈、厚2尺，在险要处建有敌楼。有城门4座（《考工典》记为"建六门"）：东曰"东作"，南曰"阜财"，西曰"西成"，北曰"拱极"。另在濒临旬河的西北隅开一门为汲水通道，名为"水洞门"，又名"水西门"（据清雍正版《陕西通志》卷十四）。

清嘉庆六年（1801），知县严如煜为抵御白莲教起义军，在西门外黄枰岭下修炮台1座、通道数十丈。乾隆三十六年（1771），居民屡遭水患。次年，知县庐甲午在龚家梁邻汉江一面修筑一道长99弓（1里=360

△ 旬阳县城西城门 段玉印提供

弓）、宽6弓、高7弓的河堤，共费银5000余两。同治二年（1863），知县六昌蕃又改建东门楼，并修补了炮台（据清光绪三十年《洵阳县志》卷四）。

1912年后，县署仍在原址。1913年10月14日，凤翔兵变，王生岐部途经旬阳，对县城破坏极大。1934年10月，县政府曾发动民众用青砖、青石对城墙进行了修补。

20世纪50～60年代，因旬阳县城建设需要，陆续拆除了部分城门、城墙。今仅存西门及其一小段城墙。

1982年，旬阳西城门被列为市（县）级文物保护单位。

肖璇

洵阳县城池： 城因高阜而立，四面俱下，周三里有奇。孔道所由，建六门。

——清《考工典》第十九卷，引自《古今图书集成》

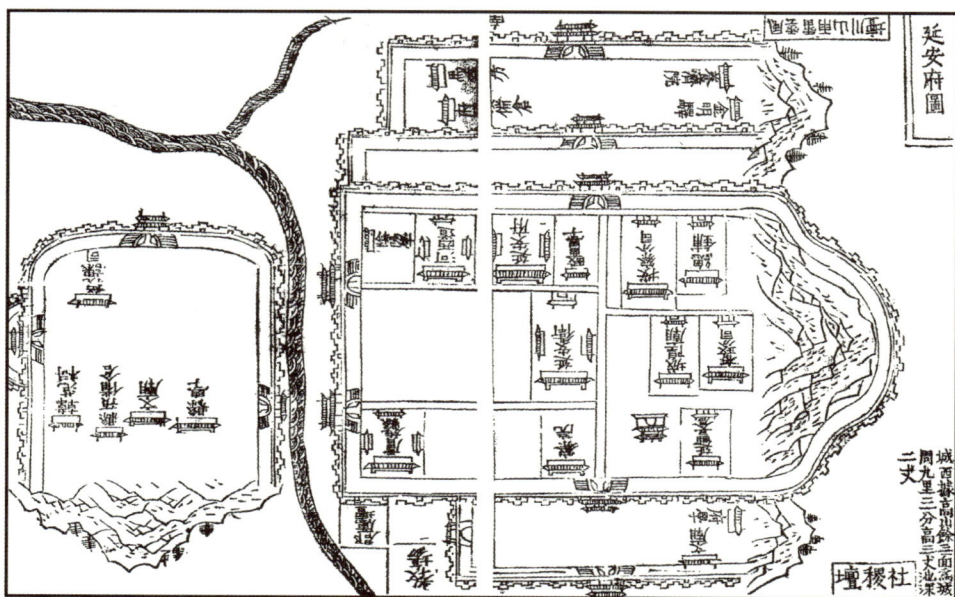

△ 延安府城图　据《陕西通志》卷四十（明嘉靖二十一年刊本），张君重绘

　　延安，古称"肤施"、"高奴"、"延州"，位于陕西省北部、延安市域中部。因其地理位置特殊，历来是陕北地区政治、经济、文化和军事中心。1982年，被列为国家历史文化名城。

　　春秋时期，延安是白狄部族所居住的地方。战国初期，大部属魏国，后全属秦国。西魏，始设延州。北宋元祐四年（1089），延州升为延安府，"延安"之名始于此。元设延安路。明清时期，设延安府。1972年，析延安县城区设县级延安市。1975年延安县并入。1996年，升为地级延安市。

　　延安府城，也称"西城"，始建于唐天宝（742～756）初年，其形制及规模等详情难以考证（据清雍正版《陕西通志》卷十四）。

　　明弘治（1488～1505）初，知府崔升复修为石城，城周长9里（清雍正版《陕西通志》卷十四记为"九里三分"）、高3丈，护城河深2丈。有主城门3

座：东曰"东胜"，南曰"顺阳"，北曰"安定"，门上均建重楼，又建小东门1座，曰"津阳"。延安城由于受其所处地形位置所限，无法修筑西门，只在北城门角向西处留一座宽约2米左右的券式拱洞，称其为"小西门"（据光绪十年《延安府志》卷二）。

　　顺治十二年（1655），知府陈培基同进士赵廷锡对延安府城进行了修缮重建。顺治十六年，大水冲毁东城门及部分城垣，知府牛天宿再次修葺。康

▽ 20世纪30年代的延安古城　王煜提供

▽ 清末延安城旧貌　段双印提供

△ 1937年，延安城门及城楼 引自李泽奉、毛佩琦编撰《岁月河山——图说中国历史》（上海古籍出版社，1989年）

熙十四年（1675），因"三藩之乱"，延安府城楼阙尽毁，知府陈天植捐资重修；康熙五十五年，又遇水患，知府杨宗泽重修。乾隆二十八年（1763），知县陈德星奉旨修筑城垣、雉堞及女墙，并于城外栽种杨柳。乾隆三十九年，知府杨衍嗣以楼宇及神像剥落之名，捐资修补，城垣也重新修葺。乾隆五十二年，遇水患，大水冲塌城身19.85丈、石堤104.8丈，知府洪蕙率同肤施县知县章廷枫申请国库资金修补。嘉庆元年（1796），又遇水患，大水冲毁东门及其北面城身17丈，知府洪蕙捐养廉银300余金修补（据清嘉庆七年《延安府志》卷二）。

1912年后，由于年久失修和战乱等因，延安府城逐渐被毁。

20世纪80年代，据当地文物部门调查：延安城遗迹，其保留在凤凰山上的土质城墙部分仍较完好，清晰可见。城墙全部为巨块面石垒砌而成，内部填土夯实，城墙截面呈梯形（据1994年《延安市志》）。

附：

肤施城 其为延安府城附郭，位于延安府城之东（即今延安东关一带）。因与府城隔河相望，故又称"东城"。肤施城始建于隋大业三年（607），在此置肤施县，且迁延州（后改为延安郡），州治于此，筑城。北宋庆历五年（1045），延州、肤施治所俱迁于府城。该城为土筑城垣，设有东、西二门，东门外另筑瓮城。今清凉山上仍可见数段城墙残痕，平地部分

△ 1939年1月21日，日机山濑部队对八路军总司令部洛川城（今延安市洛川县）进行轰炸　南京城墙保护管理中心藏

已无存。

　　丰林县城遗址　位于延安城东周家湾村西北方向，今存残墙最宽达6米，高至9米以上，土夯痕迹明显，厚度3～30厘米不等，夯打坚实。北周建德六年（577）在此设丰林县，也作为延州州城。宋代沈括在他的《梦溪笔谈》中曾有一段描写："延州故丰林县城，赫连勃勃所筑，至今谓之赫连城，坚密如石，剧之皆火出，其城不甚厚，但马面极长且密，余亲使人步之。马面皆长四丈，相去六七丈，以其马面密，则城不须太厚，人力亦难攻也。"据《梦溪笔谈》所载，丰林城原系大夏赫连勃勃所筑。北宋熙宁五年（1072）废丰林县，始降为镇。

　　1992年，丰林县城遗址被列为省级文物保护单位。

肖瓛

　　延安府城池：唐天宝初建。宋范仲淹、庞籍经略时，继修。明弘治初，知府崔升复修茸之。周九里三分，高三丈。池深二丈。门三：东曰东胜，南曰顺阳，北曰安定，上建重楼。肤施县附郭。

——清《考工典》第十九卷，引自《古今图书集成》

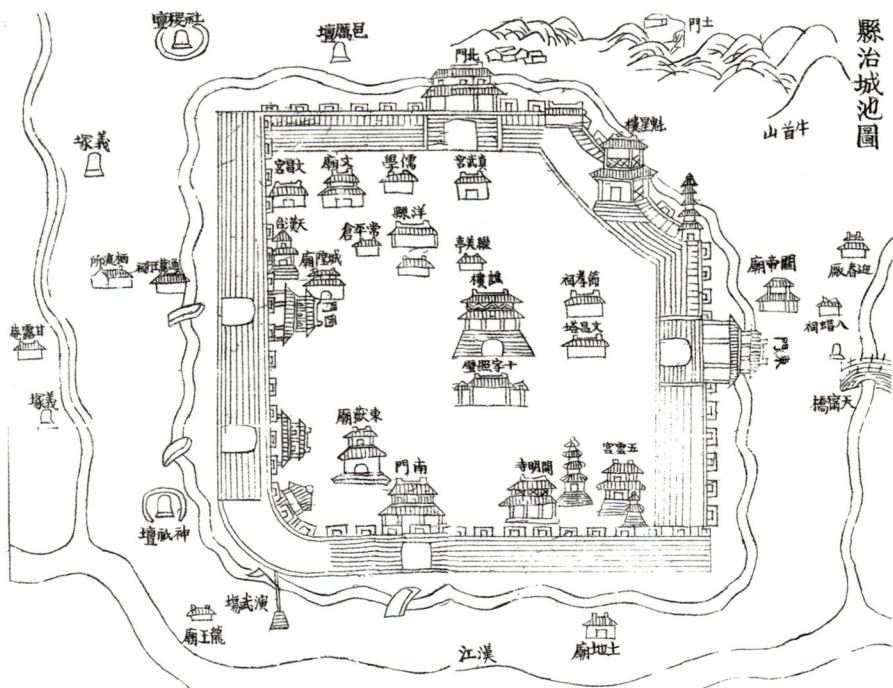

△ 洋县县治城池图　引自《洋县志》清光绪二十四年刊本，载《中国方志丛书·华北地方·陕西省（265）洋县志》

　　洋县，位于陕西省西南部、汉中盆地东缘，古有"汉上明珠"之说，今有"朱鹮故乡"之称。

　　秦时，洋县其境属汉中郡成固县。北魏置兴势县。唐贞观末，改名兴道县。乾元元年（758），改洋川郡为洋州。明洪武三年（1370），改州为县。此后，建置及隶属多有变化。1996年至今，洋县隶属地级汉中市。

　　据清康熙版《重刻汉中府志》记载：西魏废帝二年（553），废晋昌郡，设傥城郡，洋州属之。"废帝之前，已名傥城"。北宋熙宁九年（1076），洋州知州文同上疏请修葺县城，主持筑土城墙，周长7.3里（《考工典》记为"周七里"）、高1.5丈，护城河深5尺。修城门4座，分别为东、南、西门和小西门，并题名曰"朝阳"、"通津"、"迎恩"和"襟江"。绍定年间（1228～1233），李显忠建谯楼于县治前（据清雍正版《陕西通志》卷

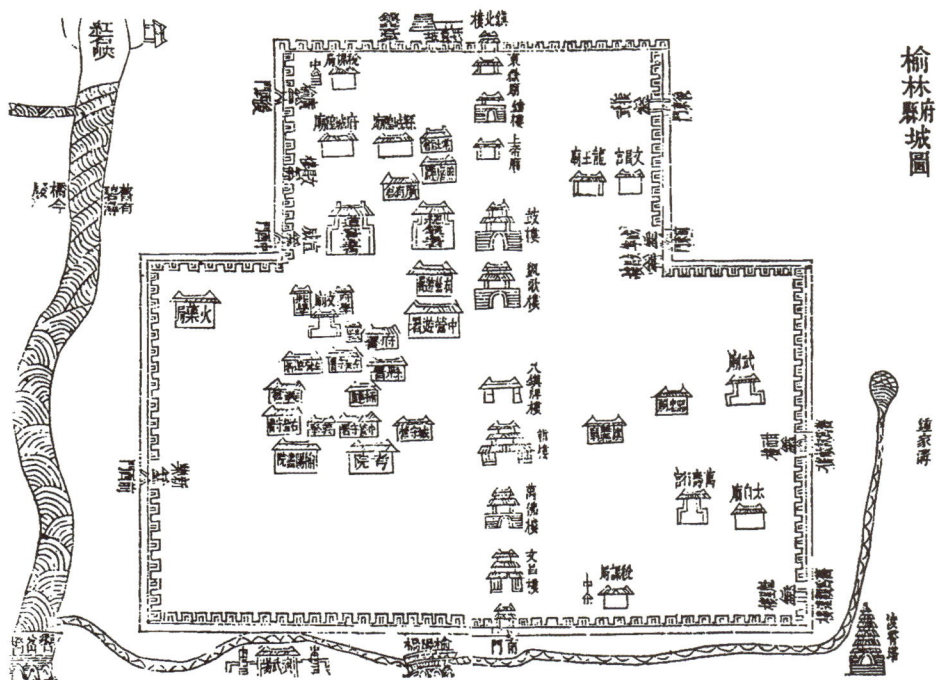

△ 榆林府城图　引自《道光榆林府志》清道光二十一年刻本，载《中国地方志集成·陕西府县志辑（38）·道光榆林府志》

　　榆林，又称"驼城"，位于陕西省最北部的毛乌素沙漠和黄土高原过渡区，是明代的九边重镇之一，明长城从该市北部穿过，是一座游牧与农耕文化交融的边塞城市。1986年，被列为国家历史文化名城。

　　春秋时期，榆林为雍州白狄的一部分。战国时，为秦国上郡地。此后，建置、隶属多有变化。明成化七年（1471），在长城一带设置榆林卫。弘治十八年（1505），设立东路神木道，辖周边10个州、县。1913年，设榆林道。1988年，榆林改县为市（县级市）。2000年，设立地级榆林市，原县级榆林市改为榆阳区。

　　明洪武（1368～1398）初年，当地驻军曾因军屯修筑过临时性的土城，但规模等详情不明。正统二年（1437），明王朝为抗御蒙古鞑靼部族南侵，特令驻守绥德延绥镇都督王祯在榆林庄始筑榆林城堡，遂成为明朝著名九边重

镇之一。据清道光二十一年《榆林府志》记载：成化九年（1473）
（清《考工典》第十九卷记为"成化八年"），延绥巡抚余子俊
将延绥镇指挥所由绥德迁到榆林，并拓修了北城，置卫所，设榆
林卫指挥使司。后由于军事和经济发展的需要，进行过三次较大
规模的维修扩建，史称"三拓榆城"。第一次为成化二十二年，
巡抚黄黻向北扩展增筑城廓（残城墙犹存，在今古城巷），城南
廓已展筑至凯歌楼（时该楼为南城门楼，名"怀德门"，正德十六
年巡抚姚镇改称"凯歌楼"），俗称"北城"。第二次为弘治五
年（1492），巡抚熊绣增筑南城郭，俗称"中城"。第三次为正德
十年（1515），总制邓璋扩筑建成南关外城，推至榆阳河沿，俗称
"南城"，此时城周长已13里314步。万历元年（1573），巡抚张守
中主持修城，其城顶宽3丈、底宽5丈、高3.6丈，护城河深1.5丈。
万历三十年，榆林城垣建有东城门2座，曰"威宁"、"振武"；南
城门1座，曰"镇远"；西城门4座，曰"广榆"、"宣威"、"龙德"、
"新乐"；北城垣无城门，中部建有镇北楼，加上各城门楼、4座
城墙角楼及东城墙上的讯敌楼、观远楼，全城墙上共建楼14座。城
周长5354步、敌台74座（据清雍正版《陕西通志》卷十四）。万历
三十七年，巡抚孙维成命令士兵搬运已高及城堞的沙土，遭士兵们
不满，几乎引起哗变。明末时，榆林城有多处损毁。

▽ 榆林南门旧影 李炬藏

△ 榆林南门及榆阳桥新旧对比 李炬藏并复拍

　　清康熙十年（1671），总兵许占魁、副使高光祉重修鼓楼，并对城墙有局部修缮。同治二年（1863），北城部分城垣已被流沙埋压。当时，关中等地有回民起义，道宪常瀚令弃北城，在广榆门东西缩筑北城墙，长438丈。同治六年（1867）、光绪元年（1875）、光绪十年、光绪二十年也分别进行了四次较大规模修整加固。

　　1912年时，榆林城墙基本保存完好。随后，因战乱和年久失修，大部分

△ 榆林城墙修缮前的地段 丁涛摄

城楼塌毁，而城墙尚保存完整（据1996年《榆林市志》卷十一）。

20世纪70年代初，据当地文物部门调查，榆林城垣周长6761.5米，其中东城墙长2293米、西城墙长2184米、南城墙长105.5米、北城墙长1125米，古城墙保存基本完好。此后，榆林古城墙因市政建设，无人管理而逐年被破坏，东、西城墙损毁严重。

20世纪80年代末，榆林古城墙开始受到社会关注，并开始进行保护。据当地文物部门调查，榆林古城墙从总体来看，城墙遗存段保存率达到79.89%，"古刀币"形态依旧清晰可辨。从城墙遗存构成上看，现存城门3座、瓮城2座、城楼2座、马面15座，其中镇远楼为重建。榆林城墙现有连续遗存段（地面可见）和遗址段（地面无存）各15段，遗存段中线长度合5280.38米，遗址段中线长度合计1288.4米。现存城墙段高2.0～9.5米、顶宽0.32～9.71米、底宽0.48～15.31米，包砖层数25～118层。经分析，榆林卫城城墙损毁的主要原因有两方面：一是由于人为破坏，比如基础性设施建设、房屋建设、挖砖取土、打洞修窑等。一些人在城墙上攀登、随意刻画、耕作挖土及后期的不当维修等，也是人为破坏的重要表现形式。二是自然破坏，主要有风化、风蚀、洪涝、雨蚀、水渗、植物等因素。从破坏速度方面看，1962～1986年间破坏速度较快，1986年至今破坏速度明显减缓。在破坏严重的卫城城墙上，城墙

082

夯土墙体缺失，顶部海墁破坏，雉堞缺失，包砖墙缺失，其中以顶部海墁和雉堞缺失最为突出，仅个别段落有少量残存。

2007年，在国家文物局支持下，榆林市文化文物局委托中国城市规划设计研究院开始编制《榆林卫城城墙保护规划》。2012年5月，启动榆林卫城西城墙保护工程，项目总投资5500多万元，计划于2012年11月底完成。榆林古城墙的修复工作遂进入实施阶段，修复部分已损毁地段的城墙及附属建筑。

1992年，明代榆林卫城被列为省级文物保护单位。2006年，被列为全国重点文物保护单位。

肖㻛　杨国庆

榆林卫城池：唐古胜州地。明正统中，都督王祯建。成化八年，巡抚余子俊增修北城，周一十三里三百一十步，高三丈。池深一丈五尺。门七：东二，西四，南一。号为驼城。

——清《考工典》第十九卷，引自《古今图书集成》

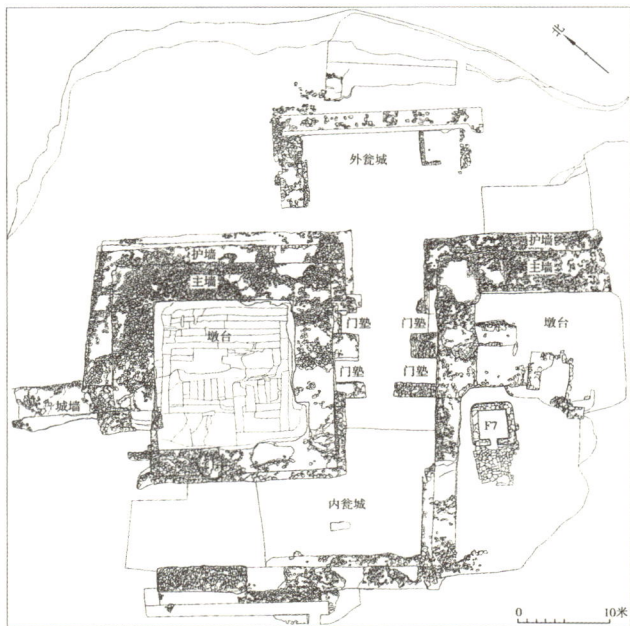

△ 石峁遗址外城东门址平面图　引自陕西省考古研究院、榆林市文物考古勘探工作队、神木县文体局编《陕西神木县石峁遗址》，载《考古》2013年第7期

石峁城址，位于陕北黄土高原北部边缘地带，今位于陕西省榆林市神木县高家堡镇石峁村，处于黄河支流秃尾河与其支流洞川沟交汇处北侧的山峁上。

根据考古发掘清理出年代特征明显的陶器和玉器，并结合地层关系及出土遗物初步分析，石峁城址距今约4000年左右，属新石器时代晚期至夏代早期遗存。其中最早一处皇城台修于龙山中期或略晚，兴盛于龙山时代晚期，夏时期毁弃，城址使用超过300年。目前研究认为城址应是黄帝部族所居住的居邑。

1976年，西北大学考古系戴应新教授到石峁考察，经过系统调查和考古发掘，发现并确认了城址。石峁城面积约400万平方米，由皇城台、内城、外城三座基本完整并相对独立的石构城址组成。皇城台位于内城偏西的中心，

△ 石卯城墙外瓮城遗存　本文照片均由刘春声摄

△ 石卯城墙及马面遗存

为一座四面包砌护坡石墙的台城，大致呈方形。石墙转角处为圆形。与内、外二城构筑方式不同的是，皇城台没有明显石墙，而均系堑山砌筑的护坡墙体，护墙自下而上斜收趋势明显，在垂直方向有层阶结构。内城将皇城台包围其中，依山势而建，形状大致呈东北—西南向的椭圆形。城墙大部分处于山脊之上，城墙为高出地面的石砌城墙。现存长度5700余米、宽约2.5米，保存最好处高出现今地表1米有余。外城系利用内城东南部墙体、向东南方向再行扩

△ 石卯城墙建材及墙体内部结构

筑的一道弧形石墙，绝大部分墙体为高出地面的石砌城墙，现存长度约4200米、宽度为2.5米左右，保存最好处高出现今地表也有1米余。内、外城依山势而建，城墙跨越冲沟，将城址基本闭合起来，形成了一个相对封闭的独立空间。

2012年，考古工作者对外城北部的一座城门进行了发掘。外城东门门址位于外城东北部、遗址区域内最高处，门道为东北向，由外瓮城、两座包石夯土墩台、曲尺形"瓮城"、"门塾"等部分组成。这些设施以宽约9米的"Z"形门道连接，总面积约2500余平方米。从地势上来看，外城东门址位于遗址区域内最高处，地势开阔，位置险要。东门址门道内出土陶器在器形、器类和纹饰方面具有较为明显的差异，分别为我国北方地区常见的夏时期和龙山时代晚期遗存。因此，石峁东门址的年代当在龙山时代晚期至夏代早期阶段。进入门道后，南墩台西北角接缝继续修筑石墙，向西砌筑18米后再向北折32米，形成门址内侧的曲尺形类似"瓮城"结构。石墙墙体宽约2.5米，保存最好处高出龙山晚期地面4米余。这段墙体在门道内侧增修了一堵宽约1.2米的石墙，两堵墙紧贴并行。结合门道内地层关系看，这堵增修的石墙修建于晚期地面之上，当属夏时期修补遗迹。

此次发掘清理的瓮城，马面和角楼这种建筑形制的发现，对传统认识是具有颠覆性的，此前普遍认为最早发现马面实例是曹魏邺城遗址，而瓮城是唐代才大量出现的建筑形制。此外，石筑城墙、马面、城门、角楼所采用的工程技术水平都很高，其中马面为土石结构，石头包裹土层。

石峁城址属于中国北方地区一个超大型中心聚落。其规模远大于年代相近的良渚遗址、陶寺遗址等已知城址，是中国已发现的规模较大的龙山时代晚期的人类活动遗址，也是中国已发现史前时期规模较大的城址。

2006年石峁城址被公布为全国重点文物保护单位。石峁遗址以"中国文明的前夜"入选2012年十大考古新发现、"世界十大田野考古发现"以及"21世纪重大考古发现"。

尚珩

N

黄墩堡

敦煌城

酒泉城

武威城

兰州城

天水城

甘肃

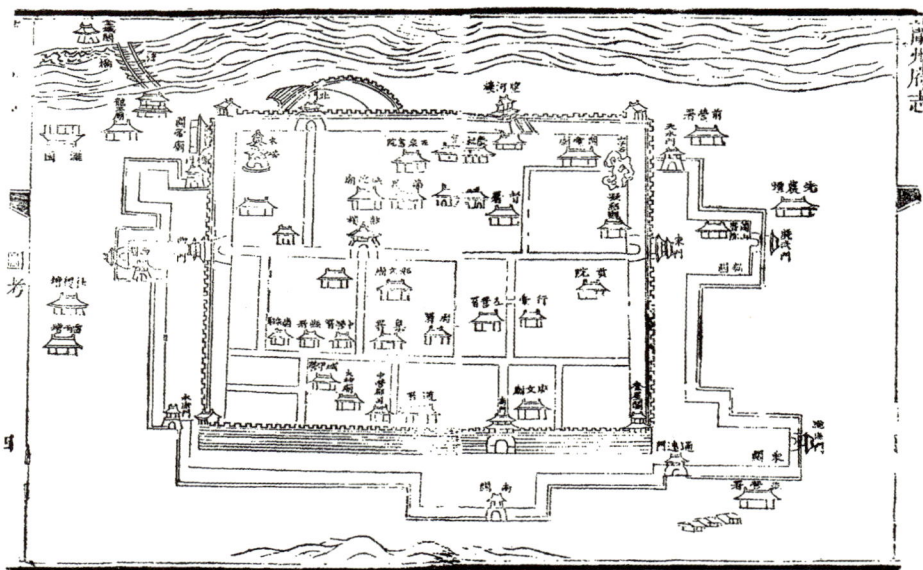

△ 兰州府城图　引自《兰州府志》清道光十三年版

兰州，又称"金城"，位于甘肃省中南部，南北群山环抱，黄河自东向西穿城而过。自古以来，兰州就是西北地区的交通枢纽、丝绸之路上的商埠和军事重镇。

秦始皇三十三年（前214），在今兰州市城关区东岗街道一带设榆中县，属陇西郡。隋开皇三年（583），设立兰州总管府。此后，建置、隶属及名称多有变化。明洪武二年（1369），降兰州为兰县，属临洮府。清康熙五年（1666），甘肃建省，甘肃巡抚自凉州（今武威市）移驻兰州，自此兰州始为省会。乾隆三年（1738），临洮府治移驻兰州，遂改称兰州府，置皋兰县（今兰州市城关区）为府治。1941年，设立兰州市。1949年后，兰州升为地级市，仍为省会。

隋唐时，兰州城在"皋兰山北少西，濒河，西魏建，隋唐因之"（清光绪版《重修皋兰县志》）。城池平面呈长方形，据《续资治通鉴长编》卷三百十六记载"兰州古城，东西六百余步，南北约三百余步"。折算约为东西长900米、南北宽450米，面积约40万平方米。北宋元丰四年（1081），李宪从吐蕃手中收复兰州后，为防御西夏，先后修建恭噶关（后改称"东关堡"）和西关堡。又因为黄河河道不断北移，北城墙距河越来越远，不利于防守，故此后又在隋唐旧城以北另筑新城，并于黄河北岸再置金城关。这样就形成了以兰州城池为中心，黄河北岸金城关为前沿阵地，东关堡、西关堡为两翼的较为完备的军事防御格局。

明洪武十年（1377），在宋、元城池的基础上，"指挥同知王得增筑东西一里二百八十步，南北一里八十二步，高三丈五尺，阔两丈六尺"（1917年《重修皋兰县志》）。城墙高11米多，四面各开一门，分别为：东曰"承恩门"，南曰"崇文门"，西曰"永宁门"，北曰"广源门"，城门之上均建城楼。宣德年间（1426～1435），佥事卜谦、指挥戴旺自内城的西北至东南三面之外增筑外城，俗称"东关"、"南关"、"西关"，总长14里231步。正统十年（1445），指挥佥事李进修葺城门。正统十二年，又在内城东面承恩门外，自东向北增筑外郭，长度799丈多，因建成时间较晚，故俗称"新关"。弘治十年（1497），都指挥梁瑄在东关外续筑外墙360余丈，外城轮廓得以定型。外

▷ 兰州城门旧影　本文照片均由李炬藏

△ 黄河南岸的兰州城墙旧影

城东、南、西三面各开三门，东面三门自北向南分别曰"天堑门"、"广武门"、"迎恩门"；南面三门自东向西分别曰"通远门"、"拱兰门"、"永康门"；西面三门自南向北分别曰"靖安门"、"袖川门"、"天水门"。内城、外城外面均有护城河，河深1.5丈、宽3丈。嘉靖二十一年（1542），兵备副使朱旒对兰州城进行修缮。万历八年（1580），副使李尧德将北墙用砖石包砌，雉堞用砖砌筑。

清代，因为黄河侵蚀，对兰州城的较大规模修补达10多次。光绪版《甘肃全省新通志》记载："康熙六年（1667）巡抚刘斗补修重建城楼。二十四年巡抚叶穆济修。乾隆三年（1738），巡抚元展成砖包全城。二十八年巡抚常钧、嘉庆十六年总督那彦成皆加修葺。道光十三年（1833），总督杨遇春再葺。"其中规模最大的是在乾隆三年。因当年旱灾严重，甘肃巡抚元展成遂决定以工代赈，应赈灾民达15余万，木、石、泥各匠累计52230人，民夫121232人。除在"北面坚筑石基，再加石堤为获"外，还对"四面城垣女墙，悉起窑工烧砖包裹"。整个工程历时五个月，共用城砖3808088块、瓦82000片、石条13128丈。工程竣工后，元展成撰有《城兰碑记》，原碑已佚，碑文存于《重修皋兰县志》中。

嘉庆十六年（1811），陕甘总督那彦成也因大旱，以工代赈重修兰州城，用时一年多，于次年竣工，用银89000多两。竣工后，那彦成撰写了《重修兰州城碑记》，此碑现存陕西省的西安碑林博物馆。道光十三年（1833），陕甘总督杨遇春修茸后，将部分城门改名：改内城承恩门为"来煦门"，改永宁门为"镇远门"，改崇文门为"皋兰门"；改外城天堑门为"庆安门"，改天水门为"通济门"，改永康门为"安定门"，改靖安门为"静安门"。同治元年（1862），陕甘总督恩麟为在内城四门外增筑瓮城。至此，兰州城内城周长6里200步，敌台10座，上有敌楼，垛口1929座；外城周长18里123步，敌台6座，上建敌楼，垛口3920座（参考孙晓东《民国时期兰州城市空间变迁与社会发展研究》，青海师范大学2013年硕士论文）。

民国初期，兰州城保存仍然相当完好。抗日战争爆发后，在1937～1941年间，兰州城屡遭日军飞机轰炸。为方便市民疏散和交通需要，对城垣进行了改造。张维在《兰州古今注·新旧城门》中进行了详细记载："民国二十八年（1939），于永康门东增辟一门，曰西南通远门；东增辟一门，曰东南庆安门；西增辟一门，曰东北而西南门，独辟双洞往来分行。三十年，于广源门东增辟一门，曰中山。已又拆去拱兰、袖川、通济诸门，逾年再建，改设双洞，其旁并辟二小门用便行人。改拱兰曰中正，通济曰中山，袖川曰宗堂。内城亦增辟四阙口，南城二，西城二，皆不设门。"

从20世纪50年代起，在城市建设中，兰州城墙、城楼陆续被拆除。20世纪90年代之前，据当地文物部门调查：兰州城墙仅残存内城墙7处，共470米，分散在东城壕、顺城巷、西城巷、北城巷、西城壕、绣河沿等地。郭城墙残存6处，共527米，分布在畅家巷、宣家巷、南城巷、下沟西端等地。20世纪90年代后期，随着"新三路"的拓建，上述残存城墙基本消失。其中1994～1995年，兰州在拓建庆阳路、中山路时，拆除东关、南关城墙的残墙，保护标志碑设立处的南关什字城墙被挖毁，标志碑也遭到了损坏（后重新树立保护标志碑）。但有一段残墙被掩藏到润城花园院子后面，才得以幸存下来。据当地文物部门调查，该段残墙为明清兰州城墙唯一的遗存，属于南城墙的一段，位于南关什字润成花园小区，残长约10米、高近10米，南侧以青砖包砌。

由于兰州残存城墙保存环境较差，2015年2月1日《兰州晨报》以《兰州残存10米明清老城墙残破不堪亟需保护》为题，呼吁给予重视和保护。

1984年，明清兰州城墙被列为市级文物保护单位。

于放 张依萌 郭豹 杨国庆

兰州城池：隋开皇初，建。明洪武十年，指挥王得增筑。周围六里二百步，高二丈。池深二丈。

——清《考工典》第十九卷，引自《古今图书集成》

酒泉城

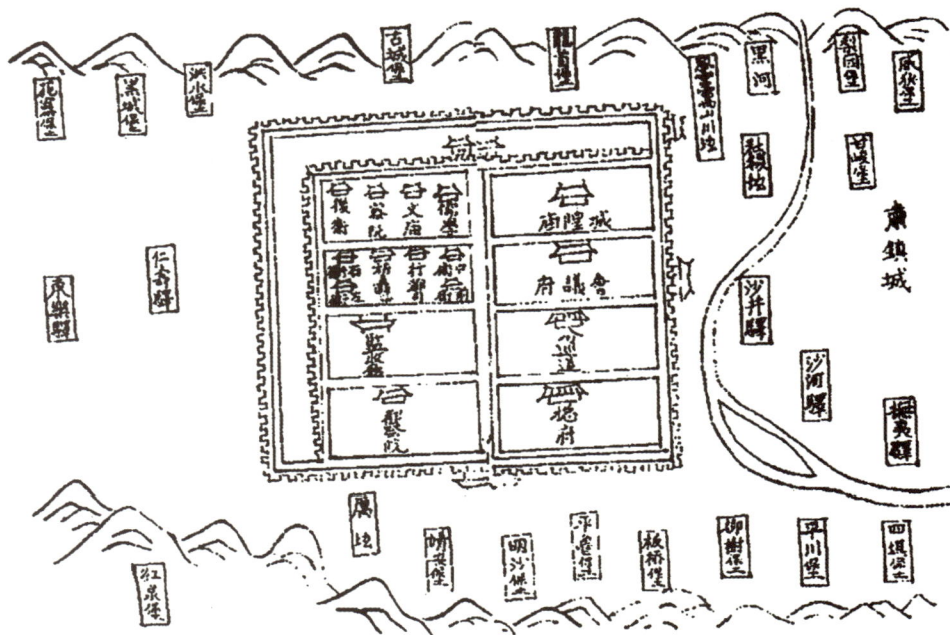

△ 肃州卫城图　引自《肃镇华夷志》明万历版

　　酒泉，古称"肃州"，位于甘肃省西北部，相传地下有泉，其味若酒，故名"酒泉"。酒泉地处河西走廊中段，丝绸之路横贯全境，这里是中原通往西域的门户和咽喉、军事交通重镇。

　　西汉元狩二年（前121），置酒泉郡，这是汉代河西四郡（酒泉、武威、张掖、敦煌）中最早设立的一个郡。隋仁寿二年（602），改酒泉郡为"肃州"。明洪武二十七年（1394），设肃州卫。清雍正七年（1729）改为肃州直隶州。1913年改为酒泉县。"甘肃"省名即因甘州（今张掖）与肃州（今酒泉）而得名。2002年，改县级酒泉市为肃州区，隶属地级酒泉市。

　　西汉时期，酒泉郡治所禄福县，于东汉建康元年（144）被地震摧毁，荡然无存。东晋永和二年（346），前凉酒泉太守谢艾在汉代古城遗址上重修福禄城。旧城原址长3里317步，东西宽约630米、南北长约950米，总面积近0.6

平方千米，城墙为夯土版筑。东、南二面各开一门，西、北二面无门。西凉在建初元年至永建二年（405～421）间定都于此，修酒泉宫，造恭德殿，并对酒泉城进行了较大规模的修葺。唐永徽年间（650～655），肃州刺史王方翼看到州城荒毁，又无壕堑，于是整修城池，并引多乐水（即讨赖河，今称"北大河"），环城为濠。

明洪武二十八年（1395），为加强西北边防，肃州卫指挥佥事裴成在原旧城的基础上向东扩展，修筑了东城，城址扩大一倍。扩建后城的平面呈长方形，周长合计8.3里，城墙高3.5丈、厚3丈余、顶宽1丈。新筑东、南、北三门，门上有重檐城楼，门外设瓮城。旧城的东城门留在城中心，城楼改为鼓楼。城外修一圈护城河，河周长8.4里、宽8.3丈、深2.4丈。成化二年（1466），巡抚徐廷璋在东关厢外增筑土城，城东西2里、南北1里50步、周长总计5.4里、高2.8丈、厚1丈、顶宽6尺。东、南、北三面各开一门。正德十三年（1518），兵备陈九畴在城东北、东南二隅各增筑敌楼1座，城墙四周增筑马面（敌台）共50座。嘉靖九年（1530），副总兵周尚文重建东城门楼。万历二年（1574），肃州兵备孙坤、参将姜显宗奏文题准，于次年动工，用青砖包砌了肃州大城，大城东西405丈、南北288丈；整修重建了三门，东门门楣上额"福禄"，南门上额"金墉"，北门上额"镇朔"。工程历时四年完工，共用砖3813000块、石灰13080石。这是酒泉建成后最大规模的工程，整修后的肃州城全用青砖包砌，规模宏大、气势雄伟（参考杨永生《酒泉古城历史与文化价值考述》，载《中国名城》2012年第8期）。

清顺治四年（1647），肃州总兵官张勇修复在战争中受损的古城。雍正

▽ 酒泉（古肃州）城旧影　长城小站提供

七年（1729），整修城楼，鼓楼基座也用砖包砌。乾隆三十三年（1768），重修东关围墙。同治四年（1865），河州回民马文禄起兵占据肃州城，官军围攻数年而不能破，城内寺庙、衙署焚烧殆尽。同治十二年（1873），左宗棠以大炮、火药轰破城垣，收复肃州。光绪（1875~1908）初年，补修城池并重修了衙署、寺庙、学宫等。光绪三十一年，重建鼓楼，汉南太守苻端题"气壮雄关"巨匾一块。次年，肃州拔贡聂吉儒为鼓楼题"声震华夷"匾额。

1940年，甘新公路通车至肃州城。为了进车方便，在西城墙开新城门，取名"通化门"，其外修建木结构的北大桥。1946年，当地城防部队拆去北门楼及城门，但肃州古城整体保存尚好。

据1998年《酒泉市志》记载："1952年开始修整城市道路，用砾石铺筑四条大街，用城砖铺四条大街人行道。"此后，随着城市建设需要，剩下的土城墙许多地段也逐步被拆毁。

20世纪80年代初，人们在清理倒塌的明城墙时，发现了一座被包裹在明城墙中的老城门，地处今酒泉军分区的南侧。这是东晋时重修的福禄城的南门，在明代裴成扩城时被筑入城墙。1988年，对其进行维修复原，即今酒泉的福禄门，也叫"晋城门"。城墙则仅存酒泉军分区院内的一段，长144米、残高5~15米，夯土层厚约10厘米，应为肃州古城西南角的墙体。

1984年，福禄门被列为县级文物保护单位。2003年，酒泉古城门被列为省级文物保护单位。

于放 张依萌 郭豹 杨国庆

肃州卫城池：明洪武二十八年，指挥裴成拓筑东隅。周八里，高三丈五尺。池深二丈。东、西、北三门。成化二年，巡抚徐廷璋城东郭。

——清《考工典》第十九卷，引自《古今图书集成》

098

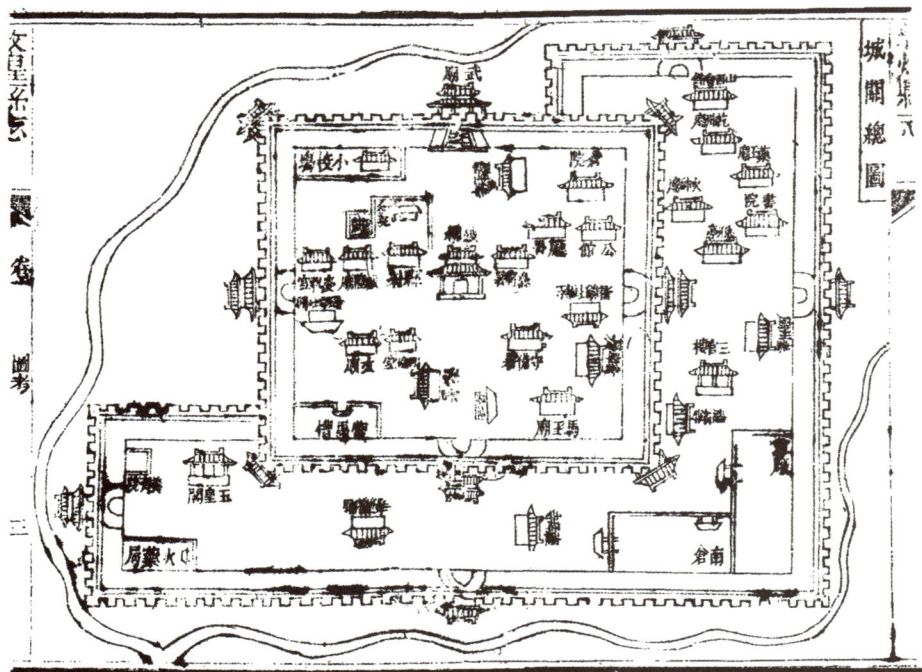

△ 敦煌县城关总图　引自《敦煌县志》清道光十一年版

　　敦煌城，位于今敦煌市西的党河西岸，乾隆二十七年《重修肃州新志》称之为"雪山为城，青海为池，鸣沙为环，党河为带，前阳关而后玉门，控伊西而制漠北，全陕之咽喉，极边之锁钥"。1986年，被列为国家历史文化名城。

　　距今四千多年的舜时代，敦煌为"古三危流沙地，羌戎所居"。此后，建置、隶属及属地多有变化。汉元鼎六年（前111），又将酒泉、武威二郡分别拆置敦煌、张掖二郡。又设置了阳关、玉门关。宋代，改为"沙州"。元代，称沙州路。明改沙州卫。清乾隆二十五年（1760），改沙州卫为敦煌县。1987年，撤县设立敦煌市。

　　西汉元鼎六年（前111）所筑的敦煌城，位于今敦煌市以西，城址大部分已成为农田。现残存南、北、西三面城垣，东墙被党河洪水冲毁，根据残垣遗

△ 敦煌城内大街　本文照片除署名外，均由Joseph Needham 1943年摄，Needham Research Institute 版权所有，张俊提供

△ 敦煌城门

迹推测，南北长1132米、东西宽718米、基宽6～8米、残高4米，墙体夯筑，夯层厚8厘米，西墙正中有一门，残存门墩1座（参考徐龙国《秦汉城邑的考古学研究》，中国社会科学出版社，2013年）。

　　唐代，在原敦煌城址的基础上，对敦煌城做了进一步的加固和重修。唐代补修的夯层厚13～18厘米，城垣残高2.5米、宽2米。角墩于唐代补修时加宽、加高，现残高15米、顶宽10米、底宽20米（参考岳邦湖等《疏勒河流域汉代长城考察报告》，文物出版社，2001年）。

▷ 敦煌莫高窟壁画中
的商队和西域城堡
引自李泽奉、毛佩
琦编撰《岁月河
山——图说中国历
史》（上海古籍出
版社，1989年）

　　清雍正三年（1725），在故城东另筑沙州卫城，又叫"新沙州城"，即
今敦煌市驻地。据《敦煌县志》载：雍正三年，沙洲卫城"周围三里三分，
计长六百丈，高一丈九尺六寸，根宽二丈三尺，顶宽一丈。顶上外垛墙，高
五尺，厚一尺六寸，里面女墙高二尺六寸，厚一尺四寸。开东、南、西三

▷ 沙州城遗址西北
角墩 李晓辉摄

◁ 沙州城西北段城墙
遗址 李晓辉摄

门，东曰迎恩门，西曰宁塞门，南曰靖远门。"三座主城门上均建有城楼以及外瓮城，瓮城上均建城楼。在北城上建有庙腰楼8座，每座墩台周围3.18丈。还建有角楼4座，每座墩台周围5丈。不久，增筑郭城，全系土筑，包围卫城东、南、北三面，郭城周长5.5里、长1000丈、基宽5尺、顶宽2尺、高2丈，开城门4座：东门曰"通安门"，西门曰"望瑶门"，南门曰"瑞映门"，北门曰"归极门"。雍正九年，沙州卫守备赵在熊督率户民建炮台12处。

此后，随着城市发展，敦煌古城逐渐毁圮，最后甚至被拆除。

1987年，中日合拍大型历史故事片《敦煌》，遂以沙洲古城为蓝本，在距市中心25公里处的阳关公路南侧大漠戈壁，新造了一座"古城"。新造的"敦煌古城"开东、西、南三门，城楼高耸；城内由五条主要街道组成，街道两边配以佛庙、当铺、货栈、酒肆、住宅等，据称它"再现了唐宋时期西北重镇敦煌的雄姿"，现已成为中国西部最大的影视拍摄基地，在这里已先后拍摄了20多部影视剧。

附：

黄墩堡 位于敦煌城正北63里。雍正五年（1727），筑土城，周围"二里四分，计长四百三十二丈，高一丈八尺"。城基宽2丈、顶宽7尺；城顶垛口墙高5尺、厚1.2丈；女墙高2.5尺、厚1尺。在东、西二面各开有城门及外瓮城，主城门及瓮城门上均建有城楼。1989年，黄墩营遗址被列为市级文物保护单位。

尚珩 杨国庆

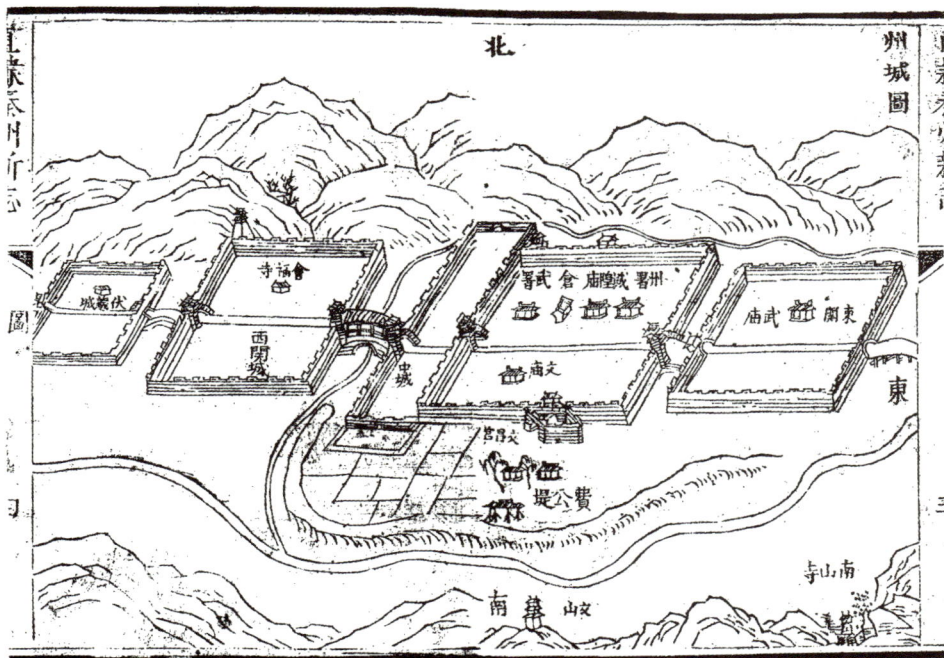

△ 秦州州城图　引自《直隶秦州新志》清乾隆二十九年版

　　天水，古称"秦州"，位于甘肃省东南部，地处甘、陕两省交界，因"天河注水"的传说而得"天水"一名。天水，曾是古丝绸之路上的繁华重镇，1994年，被列为国家历史文化名城。

　　天水，是秦国的发祥地。秦武公十年（前688），秦灭邽、冀戎，置邽（今天水市城区）、冀（今甘谷县东）二县。西汉武帝元鼎三年（前114），置天水郡，始有"天水"之名。西晋泰始五年（269），正式设秦州。明清时，仍为秦州。1913年，秦州改称天水县。1950年，析天水县置县级天水市。1985年，设地级天水市。

　　西晋太康七年（286），秦州州治及天水郡治均由冀城（今甘肃省甘谷县）迁至上邽城，其形制是"五城相连"的特殊平面布局。郦道元《水经·渭水注》记载："五城相连，北城中有湖水，有白龙山是湖，风雨随之，故汉武

103

△ 《巩昌分属图说》，共11幅图，纸本彩绘，折页册装，各具图说。图中方位上
南下北，绘制了东起陇山、西至巩昌府（今陇西）范围内三州十四县的山川、
城池、寺庙等，天水城（秦州）即在其内。图册绘制年代应在明万历二十四年
至万历三十年（1596～1602）年间，绘制者不详，现藏北京大学图书馆 郭豹
提供

帝元鼎三年，改为天水郡。"但史书只记载了东、西、南、北四城之名，另
有一座城的名字不得而知。东、西二城互相连接，城门及城墙的具体情况，
皆难以考证。

　　唐开元二十二年（734），秦州大地震，州城房屋几乎全毁，压死民众
4000多人，州治暂迁成纪县（今甘肃省秦安县）。次年，河西陇右节度使王忠
嗣重筑秦州城，位置在明清州城东面，号"雄武城"（《考工典》记为"天
宝五载"）。据州志记载，该城在明清州城（即今天水市）之东。其规模宏
大，杜甫在《秦州杂诗》中描述"降虏兼千帐，居民有万家"。天宝元年
（742），州治迁回上邽。

　　北宋时期，西夏崛起，秦州的战略地位突显，成为西北边防重镇和重要
的边境商贸口岸。宋真宗时期（998～1022），形成了以秦州城为中心，下辖
100多座城、寨、堡的军事防御体系。仁宗庆历元年（1041），经略使韩琦
扩建秦州外城（另有说法是扩建东、西关城）。《宋会要辑稿·方域八》记

载："庆历初，守臣韩琦以秦州东西城外有民居、军营、恐资寇，元年十月己卯，诏增筑外城，乃广外城十一里，与内城联合为一城。秦民德之，号'韩公城'。兴功于元年十月三日，成于二年正月二十七日。广四千一百步，高三丈五尺，计工三百万。一云东西关城。"此时的秦州城周长折合约6375米、高约10米，其规模雄居西北各城之首。宋神宗时（1068～1085），知州罗拯增修东、西二城，州城规模进一步扩大。南宋时期，宋军与金兵长期交战，在渭水、秦州一线南北对峙，州城迭遭战火破坏。元代至正十二年（1352），秦州又发生大地震，州城毁坏严重。

明清时期的秦州城，方志资料记载很多。据统计，从明初至清末500多年间，修筑、扩建、修缮达16次，其中明代经过四次修筑，重新形成了天水古城"五城相连"的独特城市结构格局，并一直延续到1912年以后。不同于北朝时期的五城布局，明清"五城"受地形所限，呈带状延伸，自东向西分别为：东关城（即秦州卫城）、大城（秦州州城）、中城（子城）、西关城（西郭城）、小西关城（伏羲城），"睥睨相属如联珠"（清·宋琬：《重修秦州城垣记》）。

▽ 秦州（即天水）曾是重要的贸易中心，远处城墙依稀可辨 ［俄国］鲍耶尔斯基1875年摄，巴西国家图书馆馆藏，张俊提供

　　明太祖洪武六年（1373）时，秦州还只有两座城：大城（州城）、东关城（卫城）。据清顺治时期的《秦州志·建置志》记载，守御千户鲍成在过去秦州西城的旧址上筑大城，"周四里百有二，高三丈有五尺"；周围有护城河，河宽5.5丈、深1.2丈。开东、西二门：东曰"长安"，西曰"咸宁"，城门上有城楼。在过去秦州东城旧址的范围内裁取一半，筑做卫城，即东关城。

　　明成化九年（1473），秦州卫指挥重修州城，司理参军梅茂在州城之西筑子城。五城全部筑城后，因子城位居中央，所以也称"中城"。

　　嘉靖年间（1522～1566），知州李鲸组织民工修筑了西关城，也称"西郭城"。西关城与中城之间隔着一条罗玉河，河上有桥。

　　小西关城位于西关城的西面，开有二门。因城中有嘉靖十年（1531）所建的伏羲庙，故又名"伏羲城"。史书上没有记载始筑年代，有学者考证其建造年代在嘉靖二十五年（1546）和崇祯八年（1635）之间（刘雁翔：《伏羲庙与伏羲城探源》，载《中国名城》2011年第6期）。

　　清代，对五城作过多次修葺和改造。清顺治十一年（1654），秦州大地震后，分巡陇右道宋琬捐资重修。之后在嘉庆、道光、咸丰、同治、光绪等年间，先后对各城及城楼、护城堤等进行过修缮。清代秦州城较大的改造有四处：其一，乾隆五年（1740），知州程材傅将中城、西关城间的罗玉河改从东城外侧汇入藉河，既免除洪灾威胁，又扩展了中城空间，便利了中城与西关城的联系；其二，罗玉河故道被划为中城之内，改道前中城的西墙成为中城内的隔墙；其三，乾隆时期（1736～1795），东关城与大城，中城与西关城、西关城与小西关城彼此间的城墙还是分离的。光绪时期（1875～1908），二城之间仅有一道城墙相隔；其四，小西关城西侧外新筑瓮城。但明代形成的五城格局在总体上并没有变化（雍际春：《明清时期天水古城的变迁》，载《天水文史资料》第17辑《天水古韵》，甘肃文化出版社，2011年）。

　　清代的秦州五城中，东关城面积最大，西关城次之，大城再次之，中城、小西关城面积最小。

　　东关城在五城中最长，开有四门，西通大城，其余三门分别曰"广武"、"阜财"、"拱极"。城内有行政、军事设施。

　　大城四面各开一门：东曰"长安"，西曰"咸宁"，南曰"环嶂"，北曰"华清"。东、西二门分别与东关城、中城相通并各建一座城楼，东城楼的东西两面分别悬挂巨匾"望重长安"、"俗敦皇古"，西城楼的东西两面匾额分别为"望垣巩固"、"关陇重镇"。大城是城的主体、州署所在地，官衙、学校集中，商业也比较繁华。

中城辟三门，北面有"中和门"、"北极门"，南面为"南祥门"（即水城门）。中城在五城中最小，是集市和手工作坊集中的地区。

西关城开有五门，东部通过新城门、衍渭门与中城相通；西面的启汉门通往小西关城；东北曰"大庆门"，东南曰"阜康门"。西关是当时商业最繁华的区域。

小西关城主要城门为通往西关的启汉门以及西部的西稍门。在紧邻西关的东北和东南各有一座城门，北为"小北门"（即聚宝盆城门），南为"小南门"。这里有伏羲庙、火神庙等庙宇，是宗教祭祀的主要场所。

1922年，陇南镇守使孔繁锦大规模改造城市，拆掉大城砖垛、东西瓮城及东关城东门的瓮城，并修建五城内和五城通往周边的道路。但此时五城的格局保存还比较完整。

20世纪50年代，因城市建设需要，秦州五城的城楼、城墙、城门陆续被拆除。

到20世纪70年代初，天水古代五城格局荡然无存。

郭豹

秦州城池：唐天宝五载，王忠嗣筑雄武城。宋，知州罗极筑东、西二城。明洪武六年，守御千户鲍成约西城旧址而筑之。周四里一百四步，高三丈五尺。池深一丈二尺。东西二门。嘉靖二十一年，知州李鲸城西郭，辟南、北门。

——清《考工典》第十九卷，引自《古今图书集成》

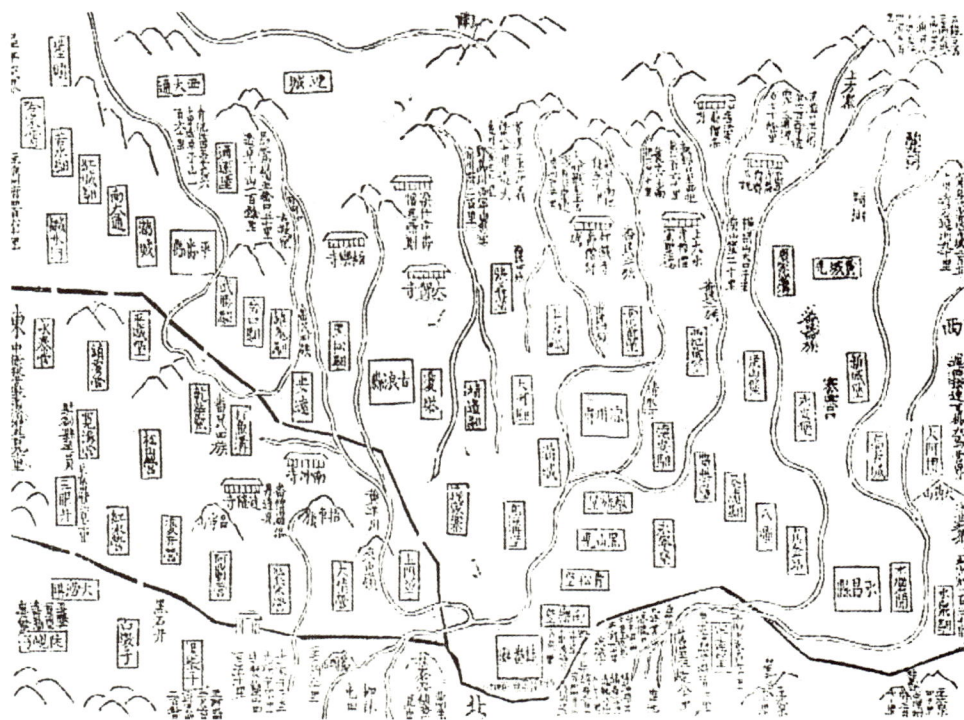

△ 武威城及周边寨堡形胜图 　引自《武威县志》1985年版

武威，古称"姑臧"、"凉州"、"西凉"，位于甘肃省中部，地处河西走廊东端，是丝绸之路上的要冲，也是古代中原与西域经济、文化交流的重镇。1986年，被列为国家历史文化名城。

汉武帝时（前140～前87），设"河西四郡"，置武威郡，治所姑臧（今武威）。此后，建置、隶属及名称均有变化。明代，设凉州卫。清雍正二年（1724），改凉州卫为武威县，属甘凉道凉州府。1985年，武威改县为市（县级）。2001年，设立地级武威市，原县级武威市改称凉州区。

西汉文帝时（前179～前157），据说匈奴休屠王筑盖臧（即姑臧）城。匈奴休屠王所筑姑臧城的位置有几种不同说法：一说是在今武威市区境内批；另有学者考证为今武威市凉州区金羊镇赵家磨村南200米的锁阳城，又名"三骒城"。城址平面呈长方形，东西宽约1000米，南北因被沙河冲毁，具体长度不详。城垣皆毁，门址不详（国家文物局主编：《中国文物地图集·甘肃分册》，测绘出版社，2011年）。遗址现为甘肃省级文物保护单位。

汉代武威城的城址位置亦众说纷纭，没有定论。有学者认为是在今武威市区境内，即匈奴的姑臧城。另有观点认为是民勤县泉山镇团结村西北约12.5公里沙漠中的连城。连城的平面呈长方形，南北长420米、东西宽370米，面积约15万平方米。城墙夯土版筑，残高7米、基宽4米、夯层厚0.1～0.15米。西墙开一门，门外有瓮城，瓮城东西长24米、南北宽12米，门向东，现为甘肃省级文物保护单位。还有学者在连城西北约20公里处的沙漠中发现有古城遗址，遗址东西长约2500米、南北宽1000米。从方位、面积大小、周边有河流等情况看，它更有可能是汉武威城（裴雯：《汉武威城址的初步考证》，载《西北史地》1997年第4期）。

前凉（317～376）时期，在匈奴姑臧城的基础上进行了大规模营建，向东、西、南、北扩展，成为"五城"。《水经注》记载："及张氏之世居也，又增筑四城厢各千步。东城殖园果，命曰讲武场；北城殖园果，命曰玄武圃，皆有宫殿；中城内作四时宫，随节游幸，并旧城为五，街衢相通，二十二门。"建成后的姑臧城"南北七里，东西三里，地有龙形，故名卧龙城"（《晋书·张轨传》）。"城不方，有头尾两翅，名盖鸟城"（庾信：《庾子

▽ 位于武威城北永昌镇的永昌故城旧影　［俄国］鲍耶尔斯基1875年摄，巴西国家
　图书馆馆藏，张俊提供

△ 甘肃省武威古城门 引自《中国古城游》（中国铁道出版社，2009年）

山集注》卷十三）。前凉姑臧城改变了中国传统的宫南市北的王都建筑布局，创造了一反旧制的宫北市南的新格局。这种都城布局模式影响了后来的北魏洛阳城乃至东魏邺城、唐都长安的建设。

隋末李轨筑凉州"七城"，是在姑臧城南部和西部加以扩展的（也有学者认为，前凉姑臧城就已经增至七座）。唐凉州城"周一十五里，高四丈八尺"（1985年《武威县志》）。但是到了唐文宗开成年间（836～840）至五代后唐明宗天成年间（926～930）趋于衰败，北宋初凉州城"周长十五里"（《宋史·外国列传》）。自宋初至明初以前的300多年里，凉州城大小未有变化（王乃昂、蔡为民：《凉都姑臧城址及茂区变适初探》，载《西北史地》1997年第4期）。

元代永昌府故城位于现武威城北的永昌镇。城平面呈正方形，边长2000米。城墙为夯筑，基宽4米、残高6米、夯层厚5～7厘米。南面开门，外有瓮城，瓮城长150米、宽100米，门向东开。东、西、北三面城墙中间各筑一座方形墩台，用于瞭望、防卫，东曰"雕镂墩"，西曰"皇姑墩"，北曰"月牙墩"。东、西墙各筑一座马面。古城现为市级文物保护单位（国家文物局主编：《中国文物地图集·甘肃分册》，测绘出版社，2011年）。

明代的凉州城继续在隋李轨筑"七城"的基础上增修。洪武十年（1377），都指挥濮英开始对凉州城进行加固、增修。"增高三尺，共高五丈一尺，厚六尺，周围减去三里，余止一十一里零一百八十步"。改建后，凉州城保留了原姑臧中北城，切除了北城，又向西延伸，变成了东西长、南北窄的城池。原先有东、南、北三门，洪武二十四年（1391），凉州总兵宋晟增辟西门，"建东、南、北大城楼三，吊桥四，濠深二丈许，阔三丈奇。郭如之。周城建箭楼、逻铺三十六，北城西隅建高楼一座，可以远望。月城西深一丈四尺，阔六步，为门二"（武威县志编纂委员会：《武威县志》，甘肃人民出版社，1985年）。万历二年（1574），甘肃巡抚廖逢节、总兵石茂华将城墙全部用砖包砌（郭承录：《武威史话》，甘肃文化出版社，2005年）。万历四十五年，分守参议张创辟新南门，命名为"兴贤门"，后因为不利于防守而关闭。

清代实行满汉分治，乾隆二年（1737），在"城东北三里许，置满城，砖包，周围七里三分，东南西北四门，大城楼四，瓮城楼四，角楼四，箭楼八"，并驻兵防守。次年，补修武威城城垣及箭楼、女墙、角楼，修完后的凉州府城"周十一里有奇，门四，濠广六丈八尺"（嘉庆版《大清一统志》）。

1927年5月武威发生大地震，城墙和城门大面积垮塌。幸存的北城门楼在1928年7月21日"凉州事变"中被军阀马廷勷下令烧毁。

1949年后，因年久失修或因城市建设需要，武威城墙逐渐损毁，甚至大部分被拆除。

20世纪80年代后，据当地文物部门调查：武威城平面基本呈方形，边长2.4公里。城墙为夯筑，南墙残长250米、基宽12～23米、高4～9米、夯层0.1～0.22米；西墙残长140米、基宽15米、高4～11.3米；东墙残长70米、基宽8米、残高6～12米；北墙残长80米、基宽7.5米、顶宽4米、残高5～8米。城垣四面各开一门，现南门两侧门墩尚存，为夯筑四棱台体，高12.3米、夯层厚0.13米。

1993年，武威城墙被列为市级文物保护单位。

尚珩　郭豹　杨国庆

凉州卫城池：唐李轨建。明洪武十年，指挥濮英增筑。周一十一里一百八十步，高五丈一尺。池深一丈二尺。有东、南、北三门。后，宋晟增关西门。

——清《考工典》第十九卷，引自《古今图书集成》

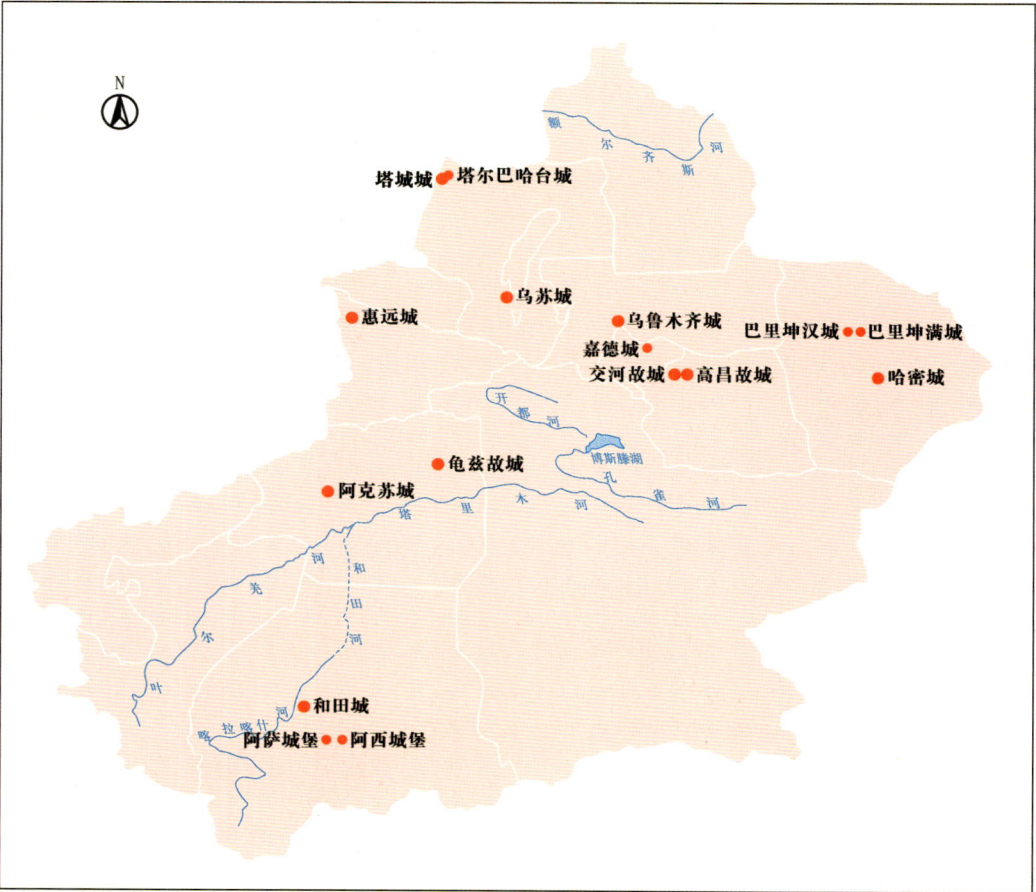

塔城城 ● 塔尔巴哈台城

乌苏城 ●

惠远城 ●　　　　　　　　乌鲁木齐城 ●　　巴里坤汉城 ● ● 巴里坤满城

嘉德城 ●

交河故城 ● ● 高昌故城　　　　　　哈密城 ●

龟兹故城 ●

阿克苏城 ●

和田城 ●

阿萨城堡 ● ● 阿西城堡

新疆

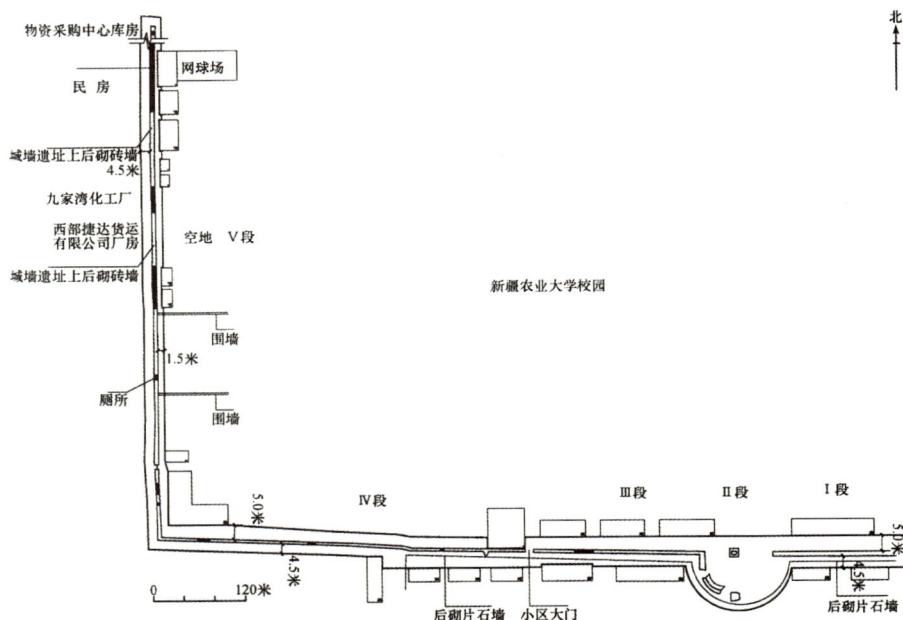

△ 巩宁城城墙遗址平面图　引自新疆维吾尔自治区文物局编著《新疆古城
　遗址》（科学出版社，2011年）

乌鲁木齐简称"乌市"，准噶尔语意为优美的牧场，位于亚欧大陆中心、天山山脉中段北麓、准噶尔盆地南缘，是第二座亚欧大陆桥中国西部桥头堡和向西开放的重要门户。

战国时期（前475～前221），此区域属古车师人的活动范围。唐朝，其境设轮台县。清乾隆二十二年（1757），平定准噶尔叛乱，在现乌鲁木齐九家湾一带筑垒屯兵，并将此地定名为"乌鲁木齐"。光绪十年（1884），新疆设置行省，从此乌鲁木齐成为新疆的政治中心。1940年，成立迪化市政府委员会。1949年，成立迪化市人民政府。1954年，恢复"乌鲁木齐"原名。1955年至今，为自治区首府。

乌鲁木齐始筑城池时间不详。有称三国时期（220～280），车师后国在今乌鲁木齐南郊（现乌拉泊水库一带）建于赖城，为乌鲁木齐第一城。其建筑规制、规模等详情难考。

唐贞观二十二年（648），唐朝政府在距现市区以南10公里处设置轮台城，推测为位于今乌鲁木齐市南约17公里的红雁街道乌拉泊村南的唐至元代遗址，称"乌拉泊古城"。古城平面略呈方形，南北长550米、东西宽450米。城墙为夯筑，残高2~7米、基厚10米、顶厚3米。4座城角处尚存角楼遗址，长约7米、宽约6米。城墙四周筑有突出墙身的马面，长、宽均约6米，南墙的6座马面保存较好。东、南墙各修筑瓮城，长18米、宽15米。北墙也有二门。从夯层厚度、夯土土层排列密度看，城墙并非一次筑成，下部为唐代基础，上部经宋、元多次修补。古城构筑有内墙3道，将其划分为西、东、南内城3座。西内城呈长方形，南北长420米、东西宽245米，南墙有宽约8米的豁口，似为城门；东内城呈方形，边长约200米，南墙中部筑瓮城，长18米、宽15米；南内城呈曲尺形，东西长450米、西墙长120米、东墙长340米，城内东南见一座圆形夯土台基，底径20米、残高约3米。2001年，乌拉泊古城遗址被列为全国重点文物保护单位。

明代，曾于九家湾建城，系蒙古和硕特人所建。后在平定准噶尔叛乱中被焚毁。其规制、规模等详情无考。

清乾隆二十二年（1757），平定准噶尔叛乱之后，在九家湾明故城废址处筑土垒屯兵，定名"乌鲁木齐"。乾隆二十三年，在今乌鲁木齐市南门外修筑一座土城，城周1.5里、墙高1.2丈，并在城内陆续新建营房1000余间。因

▽ 乌鲁木齐巩宁城城墙中段 引自新疆维吾尔自治区文物局编著《新疆古城遗址》（科学出版社，2011年）

△ 乌鲁木齐巩宁城墙残段 本文照片除署名 △ 乌鲁木齐巩宁城墙文物保护标志碑
外，均由刘铉摄

人口日增，房屋渐稠，于乾隆二十八年将此城向北扩建，加高城墙，钦定城名为"迪化城"（清光绪抄本《新疆四道志》记为"乾隆三十年"）。城墙修建竣工后，城周长5.4里、高2.15丈、底宽1丈、顶宽8尺。并设城门4座：东曰"惠孚"，西曰"丰庆"，南曰"肇阜"，北曰"憬惠"。并设城楼4座、敌楼4座、角楼4座。城壕深1丈、宽1丈。城内有万寿宫（据清嘉庆十年《三州辑略》卷二）。

乾隆三十七年（1772），在迪化城西修筑巩宁城（亦称"满城"），城周长9.3里、高2.2丈、厚1.7丈。设城门4座：东曰"承曦"，西曰"宜稼"，南曰"轨同"，北曰"枢正"。城墙上修筑城楼4座、敌楼4座、角楼4座，城中建鼓楼1座、万寿宫1座。城壕深1丈、宽2丈。并先后在境内建成惠来堡（今六道湾）、屡丰堡（今七道湾）、宣仁堡（今头工）、怀义堡（今二工）、乐全堡（今三工）、宝昌堡（今四工）、千总堡（今头屯）、嘉德城（今达坂城）、辑怀城（今米东区）。

同治三年（1864），逆回叛乱，迪化城、巩宁城均毁于战火。光绪二年（1876），清军重夺二城，巩宁城已成废墟，仅有废址。在迪化城东筑"新满城"，周3.5里。原迪化城略加修葺，由民商居住，俗称"汉城"，周4.5里。光绪十二年，升迪化直隶州为迪化府，并增设迪化县，将二城合并扩建为一城，迪化城的规模从此定型（据2000年《乌鲁木齐县志》第十七编）。该城周长2074.5丈、高2.2丈，设有城门7座：曰"大南"，"小南"，"大西"，"小西"，"大北"，"大东"，"小东"，并设有雉堞1347座、炮台19座，城楼、月城旧楼共15座（据清光绪抄本《新疆四道志·镇迪道》）。

1949年后，随着城市建设需要，上述二城皆被陆续拆毁。

据新疆维吾尔自治区第三次文物普查的结果为：迪化城范围在北至民主路，南至人民路，西至红旗路，东至和平北路。地面遗迹早被拆毁，1988年在光华路南端发现一段长约24.3米、高4米的残墙，夯筑而成。巩宁城城墙遗址位于新疆农业大学西部和南部，现存西墙和南墙两段，夯筑而成，各长约860米左右、残高4米、基厚6米。南墙每隔100米筑有1个马面，现存马面7个。两墙相夹的西南角有角楼1座。南城门尚存，为瓮城门，呈半圆形，南北长48米、东西宽36米，其东、西两侧各开5米左右的边门（据2011年《新疆古城遗址》下册）。

2004年12月，巩宁城城墙遗址被列为市（县）级文物保护单位。

附：

嘉德城　俗称"达坂城"，有"冲途"、"要隘"之称，形势险要，为南疆门户。位于今达坂城区公所的所在地，故称"达坂城"。清乾隆四十七年（1782），营造城池。城周2.5里（2000年《乌鲁木齐县志》第十七编记为"三里五分"）、高1.2丈。设城门4座：东曰"寅辉"，西曰"仰极"，南曰"成顺"，北曰"遵道"，门名皆由清政府颁定，并设有城楼4座（据清嘉庆十年《三州辑略》卷二）。清同治三年（1864）后，阿古柏入侵，占领嘉德城，故文献记载"嘉德城自兵燹后，破烂不堪"。

△ 达坂城墙遗存　王莹摄

△ 达坂城及碉楼 王莹摄

1933～1934年间，马仲英与盛世才在达坂城发生过激烈争夺战，城遭严重破坏。此城后经重修。

1949年时，嘉德的城门、城墙基本保持完好。此后，随着城市建设需要，嘉德城大部分被拆除。

20世纪80年代后，据当地文物部门调查，嘉德城仅存四段残垣，共计193.6米，最长一段残垣为北墙东段，计180米，今仍发挥其界址作用。原寅辉门在达坂城农贸市场与兵团运输站之间，原遵道门在达坂城区公所后西侧，原仰枚门在乌吐公路上，原成顺门在税务所前公路中心。南门外是旅馆区，旧由乌鲁木齐去吐鲁番，经嘉德城西门，穿城中，出南门，上官道。

王腾

阿克苏城

阿克苏市，位于塔克拉玛干沙漠西北边缘、塔里木河中上游支流阿克苏河畔，因水得名，维吾尔语意为白水城，是古丝绸之路上的重要驿站，也是龟兹文化和多浪文化的发源地，素有"塞外江南"之誉。

秦汉时期（前221~220），其境包含西域三十六国中的龟兹、姑墨、温宿诸国。西汉（前206~8）初期，阿克苏为姑墨国。汉神爵二年（前60），姑墨归西域都护府管辖。魏晋南北朝时期，受龟兹辖控。隋朝时，为西突厥所制。唐代，姑墨州归龟兹都督府管辖。元代，为蒙古宗王察合台封地。明代，为察合台后裔吐鲁番王地。清代，平定准噶尔部后，设阿克苏办事大臣。1928年，阿克苏县改属阿克苏行政区。1978年，改属阿克苏地区行政公署至今。1983年，阿克苏县撤县设市。

阿克苏城始筑时间不详。1925年《回疆通志》卷七载：阿克苏旧有土城1座，东西长35丈、南北长35丈、周长140丈、高1.2丈，女墙（疑为"垛口"）高4尺、底宽5尺。设四面城楼、角楼共8座，城北楼为观音阁。清乾隆抄本《回疆志》卷一又载：阿苏克城非土石所筑，巧借高崖，随势而挖为城垣，一连三城，就其坡而挖取。中城有东、西、南三门，左、右二城只有南门。城南崖下，土筑墙垣环围三城，几不可辨。

现存的阿克苏城遗迹，为光绪九年（1883）阿克苏道员罗长枯察请核准修建，城周950丈、高2丈余。城区面积不到1平方公里，范围是：东至今健康路，西至今市防疫站，南至今农一师印刷厂，北至今市文化馆。设有城门4座：东曰"朝阳"，西曰"抱爽"，南曰"迎熏"，北曰"承恩"。维吾尔族民众习惯称东、西、南、北四门分别为"库车代热瓦扎"（意即库车门）、"古里巴格代热瓦扎"（古里巴格门）、"喀什噶尔代热瓦扎"（喀什噶尔门）和"阿克苏代热瓦扎"（阿克苏门），并设有雉堞752座。宣统元年（1909），因人口增多，居住拥挤，住户向城郊发展，城市用地因而扩大到约1.9平方公里（据1991年《阿克苏市志》第四编）。

1956~1972年，因城市建设需要，城墙被陆续拆毁。

20世纪80年代后，据当地文物部门调查：旧城残墙位于市人民政府北约500米处，残墙长18米、底宽约12米、顶宽10米、残高5～7米、面积216平方米，为夯筑，夯层间距60厘米（据1991年《阿克苏市志》第十九编）。另据新疆维吾尔自治区全国第三次文物普查，原阿克苏地区塔里木歌舞团所在地及农一师招待所内的旧城墙已经全部被拆，城墙已无存（据2011年《新疆古城遗址》下册）。

喀拉玛克沁城的始建年代、规制及规模等详情无考。

▽ 阿克苏老城原址 引自新疆维吾尔自治区文物局编著《新疆古城遗址》（科学出版社，2011年）

　　1928年，黄文弼曾来此进行调查，著有《塔里木盆地考古记》。古城的平面略呈方形，城墙基宽约10～14米、顶宽2.5～5米、残高约3米。城门座向朝南，宽约3米，为胶泥土堆筑。北墙已被堆平，上建有农舍。西墙南北两端均有马面，其中南端马面宽4米、向外伸出3米、高2.5米，北端马面宽7米、向外伸出半米。东墙中段已被人挖开宽约7米的缺口。城内原有文化堆积已被新辟农田所毁。西城墙北端的暴露层中见有厚约15～30厘米的红色烧土，南墙偏东段表层有厚约15厘米的红色烧土，城周仅见有泥质红陶片。城四周地势开阔，东部地势较低，城址土质呈灰白色，含盐碱。城西120米处有一处南北向古道遗址，西域墙外有宽约10米的壕沟，沟中己积水，城内已辟为农田。据黄文弼考证，该古城即是元代的"浑巴升城"，元史称"浑八升城临浑水"，挥水即阿克苏河。

王腾

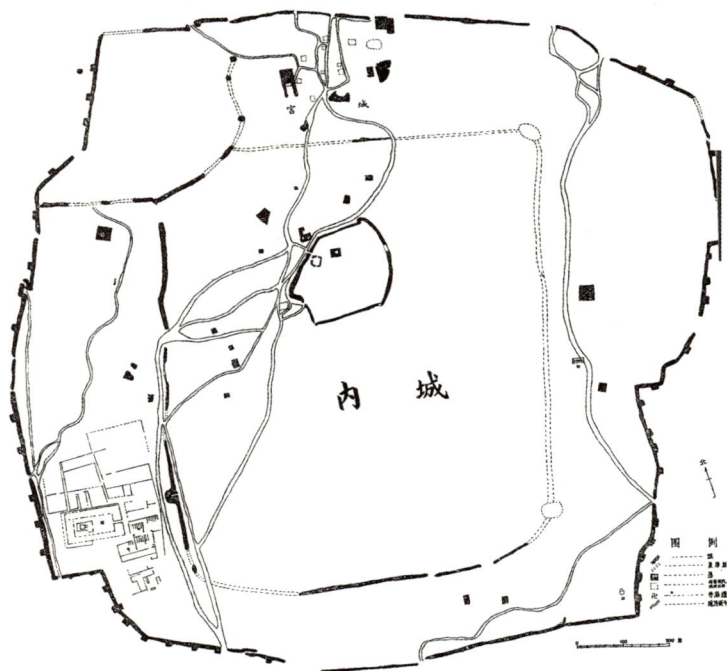

△ 高昌故城平面图　引自阎文儒《吐鲁番的高昌故城》，载《文物》1962
年Z2期

　　高昌，因"地势高敞，人庶昌盛"而得名，位于吐鲁番市东面约40公里
的哈拉和卓堡西南，北距火焰山南麓的木头沟沟口（胜金口）约6.5公里，东
距鄯善县城约55公里。

　　高昌是丝绸之路上的名城。西汉时期，部队在此屯田，设立高昌壁。东
晋咸和二年（327），前凉张骏在该地设高昌郡，从此高昌正式成为西北边疆
的政治中心。之后，高昌城先后隶属于前秦、后凉、段氏北凉、西凉、沮渠氏
北凉政权。北魏太平真君四年（443），沮渠无讳率北凉政权残部攻取高昌，
以之为都城，自称"大凉王"，高昌亦称"凉都"，置高昌太守。唐贞观十四
年（640），高昌国为唐军所灭，在此设立西州。贞元八年（792），西州陷于
吐蕃。咸通七年（866），北庭出生的回鹘首领仆固俊攻占了西州，定都高昌
城，史称"西州回鹘"或"高昌回鹘"。元至元十二年（1275），蒙古西北藩

王发动叛乱，笃哇等率军围攻高昌城达半年之久，后终为笃哇占领，失去了政治经济中心的地位。明洪武二十一年（1388），黑的儿火者即汗位后，率军对吐鲁番地区进行"圣战"，高昌城毁于战火。

高昌故城，始建于西汉（前206～8）。初元元年（前48），鉴于交河一带土地肥沃，又扼守西域的门户，遂于其地"置戊己校尉，使屯田车师故地"，称为"高昌壁"。《汉书·西域传》记载：车师后王姑句"即驰突出高昌壁，入匈奴"。东汉延光二年（123），班勇屯驻高昌壁东约20公里的柳中，高昌壁因此成为柳中附城，并改名为"高昌垒"。高昌壁、高昌垒形制等详情皆无可考。

北魏太平真君四年（443），沮渠无讳率北凉政权残部攻取高昌，以之为都城，称"凉都"。其后历198年，均为都城。初期文献记载极少，仅《梁书》载：高昌"其地高操，筑土为城"。后期的麹氏统治时期（501～640），对高昌城的营造有很大影响。《隋书》载："其都城周回一千八百四十步"，

▽ 高昌故城 吐鲁番文物局供图

△ 高昌故城西城门 引自新疆维吾尔自治区文物局编著《新疆古城遗址》（科学
出版社，2011年）

略小于现存内城规模。现存的内城平面略呈长方形，周长约3420
米，全为夯土筑成。残存的墙基厚10～11米，高度不等。西、南
两面的城垣大部分保留，东面只能看到东北角的高地与东南角的
一个土台基，北面正中和西北角还有一部分残垣基地。内城中设
有宫城，据全国第三次文物普查的结果推测，宫城居目前全城的
北部。宫城平面呈长方形，周长约700米、残高6～8米。现在仅存
南、北、西三面，东墙缺失。墙体均为夯土，其上可见桁木孔痕
迹。宫城内留存下许多高大的殿基，一般高3.5～4米，夯层厚度约
350～480毫米，可以看出是一座高达四层的宫殿建筑遗址。内城中
偏北有一座高台，上有高达15米的土坯方塔，俗称"可汗堡"，可
能就是麴氏高昌的王宫。"可汗堡"北面的高台上，有高达15米的
夯筑方形塔状建筑物；南、西、北三面遗有宽大的阶梯式门道，与
交河故城现存的唐代官署遗址建筑形式一样。而且依据德国考察队
盗掘的《北凉承平三年沮渠安周造寺功德碑》可以看出（据2011年
《新疆古城遗址》下册），此处建筑可能是当时官殿的核心位置。
应该指出，现在所见的宫城遗址规模并不是麴氏高昌时的全貌，其
中掺杂有后来的一些改扩建部分（据梁涛《高昌城的兴衰》）。

这一时期高昌城已经在四面建造城门，除北门外，其余三面的城门名称有"故"、"新"称呼之别，可知其间又于东、西、南增开城门。目前内城已很难找到城门的遗迹，但文献可见有城门7座：东曰"青阳"、"建阳"；西曰"金章"、"金福"；北曰"玄德"、"武城"；南曰"横城"（据郑炳林《高昌城诸门考》）。此时还在城墙以外开挖城壕。当时已经出现专门修建城墙的人员，称为"城作"（据《吐鲁番出土文书·高昌城作子名籍》）。

唐咸通七年（866），北庭出生的回鹘首领仆固俊定都高昌城。在此其间扩建城垣，增筑外城墙。现在的外城轮廓基本完整，平面呈不规则方形，周长约5430米（北墙1320米、西墙1370米、南墙1420米、东墙1320米）、残高5～11.5米、基厚约12米。为土夯筑，夯层厚8～12厘米，其剖面呈梯形。墙体外附建了不少墩台、马面，做法与城墙相同。据调查，墙体所用夯土中含有一定数量的石颖粒，形如现代的混凝土材料。南面有三门，东、西、北各有二门。西面北边城门是保存最好的城门遗址，保留着瓮城墙及西、北双向两个城门的缺口，主门道为南北向，门道宽25米。因在"可

▽ 高昌故城遗址　窦佑安摄

汗堡"发现的壁画中发现有回鹘贵族飨宴的题材内容，可知是后期改建时所为。所以有学者认为，现存的高昌故城是回鹘时期在前代高昌城的基础上经过较彻底的改造而新建的一座都城。

元至元十二年（1275），蒙古西北藩王发动叛乱，笃哇等率军围攻高昌城达半年之久，亦都护高昌王火赤哈尔的斤坚守不降。至元十七年，高昌城破，为笃哇占领。其间修筑、损毁及修缮等过程，文献均无记载。

明洪武二十一年（1388），黑的儿火者即汗位后，率军对吐鲁番地区进行"圣战"，高昌城因此毁于战火，成为荒城，渐被废弃。后被开垦为耕地，地面建筑多无存（据2011年《新疆古城遗址》下册）。

1961年，高昌故城被列为全国重点文物保护单位。2014年6月22日，在卡塔尔多哈召开的联合国教科文组织第38届世界遗产委员会会议上，高昌故城作为中国、哈萨克斯坦和吉尔吉斯斯坦三国联合申遗的"丝绸之路：长安—天山廊道的路网"中的一处遗址点被列入《世界文化遗产名录》。

王腾 何敏翔

北

水渠

公路

0　　　　　　　100米

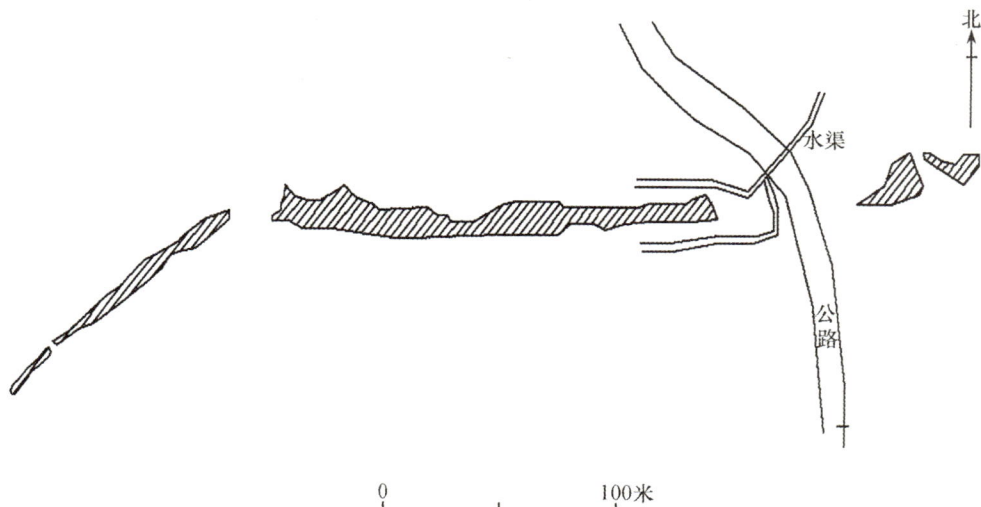

△ 龟兹故城残段平面图　引自新疆维吾尔自治区文物局编著《新疆古城遗址》（科学出版社，2011年）

　　龟兹故城，又称"皮朗古城"、"麻札不坦古城"，位于新疆阿克苏地区库车县的新城老城之间，地处库车河东岸、却勒塔格山南麓，建于交通要冲。龟兹，是古龟兹国的首府伊罗卢城之故址。

　　西汉（前206~8）时，龟兹其境隶属于匈奴。元凤四年（前77），龟兹臣服于汉。神爵二年（前60），汉廷在龟兹东乌垒城设西域都护。东汉永元三年（91），龟兹降汉。前秦建元十八年（382），苻坚大将吕光率兵七万伐龟兹，龟兹王白纯不降，吕光进军讨平龟兹。隋大业十一年（615），龟兹遣使入朝。贞观二十一年（647），唐兵进击龟兹，擒其国王、权相，移安西都护府于龟兹。唐乾封二年（667），吐蕃陷龟兹。之后龟兹人种也逐渐回鹘化，不再是一个独立或半独立的政权。清乾隆二十三年（1758），龟兹归入清版图，定名"库车"。

△ 龟兹故城及文物保护标志碑　本文照片　　△ 龟兹故城墙体夯层
　　均由王莹摄

　　龟兹故城，始建不详。《汉书·西域传》记载"龟兹国，王治延城，去长安七千四百八十里"，可见汉时已有城，称"延城"，其建置无考。此城为都城，后代沿用。

　　其后一段时间，龟兹曾短暂迁都。因《水经注》称龟兹故城为"故延城"，于北魏（386～534）时称"故"，可知当时已不称"延城"。前秦建元十八年（382），苻坚大将吕光率兵七万伐龟兹，龟兹王白纯不降，吕光进军攻入龟兹。《晋书·四溢传》载："龟兹国西去洛阳二千二百八十里，俗有城郭，其城三重，中有佛塔庙千所。"《册府元龟·外臣传·国邑二》载："光（吕光）入其城。城有三重，外城与长安城等。"《太平御览·偏霸部九》载："城中塔庙千数。帛纯宫室壮丽，焕若神居。"上述各记载所述均为东晋时期龟兹都城的形制，大体相同。黄文弼先生在《略述龟兹都城问题》一文中推断，此城为沙雅北英尔默里北20里的羊达克沁大城。因为城为三重，地点与《魏书》中地点吻合，城垣周长于《隋书》中"都城方六里"同。此城城墙已圮，仅存城基，全为夯土所筑，残高约1米，北墙略存痕迹，外城周约3351米，内城周约510米，中有高低土阜一线，推论为当时建筑物倾圮之堆积，内城与外城中间尚有一城，北墙基址已不明显，城中沙堆累累，地面全已盐咸化，已无一遗物（据黄文弼《略述龟兹都城问题》）。陈世良先生在《龟兹都城研究》一文中则认为此说与之前所提"广轮与长安地等"不符，否定了这种说法。

　　《通典·边防》载："（龟兹）王理延城，今名伊罗卢城，都白山之南二百里……今安西都府所理则龟兹城也。"《通典》为唐朝杜佑作，一切皆亲历，当为信史。所云延城今名"伊罗卢城"，是唐时龟兹王所居，即汉之延城。故推断唐时龟兹王在汉延城遗址上重新修筑，改名"伊罗卢城"。玄奘《大唐西域记》中载：龟兹"国大都城周十七八里"。这一都城即今皮朗古城，学界看法比较一致。现城址周长约7公里，与玄奘所说十七八里正合。这是玄奘在贞观四年（630）亲身所历，比较可信。

1957~1958年，中国社会科学院考古研究所黄文弼教授曾率考古队对龟兹故城进行了调查，对部分点组织了发掘，发表的报告称：龟兹古城范围颇大，城墙可见有北、东、南三面，西面临河，不见西墙，或西面依河为天然屏障，或墙因逼近河岸，为河水冲刷，塌入河中。故城平面呈不规则方形，周长约7000米，城墙迂回曲折，颇不整齐。墙垣土筑，夯层厚6~30厘米不等，北墙长2075米，土呈黄红色，土质细洁，墙残高3.8米、宽8~16米，有个别几段城墙下为夯筑，上为土坯及砂土垒筑，可能是二次修建。东墙长1608米、残高7.6米、宽15米，墙保存较好。墙垣每隔40米有一城台，俗称"马面"，长、宽各4.8米，墙为黄褐色，夯上筑，土质粗糙，内含石子或陶片等物，也可能是二次修筑。南墙全长1809米，今仅存两段：一段在皮朗土拉东南，城墙夯筑，东西残长20米、宽2.8米、高3.5米，土质细洁，呈黄红色；另一段在皮朗土拉西南，残长10米、高2米。西墙已不见。

1989~1990年，新疆文物考古工作者对龟兹故城遗址进行了调查，称"随着库车城镇基本建设和交通建设的发展，龟兹古城墙，现今仅残存北墙一段，长约300米、基宽6~10米、残高约6米；东墙残长约12米、基宽约5米、残高5~6米，置身于农田、宅同的绿树掩映之中。故城范围内，尚残存皮朗墩、哈拉墩、萨克散克墩、洛喀依墩等上墩建筑遗迹，这些上墩建筑性质不明。故城范围之外，东部有沙卡乌吐尔烽火台；西北部有伊两哈拉吐尔、阔空拜孜吐尔烽墩；西部有柯西吐尔，即'双墩'等烽火台建筑遗址"（据2011年《新疆古城遗址》上册）。

1962年，龟兹故城遗迹被列为自治区级文物保护单位。

王腾　何敏翔

哈密城

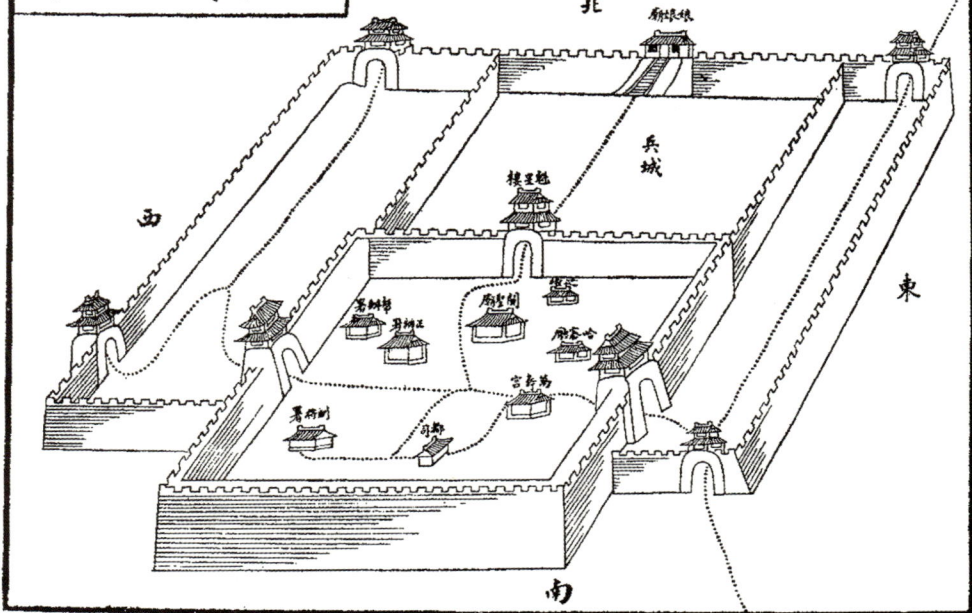

图之池城密哈

北 扇根楼

兵城

西 楼王魁

东

署城副 官仓哈
为寺宫
署府副 司勤

南

△ 哈密城池之图　引自《哈密志》民国二十六年版

　　哈密，是新疆维吾尔自治区下辖的一个地级市，位于新疆东部，是新疆通向中国内地的要道，自古就是丝绸之路的咽喉，有"西域襟喉，中华拱卫"和"新疆门户"之称。

　　哈密，古称"西漠"（西膜）、"古戎地"、"昆莫"。西汉时期，称"伊吾卢"。神爵二年（前60），设西域都护府，伊吾卢和蒲类国归西域都护府管辖。东晋咸和二年（327），前凉国张骏攻取伊吾后，划属敦煌郡治理，后委派参军索孚为伊吾都尉，此被视为设置郡县之始。隋大业四年（608），裴炬和薛世雄率军屯驻伊吾。唐朝贞观四年（630），置西伊州。元至元十八年（1281），设甘肃行省，隶之。明永乐四年（1406），设哈密卫。清康熙三十七年（1698），划为蒙古镶红回旗。1913年，设哈密县。1977年，设立县级哈密市。2016年，升为地级市。

哈密城由回城、老城、新城组成，合称"哈密三城"。

哈密回城　原为明清时哈密王驻地。明永乐年间（1403～1424），这里是哈密蒙古上的王宫。第一代哈密回王额贝都拉归顺清廷后，于康熙五十六年（1717）重建回城，称"镇远城"，后称"哈密旧城"。建城后的城池："城居平川，周四里，东、北二门，人民数百户"（嘉庆版《大清一统志》卷五百十七）。重建后直到1930年，回城一直是哈密回王府所在地。经过历代统治者扩建，曾形成庞大的建筑群。此城于同治年间（1862～1874）曾毁于战乱。后经末代回王沙木胡索特数十年经营，耗用了大量钱财，将城内王府重新恢复。末代回王死后一年，回城及城内王府被驻军焚毁。现存遗迹位于哈密市南郊回城乡。城原作方形，夯土筑。现仅存环城路路北、路南及居民院内7处残墙，路北城墙南北长26米、厚5米、高9米，路南城墙南北长30余米、厚0.2～1.5米不等。

哈密老城　原称"哈密城"。建于清雍正五年（1727），周长1.8里、高2.46丈、厚9.4尺。设有东、西、北三门，其上各建城楼（据1925年《回疆通志》卷十一）。同年，于北门外增筑一道长167.3丈、高1.2丈、厚5尺的围墙，连接东、西关厢，连城周长共4.2里。为管粮道员住所并存储军粮，故又称"粮城"（清嘉庆版《大清一统志》卷五百十七）。乾隆二十五年（1760），在城内增筑兵房400间，供驻防官兵眷属居住，东、西关厢各建有南、北两座哨门（据1937年《哈密志》卷十三）。同治四年（1865），哈密维吾尔族、回族暴动，攻破城池，焚烧衙所，老城被毁。光绪九年（1883），由当地驻军重

▽ 哈密穆斯林区的清真寺与城墙　［俄国］鲍耶尔斯基1874年摄，巴西国家图书馆馆藏，张俊提供

◁ 哈密新城城墙局部
本文照片除署名
外，均引自新疆维
吾尔自治区文物局
编著《新疆古城遗
址》（科学出版
社，2011年）

◁ 哈密老城城墙东段

▽ 哈密老城城墙西段

△ 新疆哈密回城

△ 哈密老城城墙顶部

▽ 哈密老城城墙南侧

建老城，费时两年，比原城扩大两倍。设城门4座：东曰"向阳"，南曰"迎熏"，西曰"邑爽"，北曰"拱辰"。城内有东西走向和南北走向的两条主干道连接四门。其遗址现位于哈密市自由路南侧，西南300米为西菜园子村，东为建国南路，城墙大部分被拆毁。现哈密市公安局南侧有部分城墙，东西向，长约245米、底宽约5.5米、上宽约2米、高约8.9米。

哈密新城　原称"军城"。清同治四年（1865），平息哈密维吾尔族、回族暴动后，新任哈密帮办大臣文麟率军抵达哈密，在原哈密城西北1000米处另建一座供军队驻扎的军城。建成后的城池规模较小，周长仅1里，有南、北二门。其遗址位于哈密市第二中学附近，城墙大部分被破坏，现仅存几户居民院内的残墙，夯土筑成，长约50米、高约4米（据2011年《新疆古城遗址》下册）。

2003年，哈密回城遗迹被列为自治区级文物保护单位。

附：

巴里坤汉城　位于巴里坤哈萨克自治县巴里坤镇西部，地势东南高、西北低，是清雍正九年（1731）宁远大将军岳钟琪驻扎此地兴师平定准噶尔叛乱而建的"绿营军城"。据《镇西厅乡土志》载："城周约一千四百八十几丈，凡八里几分有奇，高丈九尺。城门四，东承思，西得胜，南沛泽，北拱极。"城为长方形，东西长1553.5米、南北宽788.7米，夯筑，夯层厚11～12厘米。墙高6.8米、底宽6米、顶宽4米。城墙顶部外沿置女墙，女墙高0.5米、宽0.6米，土坯砌筑，设有垛墙。该城仅西墙保存较好，其余三堵墙均不同程度损毁或残缺。城墙四角设角楼，墙外设炮台或马面，均半圆形。现西墙有炮台或马面4个，其中东墙存2个、南墙存1个。四堵墙中段各置城门，城门外为半圆形瓮城。现仅存西城门及瓮城，城门宽6.2米，瓮城半径为35.4米，现为巴里坤县城所在，城内原有建筑均已不存。有门楼4座、瓮城门楼4座，城墙上有城垛3600座，端外有炮台7座、马面8座。城周挖有护城河，城外设吊桥4座。

1999年，巴里坤汉城遗址被列为自治区级文物保护单位。

巴里坤满城　位于巴里坤哈萨克自治县巴里坤镇东部，与汉城东西并列，间距约500米，清乾隆三十七年（1772）为携眷长驻的2000名满旗兵而建，称"会宁城"。据《镇西厅乡土志》载："城周长一千一百三十四丈，合六里三分，高一丈八尺，底宽一丈八尺，顶宽一丈二尺。有角楼四座，城垛一千一百六十一个，炮台十二座。城门四座，东门宣泽，西门导丰，南门光被，北门威畅。城内设领队大臣，驻兵一千零七十六人，有兵场住房三千七百九十二间。"城呈长方形，东西长1306米、南北宽501米，夯筑而成，夯层厚11厘米左右。西墙已无存，其余三堵墙基本保存。现存墙高7米、顶宽3.2米、底宽5.8米，南墙有增补加固痕迹。墙顶筑女墙，女墙高1.5米、宽0.5米，设垛口。南、北二门被现代城区马路破坏，马路宽14.3米。现存马面东墙1个、南墙3个、北墙2个。原南、北城门均设半圆形瓮城。瓮城半径32米、门宽6.6米。城内现为巴里坤县城所在地，原有建筑已不存。光绪十年（1884），新疆建省。四年后，城内满族官兵迁往奇台，城逐渐废弃。

1999年，巴里坤满城遗址被列为自治区级文物保护单位。

王腾

北

玉泉休闲广场

军 分 区

塔乃依路

北京西路

团结广场

0   125米

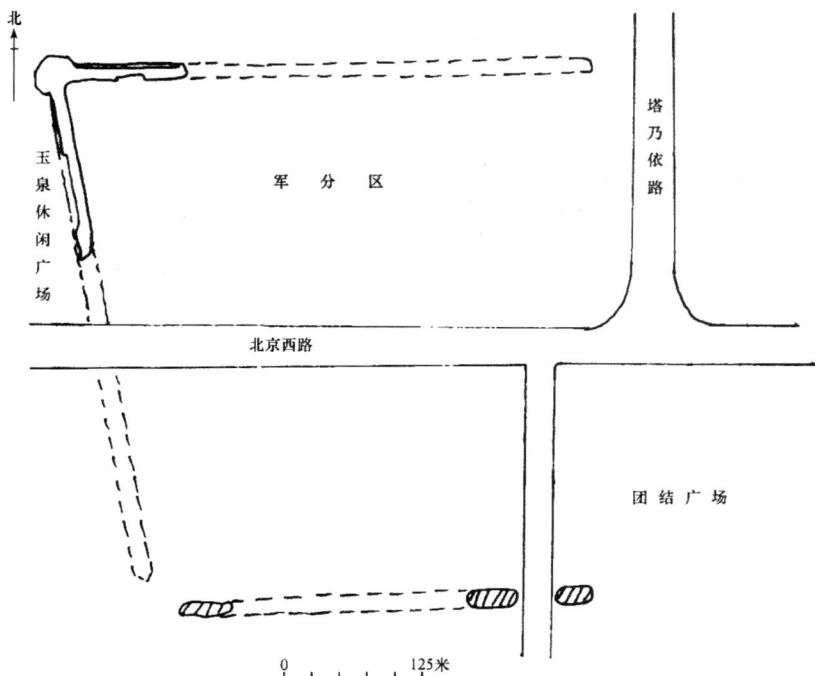

△ 和田市老城墙遗址（局部）平面图　引自新疆维吾尔自治区文物局编著
　《新疆古城遗址》（科学出版社，2011年）

　　和田地区，古称"于阗"，位于新疆维吾尔自治区南隅，南抵昆仑山与
西藏自治区交界，西邻喀什地区，北临塔克拉玛干沙漠与阿克苏地区相连。

　　汉代（前206～220），其境有西域三十六国中的皮山、于阗、渠勒、精
绝、戎卢诸国。唐上元二年（675），在此设毗沙都督府，置十州。元代是蒙
古诸王分封地。至元年间（1264～1294），设宣慰使元帅府。清乾隆二十四年
（1759），设和阗办事大臣，受叶尔羌办事大臣节制，和阗城设三品阿奇木伯
克。光绪九年（1883），置和阗直隶州。1913年，改设和阗县。1959年，改和
阗为"和田"。1984年，析和田县置和田市。

　　和田筑城，始建年代不详。据1925年《回疆通志》卷八载：和阗城，名
"伊里齐"（清嘉庆版《重修一统志》卷五百二十八记为"额里齐城"），旧
有土筑城，城周长3.3里、高1.9丈，设城门4座。城东南隅向东开一门，为驻劄

△ 和田城尚存的西北角古城墙 李鹏涛提供

领队大臣、官员、兵丁所住之处，其他三门为回人居住。

清光绪十六年（1890），清朝将领刘锦堂下令修筑和田老城，历时五年，光绪二十一年竣工。设城门4座：东曰"朝阳"，南曰"阜城"，西曰"正阳"，北曰"承恩"。正常情况下，只开南、北二门；喜庆或迎接贵客时，则开东门。城内设政府、军事机关及粮库等，因城内汉民族较多，故又称"汉城"。

据20世纪40年代调查时测量：和田市老城位于和田市和川军分区驻地内。城略呈方形，南北长336米、东西宽326米，城内面积约10.95万平方米。城墙底宽9米、顶宽7.4米、高7米、周长1604米。1949年后，由于城市建设，城墙陆续被拆除。

20世纪80年代后，据当地文物部门调查，现东墙完全拆毁，北、西、南墙仅存少部分残垣断壁。西北角城墙保存相对较好，呈六边形，一角已坍塌（据2011年《新疆古城遗址》下册）。

附：

阿萨城堡 位于策勒县恰哈乡阿萨村西一座三角形岛状台地上，台地两侧为高达40余米的悬崖。城堡建造于宋代，西临秋库河，东临阿希河，两河至台地北端交汇为策勒河。城堡地势南高北低，遗址南北长854米，面积21万平方米。北墙长50米、基宽9.5米、顶宽2米、高2米以上，西端有宽12米的缺口，东端有14米依斜坡未筑墙。南墙长400米、基宽15米、顶宽2

米、高14米，中部有8米宽的缺口。南墙外有一道长490.5米的护城壕沟，壕沟下口宽3米、上口宽13米、深5米。城堡中部有一座东西向台坎，将城堡分为南、北两部分。堡内可见圆形、方形石圈及墙基。

1999年，阿萨城堡遗址被列为自治区级文物保护单位。

阿西城堡　位于策勒县恰哈乡20公里处的阿希村，与阿萨城堡是一对姊妹城，民间传说是佛教于阗国与伊斯兰教徒交战时的戍堡。城堡建造于宋代，建于一岛形台地上，面积约4.6万平方米，由南、北两座石垒组成。北石垒呈长方形，东西长40.2米、南北宽5.6米、残高2.2米。向南330米为南石垒，亦呈长方形。东墙长24米、高10.5米。南墙长40米、残高4米。南墙外有一道宽4米、深8米的护城壕。北墙长126米、基宽4米、顶宽1.5米。北墙西端筑一座高8.2米的高堡，顶部面积41平方米。城墙为砾石砌筑、泥土与树枝混筑。墙体多已坍塌，有二次修补的痕迹。东、西两侧临40米高的悬崖地段未筑城墙。

1999年，阿西城堡遗址被列为自治区级文物保护单位。

王腾

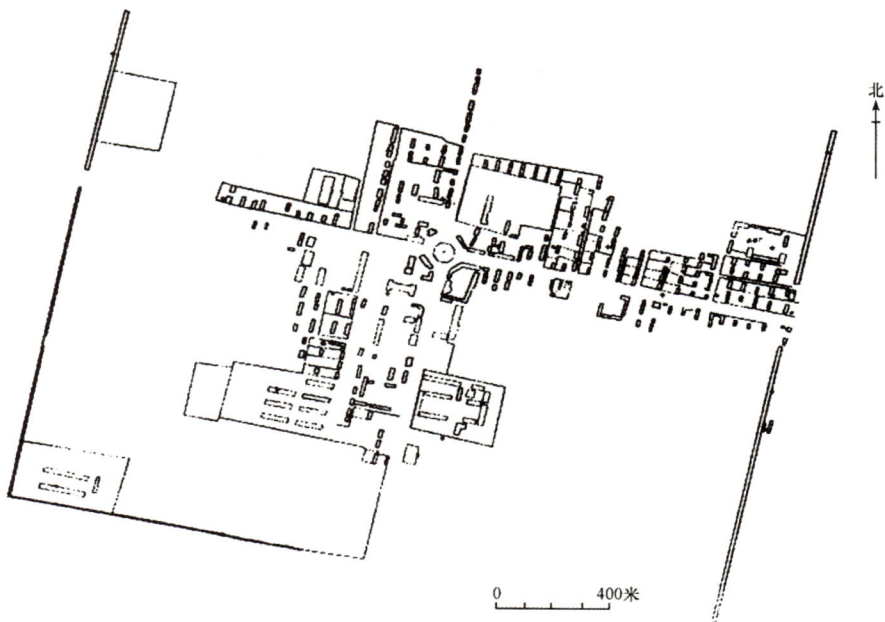

△ 惠远新城（局部）平面图　引自新疆维吾尔自治区文物局编著《新疆古城遗址》（科学出版社，2011年）

　　惠远镇，位于新疆伊犁河北岸，距霍城县东南7公里，曾是清政府统辖天山南北的最高行政、军事长官伊犁将军的驻地，是"伊犁九城"（惠远、惠宁、绥定、广仁、宁远、瞻德、拱宸、熙春、塔勒奇）之一。2007年，被列为国家级历史文化名镇。

　　西汉（前206～8）时期，其境为乌孙国属地。唐显庆二年（657），隶属安西都护府。元末，建别失八里汗国，属之。清乾隆二十七年（1762），设立"总统伊犁等处将军"，惠远归其所属。

　　清乾隆二十七年（1762），清政府为了加强在伊犁地区的治理，在此设伊犁将军。次年在伊犁河畔筑惠远城，乾隆三十一年竣工。并陆续在其周围建起八座卫星城，统称为"伊犁九城"。现保存较好的是被称为"伊犁九城"之首的惠远城，城内还保留着将军府旧址。"惠远"为乾隆帝亲赐之名，是取大

138

清皇帝恩德惠及远方之意。城周长9里。设城门4座：东曰"景仁"，西曰"悦泽"，南曰"宣闿"，北曰"来安"。乾隆五十八年，增筑东面城墙，长240丈（据清嘉庆版《重修一统志》卷五百十七）。同治十年（1871），沙俄侵占伊犁，由于战乱、沙俄侵略，城内建筑物也遭战乱毁坏，许多建筑被拆除。此后，惠远城垣逐年被伊犁河水侵蚀，地下遗存的文物多被伊犁河水淹没，城内建筑物已荡然无存，城基沦为废墟。后人称为"惠远老城"，今位于霍城县惠远镇南约7.5公里的老城村南侧，地处伊犁河北岸的河谷阶地上。

20世纪80年代，据当地文物部门调查：惠远老城仅存部分东墙、北墙，其中东墙860米、北墙840米，西、南城墙被伊犁河冲毁；城墙高4～5米、顶宽3～5米，东、北城墙皆有马面，其中东墙北段内墙中尚存一个长5.4米、宽5米的马面；东城门及部分瓮城尚存，东城墙外有护城河，河宽30米、长860米；城中部偏东有一座土台基，是当时钟鼓楼的残留部分，台基高3.7米、南北长13米、东西宽5米。

光绪八年（1882），清政府在惠远旧城北15里处仿照旧城建筑新城，称"惠远新城"。该城为方形，现存四面城墙，东墙、西墙长1194米，北墙、南墙长1298米、周长4984米。城墙为夯土筑成，墙高5米、宽6.5米，四角有角楼。新城现位于霍城县惠远镇政府机关驻地，地处伊犁河低阶地河滩上，

△ 惠远老城东墙墙体结构　本文照片均引自新疆维吾尔自治区文物局编著《新疆古城遗址》（科学出版社，2011年）

◁ 惠远新城北墙西段

▷ 惠远新城东墙南段

◁ 惠远老城东墙及护城河

△ 惠远新城钟鼓楼

北望天山支脉别珍套山。城内现存钟鼓楼、伊犁将军府旧址、文庙、衙署等建筑（据2011年《新疆古城遗址》下册）。

鼓楼曾于1927年、1964年、1981年三次进行维修，现保存完好，是全疆仅存的一座有较远历史的传统高层木制结构建筑。2004年，国家批准立项的伊犁惠远古城林则徐旅游景区建设项目开始实

▽ 惠远老城东墙南段

施，项目极力恢复古城原貌，计划总投资1.8亿元。其中，景区基础设施配套建设投资为1893万元，总建筑面积为3313.9平方米。古城的恢复以钟鼓楼为中心，计划建成东、西、南、北四条直通城门的大街，每条街长1.5公里、宽8米，其中南、北、西三条大街为沥青路面，东大街为仿清青石路面；还将修复完成伊犁将军府、东城门（景仁）、北城门（来安）及古城墙等古建筑。

2003年，惠远新、老古城遗址被列为自治区级文物保护单位。

王腾

▽ 惠远新城西北角

交河故城

△ 交河故城平面图　引自盂凡人《交河故城形制布局特点研究》，载《考古学报》2001年第4期

　　交河，因"河水分流绕城下"而得名，位于吐鲁番市西约10公里的雅尔乃孜沟高约三米的峭壁土台地上，被誉为"世界上最完美的废墟"之一。

　　战国时期，姑师民族已经在交河建立了功能比较齐全的城邦国，其后姑师人先臣服于月氏人，后臣服于匈奴人。西汉元封三年（前108），汉大将赵破奴与王恢率骑数万，克楼兰、破姑师。楼兰臣服于西汉王朝，姑师在汉朝的打击下改称"车师"，并一分为八，即车师前国、车师后国和山北六国。车师前国的都城为交河城。东汉永平十六年（73），班超出使西域，车师前部归附。魏晋时期（220～420），设交河郡。唐时，设交河县，一度曾为安西都护府的驻节之地，后陷于吐蕃。元时，臣服于蒙古，后西北蒙古贵族集团的海部、都哇发动战乱，交河古城屡屡受祸，破坏严重。明永乐年间（1403～1424），该城已废。

　　故城为车师人始建，建筑年代约为战国时期。其地形狭长，西北至东南走向，长1760米，最宽处300米，总面积43万平方米，其中建筑面积36万平方米，都集中在故城的东南部，占故城总面积的2/3，由庙宇、官署、塔群、民

△ 交河故城墙体（局部） 本页图片由窦佑安摄

△ 交河故城地面遗存

△ 交河故城南门 本文照片除署名外，均引自新疆维吾尔自治区文物局编著《新疆古城遗址》（科学出版社，2011年）

居和作坊等建筑组成（据林山《交河故城——世界保存最完好的生土建筑城市》）。由于河水长期冲刷，台地周缘形成了高达几十米的断崖，地势险峻，易守难攻，自古就是兵家必争之地。其详细的建筑年代、规制、兴废等无考。

交河故城的一些数据，均来自考古发掘的报告。唐代，曾对交河故城进行过一次有规模的重修改建。现在交河故城的规模大体为唐代的建筑。周长约4100米，遗存的建筑主要集中在台地东南部约1000米的范围内。全城采用"减地成墙法"的建筑工艺，四周陡峭的断崖就成了交河城天然的屏障，但沿交河故城崖岸边仍筑有防护墙，功能为城市防御以及防止城内人畜坠落的辅助设施，现尚存数段，西南边缘残存有较明显城墙遗迹。

在崖壁上开出的豁口，成为交河城城门。现在可以判明的城门遗迹共有三处，即南门、东门和西门。南城门，位于交河故城南端西侧崖壁上。现有两个阙口，一个呈南北向，即现在游人上下故城所走的通道口，系后人取土所致；另一个为东西向，为原交河故城的南门，形制尚可辨认。东城门临台地东部断崖，崖下为雅尔乃孜沟。该城门是目前交河城中保存最

△ 交河全景

好、规模最大的一处城门，由登城斜坡道、外城门、瓮城和内城门组成。门道两侧土崖耸立着双阙，内部可见安置门额的对应方洞。门道宽1.4米，门道至河底高约8米，该门是城内居民进出城的主要通道，今仍可见部分生土阶梯。门的右侧有一个藏石块的土坑，为抵御外敌入侵的武器。东门内疑设有瓮城，南北宽33.3米、东西长24.5米，即在东崖半中腰挖出一个直径约35米、近似圆形的凹地，周围崖壁高8~10米。在瓮城西端有宽约9米的内城门，门外是中心环岛，周围有道路环绕（据林山《交河故城——世界保存最完好的生土建筑城市》）。西门紧邻交河台地西崖，在一条南北向冲沟的底端（北端）开凿有一个长5~6米、宽和高约2米的曲尺形网口，系在崖体上挖成（据《交河故城车师人的家园》，载《中国文化遗产》）。另外在交河台地北崖上有一条可通向地面的垂直状暗道，系人工挖成，与南城门相通的中央大道及次干道、东西大道构成了城市交通网的骨架。中央大道长340米、宽8~11米，两侧有高3.5~4米、厚1.5~2米的高大厚实的围墙。

　　明洪武二十一年（1388），黑的儿火者即汗位后，率军对吐鲁番地区进行"圣战"，强迫当地居民改信伊斯兰教，并且攻占吐鲁番、高昌二城，交河也在同期被毁严重。永乐年间（1403～1424），陈诚出使西域，有《崖儿城》诗曰："沙河二水自交流，天设危城水上头，断壁悬崖多险要，荒台废址几春秋"，说明当时交河城已被俗称为"崖儿城"，成为一片废墟（据2011年《新疆古城遗址》下册）。

1961年，交河故城遗迹被列为国家重点文物保护单位。2014年6月22日，在卡塔尔多哈召开的联合国教科文组织第38届世界遗产委员会会议上，交河故城作为中国、哈萨克斯坦和吉尔吉斯斯坦三国联合申遗的"丝绸之路：长安–天山廊道的路网"中的一处遗址被列入《世界遗产名录》。

王腾

塔城城

塔城，系"塔尔巴哈台城"的简称，因塔尔巴哈台山而得名，位于新疆维吾尔自治区西北部、准噶尔盆地西北边缘的塔城盆地，是中国距离边境最近的开放城市之一。

汉朝时期，其境属乌孙。北魏（386～534），为高车部游牧地。唐代，在此设置匐延都督府，葛逻禄部长期游牧于此。宋嘉定十一年（1218），成吉思汗派兵击灭西辽，地入大蒙古国。元至元十九年（1282），元政府置塔尔八合你驿，这是官方第一次使用此地名。清乾隆二十九年（1764），参赞大臣绰勒多率领绿营士兵600名，由乌鲁木齐前来雅尔地方屯田，作为塔尔巴哈台地区首府。1913年，改为塔城县。1984年，撤县设市。

清乾隆二十二年（1757），清政府平定准噶尔贵族叛乱后，为对西部边区进行有效的管理和巩固边防，于乾隆二十九年设塔尔巴哈台政区，塔尔巴哈台第一任参赞大臣绰克托（一作"绰克多"、"绰勒多"）由乌鲁木齐率绿营兵600名到达雅尔屯防。他派540名兵丁掘渠引水、开垦荒地，10名入山采石，50名营外周围插护、搭盖窝棚。驻月余后，伐木刈苇，合土筑城，称"肇丰城"。城垣周长1.4里、高1.5丈，设城门4座：东曰"翔和"，南曰"乘离"，西曰"布悦"，北曰"暨朔"（据清嘉庆版《重修一统志》卷五百十九）。乾隆三十年，第二任参赞大臣阿桂以雅尔地方"夏生白蝇，遗蛆人目，冬则雪大，军民不堪其苦，牧场遥远，近城所有地亩不敷五百兵丁耕种"之由，遂上奏朝廷，要求将衙署东移200里至楚呼楚，另筑新城。奏报上呈，乾隆帝怒，斥责阿桂等人移城之请，下旨究办。但终因雅尔"其地严寒，军民不堪其苦"，于乾隆三十一年，放弃肇丰城，衙署东迁楚呼楚。

乾隆三十一年（1766），清军于楚呼楚重建城池。竣工后，乾隆帝亲赐城名"绥靖城"，又称"楚呼楚城"。城垣周围2.7里、垛口高1.8丈、底宽1.2丈、海墁宽8尺。设东、西、南三门：东曰"翔和"，西曰"布悦"，南曰"遂亨"。城内建有满营兵房200间、回营兵房60间、绿营兵房60间、满营收贮火药房3间、回营收贮火药房3间、绿营收贮军器房30间。乾隆三十五年，参赞大臣安泰在绥靖城上建"绥靖寺"，内塑佛像；在城内正北建"万寿宫"1座；城北楼上建关帝庙1座，钦颂御书匾对，匾曰"声灵绥枯"，对曰"威行遐服弓刀肃，丰庆新屯俎豆馨"。每年春秋二季遵照部颁日期以香烛牛羊致祭。在南门外建"先农坛"1座，每年遵照部颁日期致祭。绥靖城分别在乾隆四十年、四十七年、六十年三次补修加固。嘉庆九年（1804），"绥靖寺"刹宇颓塌，塔尔巴哈台参赞大臣兴肇捐金，加上该寺喇嘛募化，重修上殿二厅，金妆佛像。嘉庆十年，又在绥靖城南门外建牌坊1座，名曰"迎恩桥"。同治三年（1864），回民反清起义，绥靖城毁于战火。同治十年，伊犁将军荣全重占塔城后，绥靖城"城楼雉堞均已坍塌，房舍亦俱拆毁殆尽"（据1995年《塔城市志》第一编）。

光绪十四年（1888），参赞大臣额尔庆额重新奏请就绥靖城500米左右地方重新修建城池，作为参赞大臣治所。次年，清政府准建新城，遂组建城工总局，由额鲁特游牧领队大臣图瓦强阿、原塔城电防副将白占春于当年四月督办开工，光绪十七年九月告竣。塔城抚民同知石本清查看验收，建城共用经费19万余两银。新城呈长方形，周围5.3里多、高2.2丈、底宽3.6丈、顶宽2.2丈。设城门3座：东曰"绥靖"，南曰"雍熙"，西曰"怀德"。设大城楼3座、月城楼3座、大炮台1座、腰炮台6座、角楼4座、护城庙基1座。新城内90%以上居

▽ 塔城塔尔巴哈台城城墙外景　引自新疆维吾尔自治区文物局编著《新疆古城遗址》（科学出版社，2011年）

民系满族、锡伯族、达斡尔族，故名"满城"。光绪二十五年，复将旧城（绥靖城）重加修葺，屯防副将及通判分驻于此，是为汉城，亦曰"老城"。

1939年，塔城县政府为便利市内交通、发展商业，拆除了位于市中心的老城城墙。1941年10月，塔城县政府对满城城墙进行补修，第一期工程计用土块10万块、麦草30车、大工550个、小工256个、车辆86辆，总计用去银元6101元。

1949年后，因改造街巷及城镇居民建房取土，使绥靖城一部分城墙被毁。

1985年底，据当地文物部门调查，绥靖城遗址在今建设街以南、光明街以北、柴草巷以西、文化路以东，现仅存柴草巷西侧院内一段残墙和军分区院内原关帝庙基墟。

20世纪50年代初期，满城的城门、城墙还基本保持完整。

20世纪80年代后，据当地文物部门调查，满城遗址位于市区东1公里处，在今新城街道办事处辖区内。城内楼台已荡然无存，现城墙大部分已破坏，但四周还有部分残墙（据1995年《塔城市志》第二十二编）。

1986年，绥靖城遗址、满城遗址均被列为市级文物保护单位。

附：

塔尔巴哈台城　位于塔城市区东部、新城街道建新街东北约400米处。古城建于清乾隆三十一年（1766），城墙周长2.7里、垛口高1.8丈、底宽1.2丈，设东、西、南三门。古城分别于乾隆四十四年、四十七年、六十年由清政府驻塔城参赞大臣惠岭庆桂、伍尔乌逊等人进行修补。同治三年（1864），被新疆反清起义军焚毁。城墙大部分被毁，仅两段保存较为完整，其中一段城墙基宽8.3米、顶宽0.8～3米、高5.8～6.3米，黄土夯筑，夯层厚12～15厘米。

1999年，塔尔巴哈台城遗址被列为自治区级文物保护单位。

王腾

△ 乌苏城位置图　引自《乌苏县志》1999年版

乌苏，原名"库尔喀喇乌苏"，蒙古语积雪之地的黑水之意，位于准噶尔盆地西南部，有"乌鲁木齐西部门户"之称。

西汉至三国时期，其境为车师之西境。唐显庆二年（657）后，隶属昆陵都护府。南宋，属西辽。元，属别失八里行尚书省。明，属瓦剌。明末清初为蒙古准噶尔部游牧地。清乾隆二十二年（1757），设官职率兵驻防此地。光绪十二年（1886），置库尔喀喇乌苏直隶厅，隶迪化府。1913年，改为乌苏县。1996年，撤销乌苏县，设立乌苏市。

清乾隆二十六年（1761），开始营造乌苏城雏形。乌鲁木齐办事大臣派旗兵30名、台兵75名、屯兵187名到今八十四户乡五道桥一组菜地处修建营房数十间，正式驻防、屯田。乾隆二十八年，扩建为遂城堡，侍卫驻之（据清嘉庆版《重修一统志》卷五百十八）。当地群众称此堡为"旧城子"，遗址位于今五道桥村一组菜地。为一座方城，夯土而成。城墙周长约720～760米、底宽10余米，设城门4座：东曰"延和"，西曰"迎澜"，南曰"调薰"，北曰"溥信"。

乾隆三十八年（1773），鉴于遂城堡地近泉沟，地域无发展空间，遂在今乌苏城北大街一带正式筑城，名"庆绥城"。城周长3.1里、高1.6丈，设城门4座：东曰"抚仁"，西曰"向仪"，南曰"溥泽"，北曰"奉恩"，其上各建城楼，城内建有万寿宫（据清嘉庆十年《三州辑略》卷二）。乾隆四十八年，重修遂城堡，驻领队大臣和中军守备。同治三年（1864）十月，庆绥城被"清真王"妥德磷部马生幅攻陷焚毁，粮务厅署迁往西湖（今西湖镇政府造纸厂一带），街市设于西湖镇原副业队（巴扎尔村）。现遗迹位于东至小虹桥西头（现猪肉市场西侧），南至自来水公司、供销社南墙，西至公安局和县委家属院西墙，北至地质队大院北墙（据1999年《乌苏县志》第一编）。

光绪十五年（1889），在庆绥城旧址重建新城，称为"库尔喀喇乌苏城"。新城周长1092号（5尺＝1号），南北较东西长。城高1.8丈、底宽2.6丈、顶宽1.5丈余。设城门3座：东曰"日升"，南曰"迎薰"，北曰"承

▽ 乌苏古城残墙　本文图片引自新疆维吾尔自治区文物局编著《新疆古城遗址》（科学出版社，2011年）

恩"，皆有月城，西边有楼无门。城上里边有女墙2尺余高，设雉堞689座。次年，抚民同知衙署从西湖迁入新城内。光绪三十四年，遂城堡墙倾圮（据1999年《乌苏县志》第十六编）。

1911年后，因城区拓展及战火等因，乌苏城逐渐损毁，其中南、北二面城墙皆圮毁，城外壕沟也被填平。1958年，光明一队将遂城堡残墙推平拓展为菜地，其余各段城墙也因规划建设渐次拆除。

20世纪80年代后，据当地文物部门调查，乌苏城现仅存三段城墙：保存最好的一段位于市人民武装部院内，为古城西南角，东西长21.7米、南北宽13.3米、高4.3米、顶宽1.5米、基宽2.3米、转角宽6.4米；第二处位于市公安局家属院内，东西向，长13.5米、高3.5～4米、厚1.8～2.2米；第三处位于市试验幼儿园与居民院落之间，为城墙的东端，东西向，长26.7米、厚1～1.6米、高2～2.2米。城墙为黄土夯筑，夯层厚约15厘米（据2011年《新疆故城遗址》下册）。

1987年，乌苏古城墙遗迹被列为市（县）级文物保护单位。

王腾

▽ 乌苏古城残墙

N

色林错

纳木错

布达拉宫城

卡热宗城

朗赛林庄园城

白居寺城

青瓦达孜城

萨迦寺城

江孜宗山防线城

藏南碉楼群

乃宁曲德寺城

西　藏

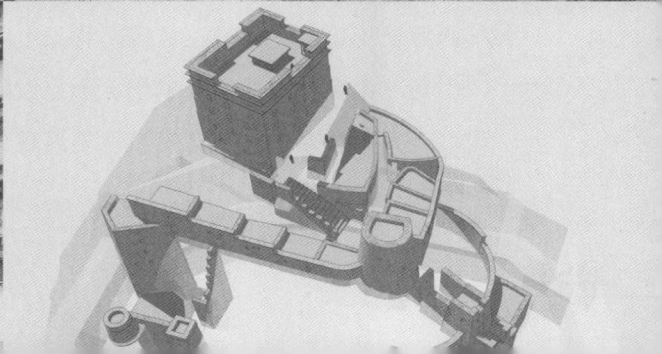

概述

关于西藏的城墙，以往介绍得很少，这主要是受城墙传统概念的影响，就是说，一般认为在西藏由于没有真正意义的城池，自然也就谈不上真正意义的城墙。但这并不能绝对地说西藏就没有城墙，早在1978年至1989年发掘的西藏昌都卡若遗址中发现有石墙两堵，可以说是目前在西藏发现的最早围绕建筑群修建的带有城墙功能的建筑了，只是西藏的城墙一是比较少，二是规模不大。通过对西藏文物古建筑调查，本文选出几处城墙或者说准城墙介绍如下：

西藏的城墙可大致分为四个类型，一是古代宫殿城墙，二是庄园建筑城墙，三是城堡类城墙，四是寺院类城墙。

西藏古代的宫殿，算得上有城墙的最早的应当是位于西藏琼结县的青瓦达孜宫的城墙了。青瓦达孜宫是西藏吐蕃王朝时期先后修建的六座宫殿的总称，这六座宫殿分别是达孜、桂孜、扬孜、赤孜、孜母琼结、赤孜邦都六座王宫。根据资料记载和实地调查，这六座宫殿是吐蕃第九代赞普布德贡杰到第十五代赞普伊肖勒时期，沿青瓦达孜山脊，在不同时期修建的互不相连的宫殿。为了连接这六座宫殿，当时的人们沿山脊修建了一条连接六座宫殿的城墙，由于当时的青瓦达孜就是吐蕃部落的都城，所以这条城墙可以算是西藏最早的宫殿城墙了。

第三十二代（一说第三十三代）吐蕃赞普松赞干布迁都拉萨后，修建了布达拉宫，并在宫殿外建筑了城墙。据松赞干布著《玛尼全集》中所云：布达拉宫"以三道城墙围绕……王宫护城各有四道城门，各门筑有门楼设岗"。《西藏王统记》中也说："墙高约三十版土墙重叠之度，高而且阔，每侧长约一由旬（由旬：古代计量单位）余。大门向南。……论其坚固，有强邻寇境，仅以五人则可守护。"这应当就是真正意义上的王城城墙了。

西藏另一类城墙应当算庄园的城墙了。西藏初兴庄园建筑时，正是西藏社会相对动荡的时期，因此，在这一时期修建的城墙大多在主体建筑以外修建高大坚固的城墙，在城墙四角修建碉楼，正门之上还建有门楼，个别实力强的庄园主还在城墙之外挖一周护城河，其中位于山南市扎囊县的朗赛林庄园可称得上是这一时期庄园建筑的一个典型。

与中原不同的是西藏的宗（相当于县一级行政机构）大多建在地势险要的山巅之上，形成城堡，只在城堡所建山体缓坡修建围墙并加筑碉堡，并在城堡附近修建碉楼群作为与城墙功能相同的防御系统。所以，西藏的宗与中原相对的县城传统筑城的样式，也就完全不同了。

西藏城堡众多，这类建筑是公元12至14世纪之间西藏历史上一种独特的建筑，城堡大多修建在地势险要的山脊、山巅之上，但也有一些是修建在主要的交通要道、隘口。这类建筑周围都修建有用于防卫的城墙，并在城墙转角处建有碉楼，从而形成一个完整的防御体系。

此外，西藏最具特色的一种城墙就是寺院的城墙了，西藏各大教派兴起之时，正是西藏社会进入分治时期（大致为宋代）。这一时期社会动荡，教派之间战争不断，当时修建寺院时大多建有高大的城墙，城墙四角也都修建具有碉楼功能的角楼、门楼，如萨迦寺、乃宁寺即为其中的典型。

强巴次仁

布达拉宫城

△ 布达拉宫平面图　强巴次仁、蒙乃庆提供

　　布达拉宫建于7世纪，距今已有1300多年的历史，是西藏现存最大、最完整的古代宫堡建筑群。7世纪初吐蕃王朝崛起，松赞干布继承赞普位后，逐步统一了西藏地方，建立起强盛的吐蕃奴隶制政权，并在公元633年迁都拉萨（史称"逻些"）。公元641年，文成公主嫁到西藏后，松赞干布"乃为公主筑一城以夸后世"，在红山上修建了999间房子，连同山顶红楼共1000间。除了房子，当时还筑成有每边长一里的高大城墙。后来佛教徒将其比为第二殊境——普陀山，"布达拉宫"一名始出（布达拉为梵语"普陀山"的发音）。但当时的建筑未能完全保留下来，先在赤松德赞时期（755～797）遭受雷击引起火灾，吐蕃末期基本毁于兵乱。今天仅存曲结竹普帕巴拉康为吐蕃时期所建。

　　公元1642年，五世达赖喇嘛建立起噶丹颇章地方政权，拉萨再度成为西藏的政治中心，于1645年命第巴索朗热登重建布达拉宫。从16世纪中叶至1959年以前，布达拉宫一直作为历代达赖喇嘛生活起居和从事政治活动的场所，是西藏政教合一的统治权力的中心。

布达拉宫起基于红山南边山腰，依山势修筑到山顶。其主体建筑位于红山上，由一组组华丽的大小经堂、灵塔殿、佛殿、卧室、经学院、僧房等组成。按其功能分为两大部分，一是达赖喇嘛生活起居和政治活动的地方；一是历代达赖的灵塔殿和各类佛殿。宫前有一城郭，即现称为"雪"的地方，城内建筑除部分为向布达拉宫服务的居民住房外，大部分为布达拉宫也是当时西藏地方政府所属的办事机构、印经院、铸币厂、监狱、仓库、马厩、各种作坊等。整个建筑群建筑面积约13万平方米，加上山前城郭以内和山后龙王潭范围，占地面积达41公顷。

布达拉宫前的城郭北面紧邻红山，其余三面围以高大城墙。城墙高6米、底宽4.4米、顶宽2.8米，可供人在顶部自由行走，墙顶外侧起砌女儿墙。墙体外皮采用花岗石砌筑，内部为夯土。南城墙正中为三层石砌城门楼，门内有一座石砌影壁，行人可绕影壁两侧出入。东、西城墙中段有侧门楼，可供人出入。城郭东南、西南两拐角有角楼，两角楼未设门。红山上布达拉宫主体建筑

▽ 布达拉宫旧影 本文照片除署名外，均由强巴次仁、蒙乃庆提供

△ 布达拉宫宫墙 王喜根摄

群两侧分别设了两座城堡，分别是东大堡和西圆堡，东西两侧的城墙则一直沿山势修建，与其相连。北侧则山势陡峭，不易攀登。门楼、角楼的体量均较大，规格较高，功能完善。东大堡和西圆堡地势较高，瞭望范围宽阔，可覆盖城郭周围各个角落。

强巴次仁　蒙乃庆

▽ 布达拉宫城墙

青瓦达孜城

　　青瓦达孜宫殿及城墙遗址位于山南市琼结县琼结镇所在地的青瓦达孜山上，海拔3830米。根据史料记载，古代吐蕃从第九代赞普布德贡杰到第十五代赞普伊肖勒，曾先后在琼结兴建了达孜、桂孜、扬孜、赤孜、孜母琼结、赤孜邦都等六个宫，史称"青瓦达孜六宫"，这也是吐蕃早期继雍布拉康宫堡之后兴建的第二大宫堡。六个宫修建时代不同，但相隔不远，为便于防御，宫殿之间都有城墙相连。

青瓦达孜古城

△ 伦珠颇章城的角楼 本文照片均由强巴次仁、蒙乃庆提供

筑群，如今北寺已成废墟。现存的萨迦南寺建于1268年，是八思巴赴大都前，命令本钦迦桑布组织修建的。建筑群总平面呈方形，总面积14760平方米，外侧高墙环绕形成城堡，内为殿堂僧舍。当时一些汉族工匠也参加了施工，建造

△ 伦珠颇章城墙及角楼

时仿照了汉区古代城池样式，具有很好防御性能的坚固城堡、护墙城壕至今仍依稀可辨。后又经多次扩建整修，形成了宏大的规模。

南寺四周环绕的城垣高13米，墙体厚度4米左右，采用黏土整体夯筑而成。墙顶宽阔的平台可供多人并排行走，墙顶建有高出平台约1.5米的薄墙。城堡东面正中辟城门，门上建有敌楼。西、北、南三面也各建一座敌楼，城墙四角建有碉楼式的角楼。敌楼和角楼内部空间较大，功能完善，用作守城士兵休息和储藏物资（现已改作小佛堂）。与其他城垣不同的是，城墙外侧还环绕一道较矮的土城，称为"羊马墙"，现仅存东侧一小段遗迹。羊马墙外侧再围以城壕，形成整个防御设施坚固异常的城垣建筑。由于萨迦寺所处位置高于重曲河，城壕内可能无水而不能形成护城河，羊马墙的作用虽名为阻挡牛羊等进入，但实际功能推测应为增加障碍高度，以阻挡试图越过城壕的敌人，并可在必要的时候近距离打击城壕中的敌人时提供必要的防护。城垣部分占地面积大约15000平方米，规模较大。

强巴次仁 蒙乃庆

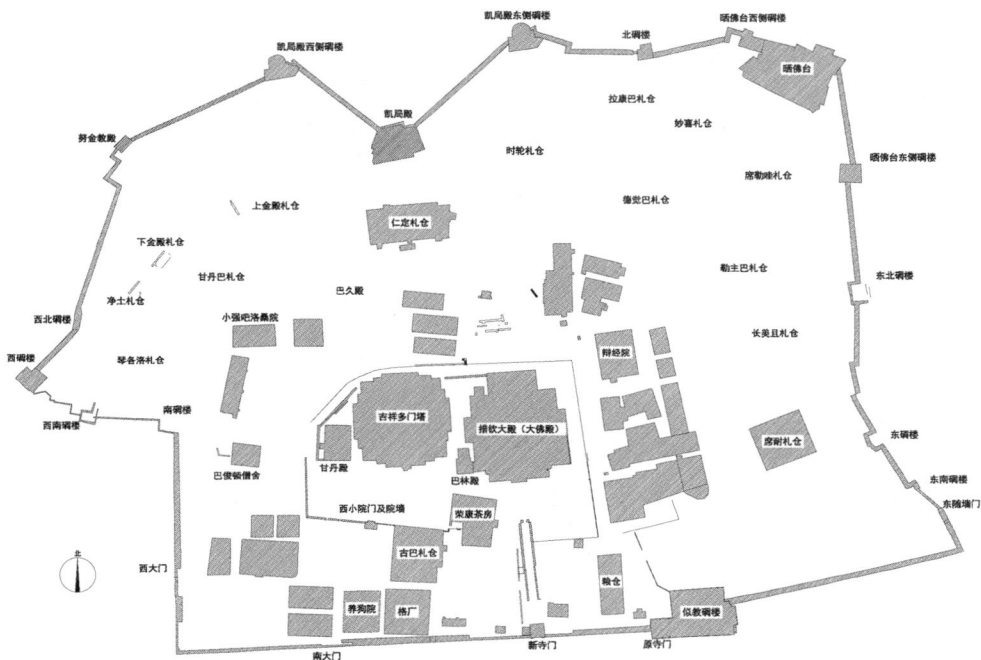

△ 白居寺平面图　强巴次仁、蒙乃庆提供

白居寺位于今日喀则市江孜县县城内，距离拉萨230公里、日喀则100公里。寺庙全称"白古曲德寺"，藏语意为"吉祥轮上乐金刚鲁希巴城仪轨大区香水海寺"，是藏传佛教的萨迦派、噶当派、格鲁派三大教派共存的一座寺庙。据《汉藏史集》记载，白居寺始建于1418年，由江孜法王热丹贡桑帕巴主持修建。根据寺藏典籍《娘地佛教源流》等史书考证，热丹贡桑帕巴受明王朝册封的时间为1418年，与建寺时间相同。寺院三面环山，除吉祥多门塔和主殿错钦大殿外，其余建筑都位于山上。

据《汉藏史集》记载，大围墙修建于1425年，"每一边长二百八十步弓，围墙上建有十座角楼作为装饰，开有六个大门，并在墙处种上树木"。白居寺建寺历时约10年时间，由此推断大围墙为寺庙其他主体建筑初具规模后开始修建。大围墙的主要作用是保护寺院，防御外敌入侵。白居寺也是较为典型

△ 白居寺城墙 本文照片均由强巴次仁、蒙乃庆提供

的西藏寺城之一。

按20世纪80年代文物普查数据，围墙全长为1440米，皆用黄土夯筑，有的部分外侧用岩石嵌砌，但内侧仍为夯土。围墙宽度2～4米、高3米左右。现存有13座角楼（也称"碉楼"）的遗迹，部分状态仍较为完好，并被作为寺院的拉康（即佛堂），残破部分则另筑新墙，和老围墙连成一体，到今天围墙仍保持基本完整。角楼多为长方形，北部山顶上有两座角楼，其北侧用岩块砌成半圆形厚墙，十分坚固；东北部角楼内侧有一座用岩石砌成的长30米、宽约10米的巨大石屏，为晒佛台。据《汉藏史集》的说法，晒佛的传统为白居寺首创，时间在法王热丹贡桑帕巴时期。原围墙的门置已不清楚，近代寺院大门开在南墙上，随着1984年江孜新街的形成，又重新在左侧新修了现在的新寺门，大门较为简陋，未设门楼。

从围墙和角楼的建筑形制和其修建的位置来看，角楼和城墙共同构成了完整的防御体系。角楼内部的房间可以储藏一定量的武器、粮草，并可供官兵休息，功能与内地其他地方的城楼类似。角楼大部分位于山上，处于地势较高的位置，便于观察瞭望。现围墙四周没有护城河，但白居寺民间称"白润曲颠"，意为流水漩涡处的塔河上修闪眼桥，可见当时的年楚河是从宗山下流过的。根据这些记载，加上现在古河道分析，当初白居寺的前面应是紧靠河流的，毗邻围墙的年楚河起到了护城河的作用。

强巴次仁　蒙乃庆

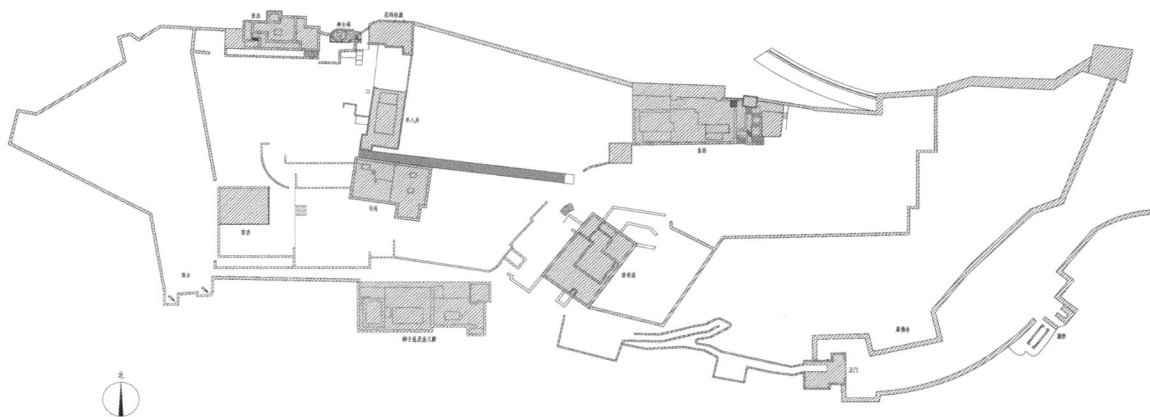

△ 江孜宗山平面图　强巴次仁、蒙乃庆提供

　　江孜宗山位于今日喀则市江孜县县城内，白居寺位于其西北侧约700米处。江孜距离拉萨230公里，距离日喀则100公里，地处去亚东、日喀则的交通要冲。宗山山顶海拔4187米，但相对高度只有100多米，因为周围地势平坦，宗山也就显得鹤立鸡群。站在宗山上俯瞰四周，整个年楚河谷地平原尽收眼底，视线可及范围非常宽广，是理想的军事设防要冲。1994年，江孜被评为国家历史文化名城。

　　吐蕃地方政权崩溃后的长期割据时期，吐蕃赞普的后裔班土赞看中了这块宝地，于公元967年，在江孜宗山始建了宫堡式的建筑，以割据统治年楚河流域。萨迦地方政权时期，江孜法王热丹贵桑的祖父朗青·帕巴巴桑在萨迦地方政府的四大内臣中任"下卡瓦"之职，同时被授予年楚河中上游地区的统治权。帕竹政权时期，热丹贵桑的父亲朗青·贵嘎帕在帕竹乃东政权任职，继续统治年楚河中上游地区，并在江孜宗山上扩建了宫堡式的建筑，使其成为当时

◁ 山脊上的江孜宗山防线　本文照片均由强巴
次仁、蒙乃庆提供

▷ 江孜宗山防线登城步道

△ 白居寺城墙远眺

△ 江孜宗山北侧白居寺远眺

△ 江孜宗山防线入口

△ 依托山峦建造的江孜宗山防线

在全西藏修建的十三大宗豁之一。清朝时期原西藏地方政府在江孜宗山上设立了宗的行政单位，使江孜成为全西藏大宗之一。

　　和西藏其他的宗堡建筑类似，江孜宗山防线城也建在地势险要之处，宗山西侧是刀砍斧削般的悬崖峭壁，高达数十米，十分险要。宗山岩体非常坚固，建筑的墙基大多紧靠悬崖边缘，直接砌筑在岩体上。环绕整个建筑群的险要之处一般不设围墙，陡峭的崖面和建筑的墙体就起到了围墙的作用。在相

△ 江孜宗山防线有些地段墙体出现裂隙

对平缓的地方则设有围墙，在南面某些地段甚至筑有两道围墙。围墙总长度1179.5米，墙体全部由石块砌成，厚度在1米以上，墙高连同墙基达4～5米。围墙中间每隔一段距离设有小碉楼，碉楼外部上方建有方形小孔。与其他城墙上所设碉楼不同的是，宗山建筑群本身所处地势较高，在任何位置都具有良好的视线，可以观察到很远的地方，因此碉楼的主要功能是进一部加强建筑群的整体防御功能，并非用于拓展视线以观察周围更远的情况。

近代在江孜宗山曾发生过著名的江孜保卫战。1903年英国人荣赫鹏（Francis Younghusband）率领军队以使团名义从亚东入侵西藏，在1904年经过江孜时，遭到军民顽强抵抗。虽然当地军民武器装备落后于英军，使用土枪土炮甚至"乌朵"，但仍顽强坚守宗山达三个月之久，直到最后弹尽粮绝。宗山的防御功能在这次战斗中得到了最好的体现。

强巴次仁 蒙乃庆

乃宁曲德寺城

　　乃宁曲德寺位于日喀则市康马县南尼乡，属年楚河上游的河谷地带，北距江孜县城10公里，南距康马县城35公里，东依札西达杰山，西临年楚河，海拔4100米。

　　乃宁曲德寺创建于吐蕃时期，创建人为莲花生大师弟子、古印度僧人阿羌甲·强拜桑布。乃宁曲德寺是康马及其以南地区历史最悠久、规模最大的一座寺院。吐蕃时期，该寺占地90000平方米，寺周围筑有内、中、外三重围墙，中、外围墙现已被毁，内围墙保存尚好，乃宁曲德寺就建在这占地65000平方米的围墙之中。乃宁曲德寺现存建筑大体可分为四个时期；第一期即吐蕃时期，建筑包括围墙、佛堂、佛塔、欧子扎仓、吉察扎仓、曲康扎仓、丁吉扎

▽ 乃宁曲德寺残缺的城墙段落　本文照片均由强巴次仁、蒙乃庆提供

△ 乃宁曲德寺城墙

△ 乃宁曲德寺城墙外立面

仓、额古夏扎仓、那布扎仓等。该时期建筑均为夯土结构，且墙体均厚达一米以上，具有较典型的吐蕃建筑特点。北部建筑群在布局上形成以佛塔为中心的格局，具有古印度佛教寺庙以佛塔为中心的建筑格局特点。乃宁曲德寺原信奉宁玛派，后又改奉噶举派。15世纪初，宗喀巴大师两次到乃宁曲德寺，并在此

◁ 现乃宁曲德寺门楼

▷ 乃宁曲德寺城墙与角楼

▷ 乃宁曲德寺城墙残垣

新建佛殿和扎仓各一座，这两座建筑为乃宁曲德寺第二期建筑，该寺也从此时改宗格鲁派，但两座宗喀巴时期的建筑已被毁。19世纪以后，在西围墙中部修建八座建筑，该组建筑也已不存。1904年，英国侵略军入侵西藏，为保卫江孜城，乃宁曲德寺僧人以寺院为据点，阻击英军的进攻，全寺做出重大牺牲。在战争结束后，十三世达赖喇嘛在原吐蕃时期佛殿东面新建一座大殿，即现在的乃宁曲德祖拉康。祖拉康由经堂、佛殿、僧舍等几部分组成，经堂18柱，现保存完好。

据调查和访问，乃宁寺中、外围墙均为方形，三重围墙拐角上均建有角楼，其中外围墙和中围墙的大门上还建有门楼，外围墙上的角楼和门楼相对体量较大一些。多重围墙使寺院形成坚固的防御体系。

强巴次仁 蒙乃庆

△ 朗赛林庄园复原图　加雷提供

　　朗赛林庄园位于西藏自治区山南市扎囊县扎其乡朗赛岭村委会东30米处，海拔3620米。

　　朗赛林庄园始建于帕竹王朝时期，是在原扎西若丹庄园基础上发展建造而来。庄园建筑占地8000余平方米，庄园原建有双重护墙，外墙为后期修建的包括整个庄园及园林的围墙，呈长方形，以块石为基，上部用上夯成墙，墙窄而矮。

　　内墙为城墙，下部垒石为基，石砌基础高约2米、基宽约4.5米，上部以夯土为墙，夯墙隔层夹有石板，下宽上窄，收分较大。墙顶宽约2米，墙顶外侧原有城垛，上可行人巡视，墙总高约10米，墙顶两侧木檐，以此遮雨护墙。城墙呈正方形，在城墙四角各建有碉楼，大门设于东墙正中，门宽约3米，门前约2米处建有影墙护门。影墙与城墙之上建有门楼，门楼前设吊桥，吊桥由门

◁ 朗赛林庄园及城墙
　强巴次仁、蒙乃庆
　提供

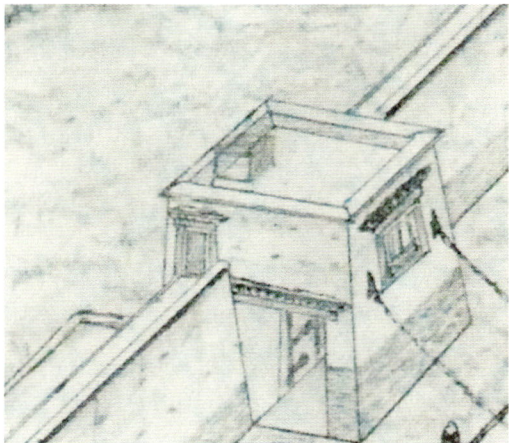

楼控制。后期在南墙偏东处开一小偏门，并在护城墙河上建一座小桥。在西墙正中顶部设有望楼，楼基宽倍于围墙，站在此地可瞭望四方。在内墙与外墙之间，开筑有宽约5米的壕沟，均用石砌而成，具有明显的防御功能。

　　围墙内由主楼、牲畜棚、院子等建筑组成，围墙南面有庄园的果园。主楼在围墙中部偏北，整座建筑墙壁皆用土石构筑，坐北朝南，平面呈方形，主楼高7层、东西长30米、南北宽28.6米、总高22米，为西藏最高、体量最大的庄园建筑。

　　1959年叛乱时期和"文革"时期，庄园建筑遭受较为严重的破坏。2006～2009年，由国家投资，山南地区文物局负责对该庄园主楼和围墙及周围的附属建筑进行保护维修，恢复了原建筑面貌。

　　　　　　　　　　　　　　　　　　　强巴次仁　蒙乃庆

▷ 朗赛林庄园东大门（正门）复原图
　加雷提供

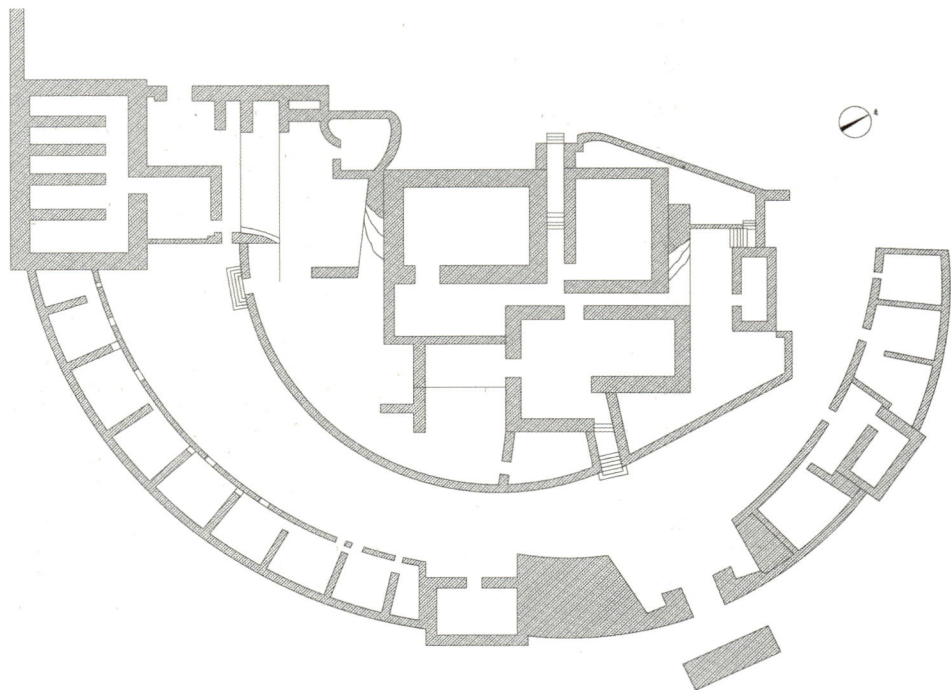

△ 卡热宗城平面图　强巴次仁、蒙乃庆提供

　　卡热宗城墙位于浪卡子县卡热乡所在东南侧山坡上，建筑遗址坐西朝东，是在宗朵山上的一个山脊上，据说是清初准噶尔兵入侵西藏时最难攻破的宗山。建筑呈南向北排列，南高北低，高差约20米，南端位于一个山头，为一座半圆形碉楼及附属建筑，坐南向北，因依山而建，碉楼与前方附属平方建筑墙基基本在同一水平线上。宗建山坡上稀有土泥，建筑均由片石修建。

　　宗城主体建筑位于北部，整个建筑的主体东北部已塌陷，宗城就建在高约3米的高台基上。宗城建筑完全根据台基的形状修建，几乎没有规则，平面近似圆形，在距宗城建筑中心以外约2～30米处修建一周圆形城墙，城墙基础宽2米、高约5米，完全由石块砌筑，城墙内侧建有一排小房间，大宽6米、小宽4米、长约4米、高2层，向外砌有内大外小的三角形射箭孔。城墙内的每个房间都分布有二三个射箭孔。在城墙上每隔约五六十米建有一座碉楼，碉楼高出城墙约三米。同时城墙顶部外侧建有墙垛。城墙顶与内侧小房间屋顶平起，从而形成一条宽三米左右的平台用于士兵巡逻。卡热宗城因修建于山脊，西侧为坡度近70度的陡坡，所以西侧城墙防御工事较少，但与通往山下的取水暗道建筑同时建有五座碉楼，形成在冷兵器时代无法逾越的屏障。

强巴次仁　蒙乃庆

△ 浪卡子县卡热宗城堡　本文照片均由强巴次仁、蒙乃庆提供

△ 浪卡子县卡热宗城堡远眺

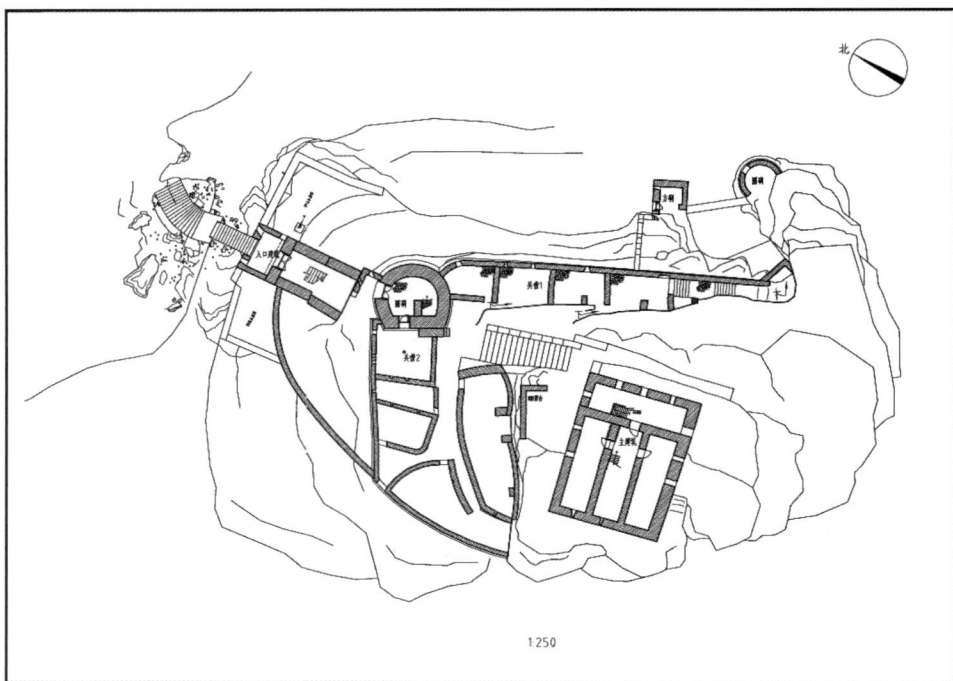

△ 杰顿珠宗平面图　强巴次仁、蒙乃庆提供

　　除了没有墙体相连，藏南碉楼群可以算得上是早期守护在边界的一条"长城"了。

　　与城墙一样，碉楼是一种防御性工事建筑。虽然早在4000多年前的卡若遗址进行发掘中就有碉房式建筑，到公元前2世纪的第一座宫殿雍布拉康应该是我们现在能够看到的最早的碉楼式建筑。位于雅砻河谷的雍布拉康后部的碉楼，从其建筑形式可以明显看出具有堡垒性质。在那个时期，一旦堡寨形成，也必然成为当时一个部落或小邦的政治中心和地域中心。因此，雍布拉康可以说是这个时期的标志性建筑，同时又为西藏碉楼式建筑的发展起到了启后的作用。所以碉楼建筑的修建成为那个时期一个小邦或部落的重要标志，但真正意义上碉楼的出现应该是到了吐蕃政权以后了。

　　西藏大规模修建碉楼建筑是在元末明初，当时西藏地方政府在西藏各地设立了十三大宗。早期宗的建筑都是在险峻的山脊之上，本身就是一个城堡，其附属建筑中又有碉楼。根据宗堡建筑的需要，一般在宗堡建筑附近又修建一些相对较远的碉楼，以起到烽燧的作用。这种建筑格局的形成奠定了碉楼群的基础，从现在我们在西藏各地见到的碉楼群中可以看出，每个宗堡的四周都修建有一些单体的碉楼，而从每个单体碉楼都能看到至少三个不同角度的单体碉楼。这些碉楼相互相连，不仅便于传达信息，而且能够及时相互支援，从而形成一个完整的防御体系。最初大规模修建碉楼和西藏当时的战乱以及教派之争等有关，之后主要是用于守卫西藏边境。虽然碉楼建筑一直不是西藏建筑的主体，但由于建筑难度大、风格独特，所以应当说碉楼建筑可以代表当时建筑的最高水平。

　　就碉楼的建筑布局而言，一般是单体的具有烽燧作用的碉楼都建筑在山脊上，每一座单体碉楼都能同时目视到至少两座相邻的碉楼。而修建在缓坡上的碉楼相对体量较大一些，由两座以上的单体碉楼组成，并建有附属的防御工事。由不同数量的单体碉楼和组合碉楼组成的一个防御体系形成一个完整的碉楼群，这些大小不同的碉楼群相互依存就形成了著名的藏南碉楼群了。

　　碉楼的选址根据其功能和类型而有一定的区别。一般而言，单体的具有峰燧作用的碉楼都修建在山脊之上，碉楼间相对距离较远，如洛扎县门塘的卡

▽ 杰顿珠宗复原图　强巴次仁、蒙乃庆提供

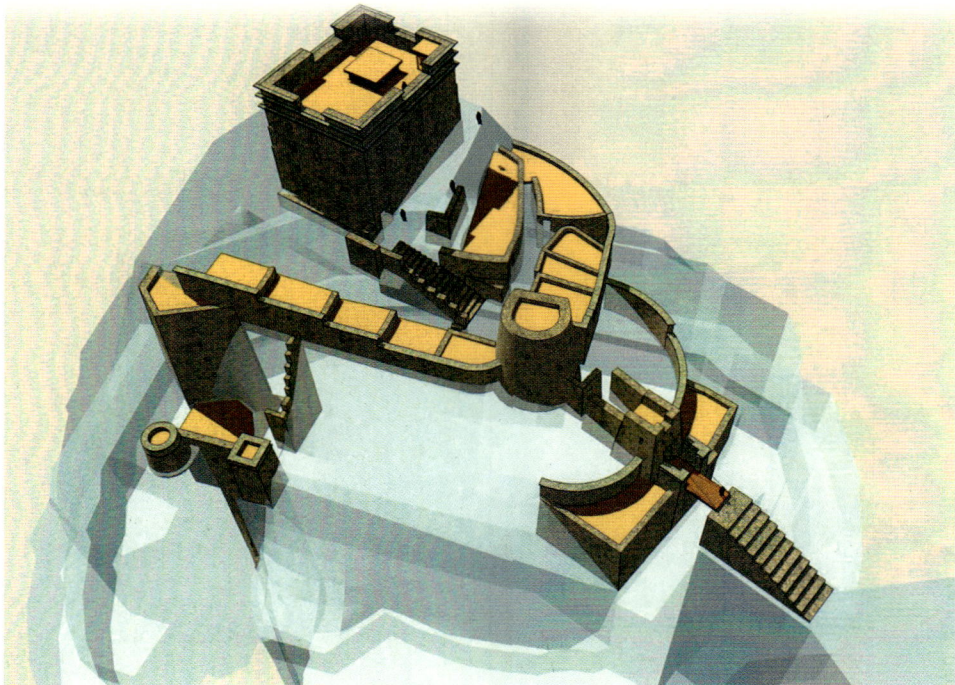

△ 杰屯珠宗城堡　本文照片除署名外，均由强巴次仁、蒙乃庆提供

△ 洛扎县组合式碉楼

△ 碉楼附属掩体近景

△ 碉楼附属掩体

▽ 洛扎曲单体碉楼

△ 洛扎曲西碉楼群远景

杰碉楼和工布江达县巴河的秀巴碉楼；而组合的具有居住功能的碉楼一般都修建在山坡地势较为平坦的地方，这种碉楼附近还开垦有一些农田，在附属建筑中还会有牛羊圈，如洛扎县曲西的甘卓碉楼；作为管辖一片地方碉楼的城堡或宗府选址则都是修建在一座独立的山巅之上，如洛扎县的森格宗、杰顿珠宗等。

　　碉楼是一种防御性军事建筑，这一点从其建筑布局就能够看出。以整体保存较好的洛扎杰顿珠碉楼群为例，这是一个以杰顿珠宗为中心的庞大碉楼群，作为其中心的杰顿珠宗位于整个碉楼群的中央。杰顿珠宗完全是一座城堡建筑，修建于一座突兀的巨大山岩之上，山岩三面临崖，仅东北侧修有通道，而通道是由壕沟相阻，其上建有吊桥，吊桥上下由门碉控制。与城堡相距100米之内的山坡上密集建有10余座组合碉楼，同时所有可通往城堡的山脊、谷口都建有具有烽燧作用的单体碉楼，这些碉楼根据山势和通行条件而疏密不等，修建最密的是在城堡北侧的一个山谷内，仅在这一长约600米、宽300余米的山谷中就有碉楼10余座。在这一层碉楼之外，修建的碉楼相对距离就要远得多，而且基本上是以单体的烽燧碉楼为主，从整个碉楼群的整体平面布局来看形成一种辐射状分布。

　　分布于日喀则市聂拉木县门布乡春都村至下达村一带的碉楼群，是夯土碉楼的典型代表之一。这些碉楼沿着朋曲河两岸谷地分布，两侧都是高山，是

△ 分布于日喀则市聂拉木县门布乡春都村至下达村一带的碉
楼群（整体） 蒙乃庆摄

由尼泊尔进入西藏的必经之地。按其功能不同，体形大小不一，高低错落，有
的建在河岸边台地，有的建在山坡，有的建在小山丘顶，有的主要作为烽燧传
递信息，有的用于屯兵和抗击入侵，彼此之间互相呼应，牢牢地扼守在这条交
通要道上，构成完整的防御系统。在1788年（乾隆五十三年）和1790年（乾隆
五十五年）抗击廓尔喀入侵的战斗之中，它们发挥了重要作用。

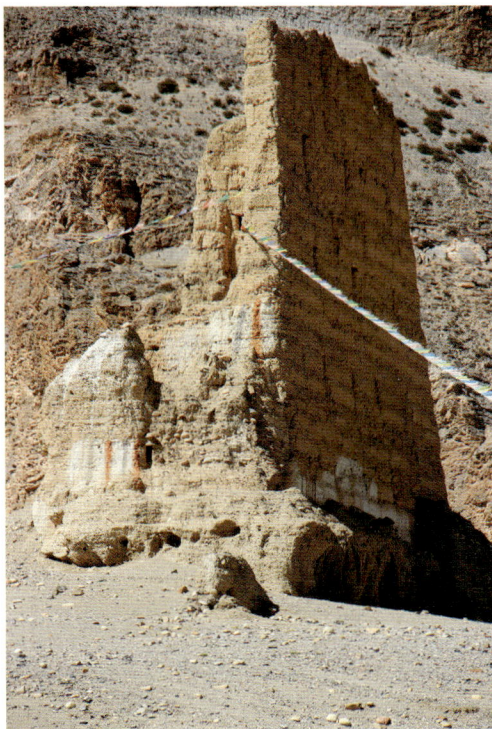

▷ 分布于日喀则市聂拉木县门布乡春
都村至下达村一带的碉楼群（细
部） 蒙乃庆摄

　　这些夯土碉楼地表以下30～50厘米基础至地表以上高度在1米左右一般采用石砌，以防止雨水侵蚀墙体，墙厚一般在1.50米左右，然后在之上开始为夯土墙体，土质一般就地取用黄土，内夹碎砾石。每一大夯层高度70～100厘米不等，一个大夯层由若干个高10厘米左右的小夯层组成，夯墙向上逐步收分，高度4至8、9层，到顶部一般只有40厘米左右。夯土墙内的大夯层之间还埋设了木条等，以加强彼此之间连接，提高墙体整体的坚固性。

△ 海口扎门塘碉楼

碉楼建筑在西藏的分布十分广泛，从西部阿里地区的日土县沿西藏边境一直到东部的昌都，都有碉楼建筑。但目前保存相对完整和集中的主要在日喀则市的聂拉木、亚东，山南市的洛扎、错那、措美，林芝市的朗县、米林等县，其中尤以洛扎、错那和措美三县的碉楼最为密集，也最为壮观。如果有城墙将这些单体碉楼相连，那么就是一道壮观的长城了。

强巴次仁　蒙乃庆

▷ 洛扎门当碉楼

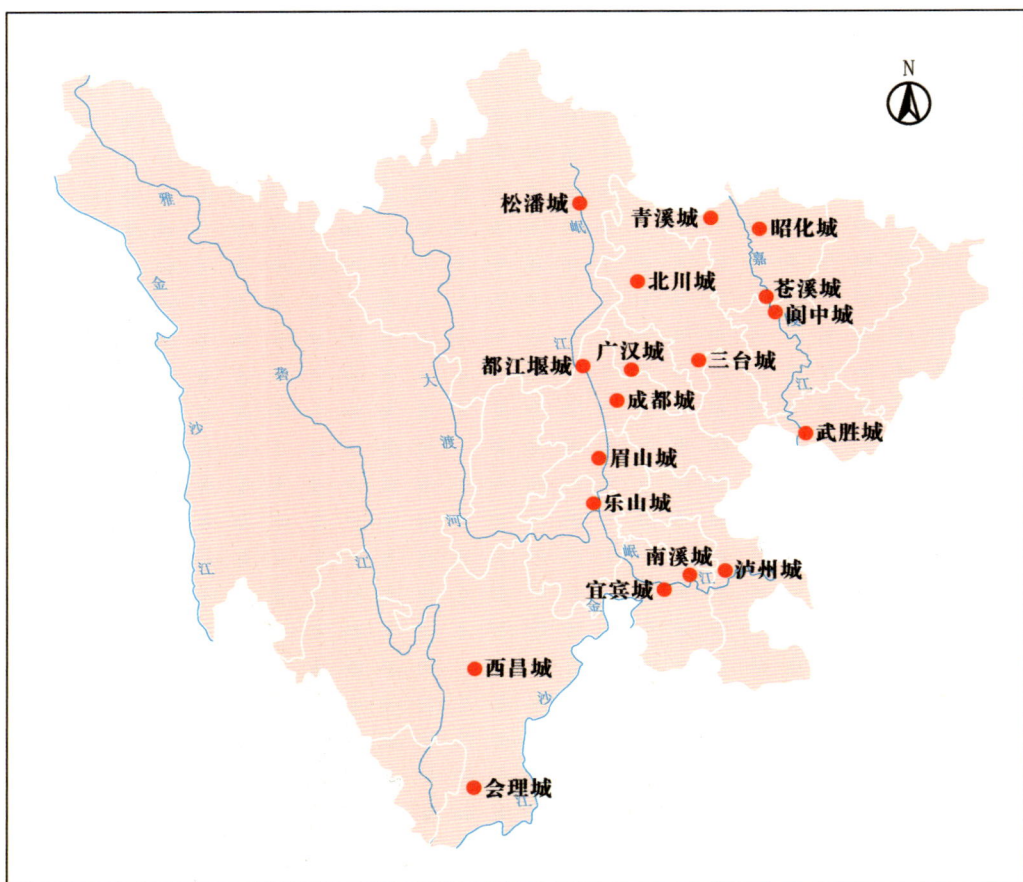

松潘城　青溪城　昭化城
　　　　　北川城　苍溪城
　　　　　　　　　阆中城
都江堰城　广汉城　三台城
　　　　　成都城
　　　　　　　　　　武胜城
　　　　　眉山城
　　　　　乐山城
　　　　　　南溪城　泸州城
　　　　　宜宾城
西昌城
会理城

四川

△ 成都府城图　引自《新修成都府志》明天启版

　　成都，简称"蓉"，位于四川省中东部、西南地区最大平原——川西平原腹地，地处四川盆地西部的岷江中游地段。自古享有"天府之国"美誉，也有"蜀中江南"、"蜀中苏杭"之称。1982年，被列为国家历史文化名城。

　　约公元前5世纪中叶，古蜀国开明王朝九世时，将其都城从广都樊乡（今双流）迁往成都，设立建置，构筑城池。据《太平寰宇记》记载："成都"一名，借用西周建都的历史经过，取周太王迁岐"一年而所居成聚，二年成邑，三年成都"而得。随着20世纪八九十年代广汉三星堆古文化遗址的发现，有学者称此遗址"当是一座古蜀国的王都遗址"。章武元年（221），刘备以汉室宗亲的身份在成都称帝并定都。此后，五代前、后蜀及北宋李顺、明末张献忠等农民起义军先后在此建都，其建置、隶属多有变化。清沿明制，设四川布政使司于成都。1914年，设西川道。后废道复省，成都仍为四川省会。1950年，成都为川西行署区的驻地。1952年，撤署复省后，成都市一直为四川省省会。

成都最早的筑城活动，据当代考古发掘显示，当不晚于中原夏、商时期。20世纪八九十年代，在成都附近发现了一个古城遗址，其中包括古城西垣、北垣和东垣的夯土残墙。据东垣残垣断面所示，城墙的中间是由若干层平铺夯土筑成的主垣，内外两侧又各有斜行夯土支撑中间的主垣。据考古专家分析，这与郑州商城及黄陂盘龙城的筑城方法非常相似，而在中原地区，这种筑城法最迟至东周时期已经消失。后将其定名为"三星堆文化"，年代上限距今约4500年，下限距今约3000年。

秦惠文王二十七年（前311，另有一说为"秦惠文王二十二年"），由秦丞相张仪选址卜定、蜀郡守张若（另有"秦将司马错也曾参与筑城"一说）主持修建大城、子城。大城周长12里、高7丈（据嘉庆二十一年《成都县志》卷一。对此土筑城的高度，笔者存疑），置楼观。据光绪十八年《华阳县志》载：当时"筑城取土，去城十里，因以养鱼"，遂成为万岁池、龙坝池（城北）、千秋池（城东）、柳池（城西）。据《搜神记》载：张仪在筑成都城时，由于土质松软，开始屡建屡毁。"忽有大龟浮于江，至东子城东南隅而毙。"张仪请问于巫师，巫师回答"依龟筑之"。于是，沿着神龟上岸"周行旋走"（据明·曹学佺《蜀中名胜记》）之途而筑，城竟建成，故被称为"龟化城"，简称"龟城"。汉武帝元鼎二年（前115），增修成都城，"立成都十八郭"（据《华阳国志》）。西晋太安二年（303），巴賨族首领李特修筑

▽ 民国初年，成都城及城门前的牌坊 南京城墙保护管理中心藏

△ 修缮后的北城墙段 本文照片除署名外，均由倪茜摄

城墙。东晋王羲之在《与周益州帖》中称："成都城池，门屋楼观，皆是秦时司马错所筑。"后因战乱及自然等因素，城墙出现损毁。

子城（亦称"少城"、"内城"，清时又称"满城"），位于大城西隅，即左思在《蜀都赋》中所称"亚以少城，接乎其西"。另据《华阳国志·蜀志》载："内城营广府舍，置盐、铁、市官并长丞。修整里阓，市张列肆，与咸阳同制"，意思是成都城的规制，参考咸阳（另一说，"从周制"，见光绪十八年《华阳县志》卷十）。隋初，蜀王杨秀大规模增筑子城，取土成池后称"摩诃池"。

唐僖宗乾符三年（876，另据嘉庆二十一年《成都县志》卷一称"乾符六年"筑罗城）八月，西川节度使高骈因曾两次遭"蛮寇攻围，子城迫窄"，奏请扩建罗城获准后，遂主持大规模突击性地兴建罗城（又称"太元城"）。由于为防范南诏诸夷之侵，高骈"筑罗城二十五里"（其罗城长度有多种记载，略），城高2.6丈、顶宽1丈，垛口高4尺。城四隅设有马面，全城大小城门开10座，并在城外修筑26里的长堤及修浚护城河。征调八州十县丁夫，每日役夫达10万人分筑，于同年十一月竣工。筑城共计役夫960万工，计费150万贯（引自唐僖宗"赐高骈筑罗城诏"）。对于此城使用城砖的情况，一些县志（包括《考工典》等籍）并未记载（都说明代始筑砖城），而在1934年《华阳县志》中，依据旧籍有大量的考证：当时"开掘古冢，取砖甃城"、"以成都土恶，城岁坏。易以砖甃"等。

后唐天成二年（927），孟知祥主政成都时，于罗城外增筑"羊马城"（又称"新城"），夯土为城。城周长42里、高1.7丈、基宽2.2丈、顶宽1.7丈，另筑垛口4丈，开挖护城河1道。城上构筑"白露舍"（即类似窝铺）计4957座（间）。筑城于同年十二月一日兴工，次年三月二十五日停工，军民参役共计398万工，耗费"缗贯囊装，凡费一百二十万。以较罗城盖又加宏阔矣"（1934年《华阳县志》卷二十七）。竣工后，李昊撰有《创筑羊马城记》，详述其事。至五代十国后蜀（934～965）时，成都城池已形成四重城垣格局，即宫城、皇城、罗城和羊马城。孟后主孟昶（919～965）在成都时，曾在城上遍种芙蓉，每到秋天，全城"四十里如锦绣"，故名"锦城"、"芙蓉城"（简称"蓉城"）。

宋、元时期，在历任地方官吏重视下，成都城池虽多有损毁、淤塞，甚至至宋绍兴三十二年（1162）时，昔日张仪所筑的秦城"所存如崖壁峭立"，但总体上看，基本能得到及时修缮和疏浚，一旦遇到洪水，城墙仍然能使"民赖以安"。

明洪武四年（1371），李文忠率部曾对成都城池有过增修和疏浚。洪武十一年，都指挥使赵清"因旧址增修"成都城（后为府城，并沿袭至清），

△ 东门城墙遗址保护标志碑

▷ 东城墙（局部）

△ 修缮后的南城墙

△ 西城墙遗址保护标识碑

略小于罗城，城高3.4丈，全部包砌砖石。此后，又有多次增修。宣德三年（1428），在都督陈怀复主持下，全面疏浚护城河。崇祯（1628~1644）时，巡抚刘汉儒主持修城浚濠。明时，城中还建有蜀王府（俗称"宫城"、"皇城"，清康熙四年改建为"贡院"），萧墙高3.9丈，用砖石砌成，开有"棂星"、"承运"等门（后俗称"皇城洞子"）。成都城呈"龟形，其下皆甃石，唯北角楼用土填筑"（光绪十八年《华阳县志》卷十），各城门均建外瓮城。不久，战乱频繁，成都城出现局部损毁。

清康熙（1662~1722）初，巡抚张德地会同其他官吏一同捐资，重修成都城。城周22.3里（计4014丈）、高3丈、宽1.8丈。城墙东西相距9.3里、南北相距7.7里，城外有护城河环绕。另建垛口5538座、城楼4座、堆房11间。开城门4座：东曰"迎晖"，南曰"江桥"，西曰"清远"，北曰"大安"，各门均建城楼。康熙五十七年，为区分城内满人与其他各族人居住区，又在府城西营建满城，城周811.73丈、高1.38丈，设城门5座：大东门"迎祥"，小东门"受福"，南门"安阜"，大城西门"清远"，北门。除北门外，各门均建城楼，计屋12间，均住旗人。雍正五年（1727），巡抚宪德增修城墙。乾隆四十八年（1783），四川总督福康安等奏请朝廷后，获库银60余万两彻底重修成都城，历时三年全面竣工。开工不久，福康安升任兵部尚书，修城即由李世杰继任主持。乾隆帝命工部侍郎德成入蜀验收，据实查勘奏报。时城周22.8里、压脚石条3层、砖高81层、垛口8122座、大堆房12座、小堆房28座、五楹二层的城楼（俗称"八角楼"）4座，4座外瓮城门上均建箭楼。乾隆五十一年，四川总督李世杰命"有司于内外城隅，遍种芙蓉，且间以桃柳"（李世杰：《成都城种芙蓉碑记》）。同治元年（1862），成都城墙四隅增筑小炮台24处。光绪二十三年（1897），四川总督奎俊整修城门，改城门名为：东曰"迎晖"，南曰"江桥"，西曰"清远"，北曰"大安"（据宣统元年《成都通览》）。重建城楼，还疏通了护城河。据《华阳新志》称：成都的城墙"楼观壮丽"、"冠于西南"、"不亚于京师"。至宣统元年（1909）时，部分护城河再度淤塞。

1912年后，随着城市发展，成都城墙开始进入拆城或新开城门阶段。抗战期间，为防日军空袭，便于市民疏散，在各交通要道处拆除部分城墙，以及豁口等易垮塌地段，被俗称为"垮城墙"，拆城后城砖被挪建为各类其他建筑。至1949年前，新开的城门计有：新西门、武成门（即新东门）、复兴门（新南门）等。

1958年3月，毛泽东到成都时明确表态：拆墙是先进，不拆是落后。同年4月，成都市第二届人大四次会议上决定拆除城墙。1968年，四川省"革委会"决定拆除皇城，在其原址上修建了万岁展览馆。至此，成都城墙基本拆毁，部分因涉及军事部门而得以留存500余米。

20世纪80年代以后，随着当地政府对成都城墙的重视，一些残余地段（如北校场外水东门城墙、东校场城墙遗址、西水门城墙遗址等）城墙得以保护或修复。

附：

在成都历史上，除上述主城区的城墙外，在近郊还有锦官城、车官城、学官城等。

杨国庆

成都府城池：即会城。大城创于张仪，小城筑于杨秀，罗城增于高骈。后程戡、卢法原、王刚中、范成大先后修筑。明赵清鏊以砖石，陈怀复浚城。成都、华阳二县附郭。

——清《考工典》第二十二卷，引自《古今图书集成》

会理 城

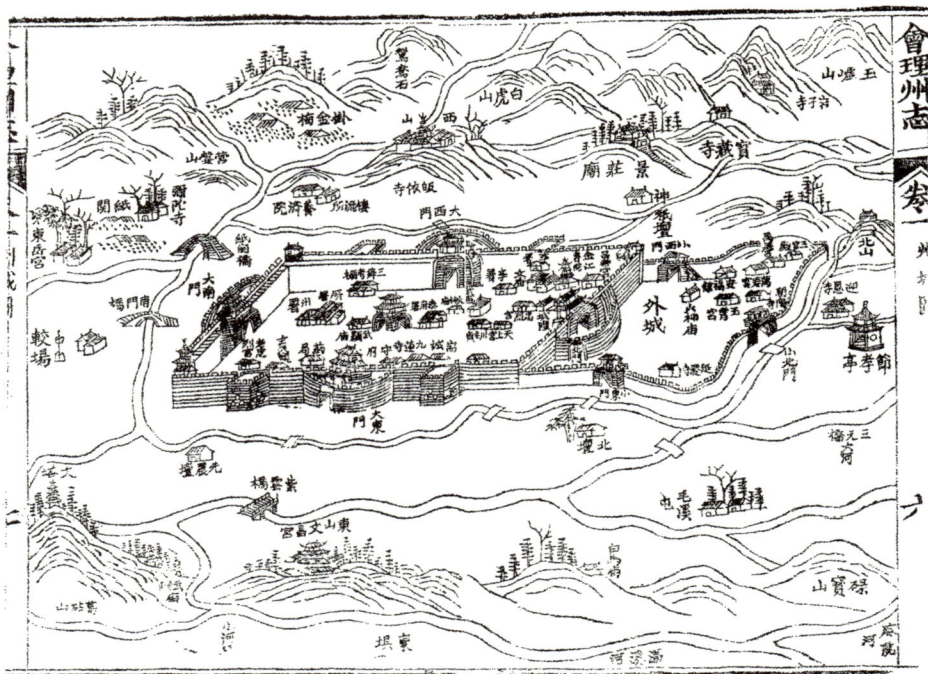

△ 会理州城图　引自《会理州志》清同治九年刊本，载《中国方志丛书·
华中地方·四川省（367）·会理州志》

　　会理，位于四川省西南部、凉山彝族自治州正南端，扼川滇要冲，自古以来就是川西南与滇西及东南亚商贸往来周转重地，为古代南方丝绸之路必经要塞，素有"川滇锁钥"之称。2011年，会理被列为国家历史文化名城。

　　秦之前，为西南夷邛都国地。西汉元鼎六年（前111）在境内建会无县，属越嶲郡。此后，建置、隶属及辖地多有变化。唐上元二年（675），于会无县故治设会川县。元至元十四年（1277），置会川路。明洪武十五年（1382），改路设府，另设会川守御千户所。洪武二十五年，改设会川卫军民指挥使司。清康熙元年（1662），改设会川卫军民守备。雍正七年（1729），裁会川卫守备，置会理州，并移属东川之会理州于卫所（今县城所在地）。1913年，降州为县。1950年后，隶属西昌地区。1978年，会理县随西昌地区建制撤销，而划入凉山州。

会理最早筑城，因年代久远，文献记载不详。按旧志称："元以前，有黄土城"（乾隆六十年《会理州志》卷一）。但是，这座土城的具体建造年代、规模、损毁及修缮等详情不明。

明洪武十五年（1382），因会川旧土城设守御千户所，"以随征官军守之"。洪武二十五年四月，建昌卫指挥使月鲁帖木儿（原元军降将）发动反叛，各地土官奋起响应，其中土官王春"陷会川，毁民居府治"（《明太祖实录》卷二百二十七）。朱元璋命凉国公蓝玉、越嶲侯俞通渊率部征讨。平叛后，原会川守御千户所改为卫，并迁治于土城，在土城外设立木质栅栏。洪武三十年，修建土城。次年（乾隆元年《四川通志》称"永乐初"，有误），在指挥李毅等官员主持下，大规模进行了土城改建工程，用砖、石砌筑土城之外侧。建成后的砖石城墙周长7.3里（计1314丈）（此据乾隆元年《四川通志》卷四及同治十三年《会理州志》卷二。另据乾隆六十年《会理州志》1932年《会理志》等记载"广九百五十丈，五里三分"，与清《考工典》记载也有出入）、高2.3丈、宽1.2丈。设垛口1514座、城铺30座。设城门4座，其中仅北门建有城楼，"以司更鼓"，其余三门均未建城楼。护城河长1322丈（此据同治十三年《会理州志》。另据乾隆六十年《会理州志》记载"一千二百九十丈"）。此城依玉墟山余脉而建，东西窄、南北长，形似一条小船（后俗称"船城"），自此奠定了会川城的基本格局。仅有一座城楼的会川城直到崇祯五年（1632），在游击苏迪申请资金并主持下才补建了东、南、西城楼3座，并由建昌道沈□题城门额为：东曰"扶桑"，南曰"南纪"，西曰"洗甲"，北曰"望帝"。

▽ 修缮后的会理城墙　蔡理摄

　　清初，会理城池及附属建筑均整齐、完好。雍正十二年（1734）于老城的中心建造了钟鼓楼，使城的东西、南北各三里三，又俗称"穿城三里三，四面对称"。而文献记载会理城墙的损毁及修缮，主要在乾隆年间（1736~1795）。如：乾隆三十二年，因久雨连绵，导致城墙西、南、北三面出现局部坍塌。前州牧郑王臣主持及时修补损毁地段，并修缮了4座城楼。乾隆三十七年，东门北侧城墙坍塌。乾隆四十年，西门北侧一段城墙坍塌，前州牧魏超蕃主持修补损毁地段。乾隆五十一年，因4座城楼及城中鼓楼先后俱毁，前州牧郭联奎捐资修城，并委托生员王时中、张以介负责监修，重建城楼4座，改城门名为：东曰"来紫"，南曰"引薰"，西曰"挹爽"，北曰"拱极"。道光十八年（1838），会理东北段城墙出现局部坍塌，知州吕伟嵊委派武举人苏必和主持修补。道光二十一年，因北门内民房失火，殃及城楼而被焚，西、南、北城墙坍塌数段。知州何咸宜也是委派武举人苏必和主持修补。同治五年（1866），署知州陆德培出于城防考虑，委派候补州马宗龙等主持增建四门的外瓮城，以及东、西炮台4座。次年，署知州武廷鋆委派贡生王继曾等人增建外城，增建范围自城东北角起到西北角至的三面城墙，城总长度为512.5丈、高1.6丈、宽7尺，设垛口456座，新建外城东、西、北城门3座：东曰"东作"，西曰"西成"，北曰"瞻云"，并各建有城楼。

　　1912年后，会理城墙保存基本完好。1935年，当年红军曾向这座县城发起多次总攻，也没有拿下它。最后，中共政治局于5月12日在会理县城郊铁厂村平安寺（今城北街道铁厂村红旗水库）主持召开了扩大会议（即著名的"会理会议"）。而会理驻防司令官刘元堂大获蒋介石的嘉奖。会理古城墙由此名声大振，人们将其与松潘、阆中的城墙相媲美，故四川有"北有阆中，南有会理"的城墙赞誉之说。此后，会理城墙虽无大的修缮，许多地段也有损毁和局部坍塌，但整体形态基本保持完好。

　　1979年，会理开始大规模拆除城墙。为了拆城墙，全县进行了动员，直到20世纪80年代初，除北城门等少量地段城墙幸存外，大部分城墙全被拆除。

　　1982年以后，幸存的会理城墙北城门及城墙得以修复和重修，其中北门拱券长15米、宽3米、高7米。1998年，会理城北门及东侧被列为县级文物保护单位。2004年，会理县城北门又被列为省级文物保护单位。

杨国庆

　　会川卫城池：明洪武间，筑土城。指挥李毅包石，周一千二百五丈八尺，高二丈三尺，濠阔一丈。门四。

——清《考工典》第二十二卷，引自《古今图书集成》

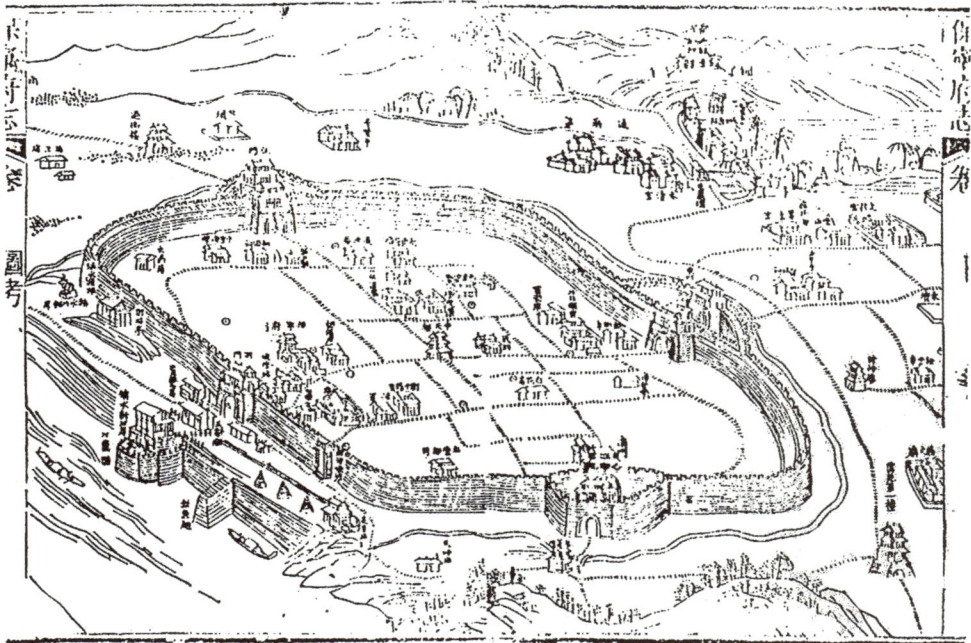

△ 保宁府城图　引自《保宁府志》清道光二十三年版

阆（làng）中，位于四川省东北部、嘉陵江中游沿岸，山围四面，水绕三方，自古为巴蜀要冲、军事重镇。1986年，被列为国家历史文化名城。

商代，属巴方。周代，属巴国。战国时，曾为巴国国都。东周慎靓王五年（前316），秦灭巴。前314年，秦惠文王设阆中县。"阆中"意为"其山四合于郡"。三国时期，阆中为巴西郡治。此后，建置、隶属及辖地均有变化。元至元十三年（1276），阆中始设保宁府治。此后沿袭至明清。1913年，废府存县。1991年，撤县设立阆中市（县级）。1993年，阆中由南充市代管。

阆中筑城较早，城址略有迁移。东周赧王元年（前314），秦惠文王置巴郡，同时置阆中县，治城即巴国别都故地。东汉建安六年（201），益州牧刘璋所属部将筑造土城。三国蜀汉（221～263）建国前后，张飞守阆中时，曾主持增修城墙。此后，由于嘉陵江水啮城，房屋街衢，迭遭摧毁，城址也随之略

◁ 阆中城门及城楼 蔡理摄

有南移。但大多不出"阆水之间，盘山之侧"（1926年《阆中县志》卷五）。
唐玄宗（712～756年在位）以后，城区位置基本稳定。据《阆中县志》载"宋
代初年，用条石修建城墙，墙顶外倾有城垛。四道城门，东南北修有瓮城子"
等。其后，阆中城池多毁于战火。淳祐三年（1243），为了抵抗蒙古军，曾移
州治、军治于大获山，建大获城。虽县治在原境，因战乱和移州治于大获山
的影响，对原城池少为维护，塌毁多处。宝祐六年（1258），蒙古军自汉中入
阆州，重兵围困大获山，大获城终为蒙古军所破。元时，在阆中修筑城堡和关
隘。元末，明玉珍（1331～1366）据蜀时，在城西补筑土城。

　　明洪武四年（1371），千户滕贵守御阆中时，主持大规模增拓旧城，墙
体内外均甃以条石，始为石城。城周9.3里（计1674丈）、高1.6丈。东、南、
西、北各开一门：东曰"富春"，南曰"锦屏"，西曰"澄清"，北曰"威
德"，城门外均建有月城（即外瓮城）。护城河除西、南两面因临江为濠外，

其余均开挖护城河以贯通。成化年间（1465~1487），指挥田仪增建四门城楼。弘治年间（1488~1505），知府张翼主持重修城池，护城河深1.5丈、宽2.5丈。此后文献记载不详，仅称"历年既久，城多坍塌"。

乾隆三十四年（1769），保宁府知府宋思仁主持修城时，将四门改名为"迎和"、"延禧"、"宝城"和"敦吉"。此后，因城西南临江，易被江水损毁，知县李元修石堤护之。乾隆四十八年，知县陈奉兹又铸铁犀牛，置于堤上（咸丰时，铁犀牛已移置于城西角），希望可以缓解水患。乾隆六十年，由阆中县知县胡廷璠主持城池的修补，并对城西南石堤进行了加固。嘉庆三年（1798），在地方官吏主持下，对阆中的护城河进行了疏浚，河深1丈、宽2丈。嘉庆九年，川北道黎学锦针对城西门外城墙段年久被江水侵蚀日渐损薄，遂主持修补城墙，并于堤外改建"鱼翅"（即筑新坝以分流），另筑石匮，石匮置以石犀牛（后因石匮坍塌，将石犀牛移置堤上）以镇水患。道光二十一年（1841），知县田蕙田于旧堤之东增修119丈。宣统二年（1910），知县侯昌镇发现江水对城南段的城墙破坏很大，又组织增筑"鱼翅"两条，其一为14.5丈，其二为14.2丈。

1912年以后，阆中城墙陆续被毁，20世纪50年代，阆中大部分城墙被拆。到20世纪80年代时，在阆中古城的下新街、上新街、礼拜寺街和张飞酒店等处，还保留了200多米的城墙残段。

2010年，阆中南门（即明代"锦屏门"）古城墙恢复工程开工，范围为火巷子至南街一段；包括南城门及城楼。复建的古城墙长150米、高5米、宽3.6米。据称，为了修复如旧，复建的古城门和古城墙在现状测绘和考证调查的基础上，进行就地修复施工，保持原建筑形态。复建工程于次年竣工。此后，阆中其他三门（各城门名均采用明代的城门名）复建工程相继开工，并于2013年10月随着最后西城门（城墙长60米、高8米、宽3.8米；城楼高8米、楼底宽11米）的竣工，阆中市完成了明代三门及城楼的复建。

杨国庆

保宁府城池：石城。汉，刘璋筑土城。蜀汉，张飞增修。明洪武初，千户滕贵拓之，包以石。启门四，曰：富春，锦屏，澄清，威德。成化间，指挥田仪增建四楼。阆中县附郭。

——清《考工典》第二十二卷，引自《古今图书集成》

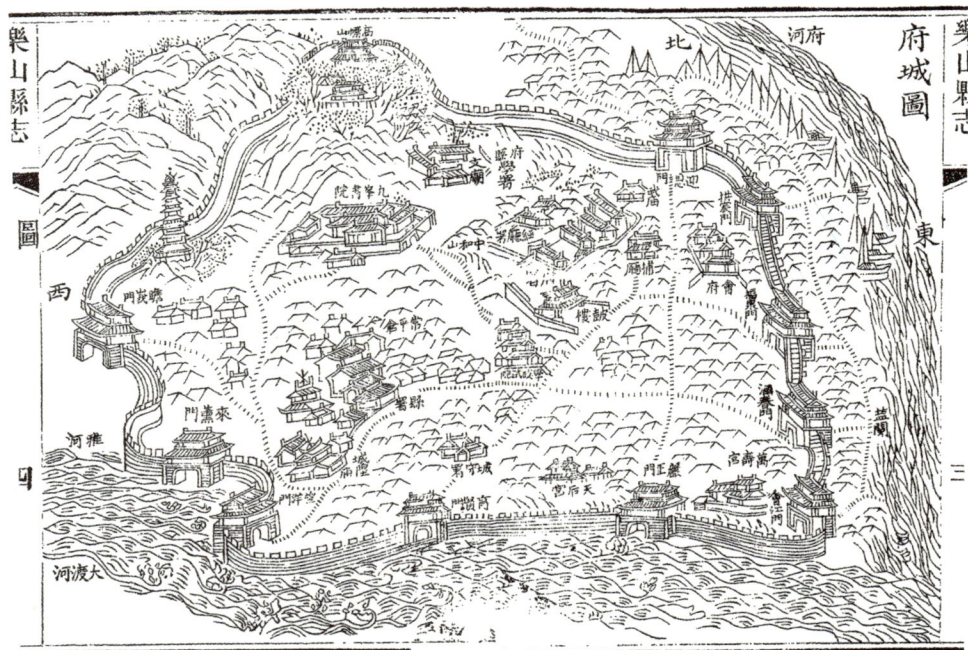

△ 嘉定府城图　引自《乐山县志》清嘉庆十七年版

乐山，古称"嘉州"、"嘉定"，位于四川盆地西南的岷江、大渡河、青衣江汇合处，自古有"天下风光在蜀，蜀之胜曰嘉州"之说。1994年，乐山市被列为国家历史文化名城。

公元前600年前后，以鳖灵为首领的开明氏部族在此生息繁衍。秦武王二年（前309），秦人灭开明氏部族后，设南安县。此后，建置、隶属及名称多有变化。北周大成元年（579），置嘉州。南宋庆元二年（1196），改嘉州为嘉定府。明时，改府为州。清雍正十二年（1734），升州为府，并在府治置乐山县。1913年，废府存县。1979年，设县级乐山市。1985年，升县级市为地级市。

乐山筑城较早，北周以前，城址曾有三次迁移，此后则相对稳定。据县志记载："（北）周嘉州故城，历代治此"（同治三年《嘉定府志》卷八）。

宋开禧年间（1205~1207），重筑嘉定城，城的西北依山，东南临江。此后，嘉定城的东南段常遭水患侵扰，也时毁时修。

明代，因屡遭大渡河冲刷，城址向北略有迁移。明正统年间（1436~1449），知州段鉴主持修城时，在嘉定城东南隅临水易损处，置以杉木为栅。成化年间（1465~1487），知州魏翰出于固城久远的考虑，对东南段城墙以石筑堤为城，即所谓"东南滨水为堤，堤即城也"（安磐：《嘉定州修城记》）。正德八年（1513）十一月十五日（1932年《嘉定州志》等文献均记为"正德十三年"，此据正德年间安磐《嘉定州修城记》有具体的开工日期），知州胡准在其他官吏支持与协助下，主持并开始大规模修城。城基开挖8尺深，"万杵齐下"的场面十分壮观，夯实地基后，再砌石8尺。在坚实的城基上编柏为栅，依附于石墙；木栅之外，还垒以土石。东城高1.4丈、南城高1.6丈、女墙高5尺、

▽ 乐山丽正门及护城河　王莹摄

城周600余丈（清《考工典》记为"周二千余丈"）。砌城所用石块"必方整"，块石之间"必以灰"，如果发现有一块石没达到要求，"虽累数十石其上，必易"（安磐：《嘉定州修城记》）。同时，奖罚非常分明，参与工役的人，不敢有"毫毛之苟"。次年六月，才完成部分城墙，胡准离任。安磐撰有《嘉定州修城记》，赞许有加。剩余西、北两面城墙由继任汪侯之主持稍加修理。嘉靖三年（1524）冬十月（《四川通志》称"嘉靖二年"），在知州李辅主持下，开始对城西北尚未完成的地段加以补修，并于次年六月竣工。此次修城，李辅参照当年胡准修城时的经验和要求，对工程质量要求很严，"必精而工合之"。有数万人参与此次修城，其中有铁匠50人、石匠5000人、丁夫15000人、僧侣900人。还有运送各地采石场石料的船只达500之多，耗白金3000多两。除增修西北隅城墙外，还将临水段城墙加高，补砌了垛口。竣工后，程启充撰有《嘉定州修城记》，详述其事。

入清以后，嘉定城墙多次遭遇洪水冲塌。在地方官吏主持下，也多次由乡绅、百姓共同修复。如：康熙四年（1665），上南道张能鳞、知州高仰崑主持城墙维修，城周长11余里，计1980余丈（此据乾隆元年《四川通志》卷四，而同治三年《嘉定府志》卷八则载城周长1299.6丈），城高1.6丈，开城门10座：曰"三江"（清代改名"会江"）、"觐阳"（清代改名"涵春"）、"定波"（清代改名"福泉"）、"拱辰"、"北上"（清代改名"迎恩"）、"瞻岷"、"来薰"、"望洋"、"育贤"、"崇明"（后改名"丽正"，又俗称"铁牛"，因明代在城楼上置有两座铁铸水牛，以镇水患而得名）（据1932年《嘉定州志》抄本）。城门上各建有城楼等附属建筑。乾隆五十一年（1786），因特大洪水，冲毁城墙300余丈。灾后，地方官吏主持重修，全城平面则变成不规则的袋形（至今保留其形制）。嘉庆九年（1804），因洪水暴发，冲毁南面城墙20余丈。廪生李稽典自捐银2300两帮助修城。知县王来遵为表彰李稽典的义举，特报请府衙由知府宋鸣琦颁发匾额以示嘉奖。嘉庆十六年，嘉定城局部再次被大水冲塌，由知府宋鸣琦、乐山县知县龚传□主持重修。咸丰十年（1860），为解决嘉定主城墙多次被洪水冲塌的隐患，又增修了外城，沿岷江岸西转接内城北段，开城门17座。

1912年以后，因城市发展和改善交通，昔日嘉定古城墙被拆除数段。

20世纪80年代以后，乐山的嘉定城墙受到当地政府及文物部门的重视，并撰文给予总结，称乐山古城墙有四个特点：（1）以本地所产红砂石筑城墙（地质学家曾把这些红砂石所属命名为"嘉定城墙组"，以文物命名地质年代极为罕见）；（2）城堤合一，防洪防御皆备；（3）城平面为不规则楔形；（4）红砂石、青砖混砌筑。现存嘉定古城墙为两部分：内城残存约3500米；外城残存约300米；城门尚存11座。其中丽正门拱券高11米、宽8米、门高5米，为四出门洞，四门券交汇于穹心，建筑上称为"十字交叉拱门"（俗称"一脚踏四门"），是研究中国古城门的珍贵实物。古城之上，还有枕江楼、澄江楼、璧津楼、龙神祠等，已故著名专家罗哲文将其喻为"金线串银珠"；嘉州古城墙是乐山这座历史文化名城的骨架，在《乐山历史文化名城保护规划》文本中明确写道："嘉州古城墙是乐山历史文化名城保护的精粹。"近年来，在部分维修中，出于防洪需要使用了钢筋水泥地段，这并不被当地专家学者和一些市民的认同。

1986年，嘉州古城墙及会江门被列为市级文物保护单位。2002年，嘉州古城墙被列为省级文物保护单位。

杨国庆

嘉定州城池： 城西北倚山，东南临河。明知州段鉴、魏翰捍以石堤。正德中，胡准复掘地，深八尺砌石，厚如之。编柏为栅，以附石。东城高一丈四尺，南城高一丈六尺，周二千余丈。

——清《考工典》第二十二卷，引自《古今图书集成》

泸州 城

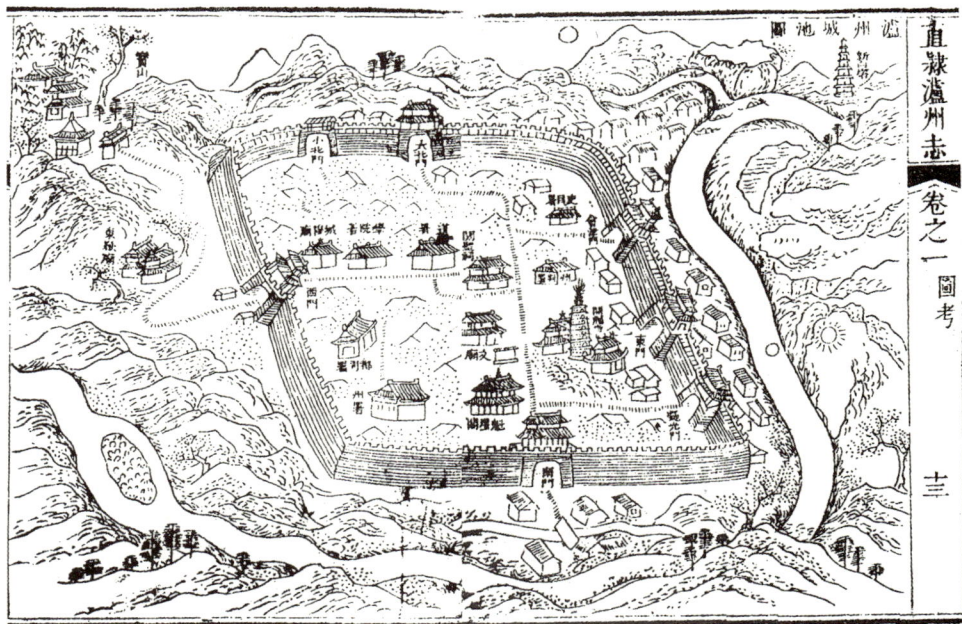

△ 泸州城池图　引自《直隶泸州志》清乾隆二十四年版

泸州，古称"江阳"，别称"江城"。位于四川省东南部长江和沱江两江交汇处，地处四川省、云南省、贵州省、重庆市的结合部。1994年，被列为国家历史文化名城。

在南北朝以前，其境或隶属其他郡、县。南朝梁武帝大同年间（535～546），始置泸州。此后，建置、隶属及治所多有变化。明清时，为直隶泸州。1913年，改为泸县。1950年，析泸县置县级泸州市。1983年，升泸州市为地级市。

泸州筑城虽早，但是由于历史上治所曾先后有八次迁徙（清道光版《直隶泸州志》卷三），最后的泸州城始筑于北宋政和年间（1111～1118）。该城为泸帅孙义叟主持营造，垒土夯实为城。南宋绍定年间（1228～1233），魏了翁（1178～1237）任泸州知州时，曾奏请朝廷修缮包括泸州城在内的各地城池。元末，泸州城毁于兵火。

明洪武（1368～1398）初，由都指挥马叶望奏请设一卫三所，得准后令指挥皇甫霖沿宋、元的土城旧址改建为石城，始为卫城（参考李东阳《修城碑记》）。成化三年（1467），有民反，朝廷平乱后，迁卫于渡船堡，而泸州城则专为州治所在地。弘治八年（1495），因泸州城"卑隘彫圮，不足以居"，意思是城池狭小且损毁严重，难以满足当时百姓安居条件。在兵备罗安、知州何纶、同知赵广实等官吏的支持或主持下，对泸州城进行了大规模的扩建工程，使城周达到1242丈、高1.5丈（如此规模，有的方志称始于洪武年间，近代甚至有称此规模始建于宋代，其根据似不足。因为在弘治八年时，城墙尚为"卑隘彫圮"，而当时所置为"卫"的建置，而卫城一般不可能如此规模。另据弘治年间的增扩筑城时间，先后长达三年，笔者倾向于认为如此规模当为弘治年间完成），并增建层楼。工程自当年二月开工，至弘治十年八月竣工，全城开设城门6座：曰"寅宾"、"旗远"（《考工典》称"镇远"）、"拱极"、"宝成"、"会津"、"凝光"。大学士李东阳撰有《修城碑记》。关于会津、凝光二门的始建年代，文献记载有三种不同说法：（1）明初《通志》称始建于隆庆年间（1567～1572），由兵备田应弼增筑。（2）万历（1573～1620）中，"增辟东南、西南二门：曰会津、凝光"（乾隆元年《四川通志》卷四）。（3）《考工典》则称：隆庆时，田应弼增筑时，城门为4座。而据道光版《直隶泸州志》等文献考证，上述三种说法皆误：正德、嘉靖年间（1506～1566），杨慎（号升庵，1488～1559）撰有《凝光门观江涨诗》《会津门观江涨诗》两首，表明这二门"开自明初"（道光版《直隶泸州志》卷三）。崇祯（1628～1644）末年，泸州城毁于农民义军张献忠引发的战

▽ 古老城墙开出的门洞 刘芬提供

209

火，且坍塌严重。

清康熙四十七年（1708），知州张士浩捐资主持修城，其中包括城楼、垛口、栅栏等城墙、城门的附属建筑。乾隆二十二年（1757），因泸州城东城段坍塌，又因城楼遭遇火灾，知州夏诏新向乡绅及百姓募捐主持修城，在城西北隅建小北门，修缮或更新了全城的垛口及栅栏。竣工后，夏诏新撰有《重修泸州城垣碑记》。光绪七年（1881），泸州城西北隅段城墙坍塌，分巡道延祐拨库银修缮。光绪十七年，知州李玉宣主持重建拱极、会津两座城门楼。

1917年，泸县城自大北门以西一段城墙坍塌，计数十丈。泸县"知事张景星赓即筹赀（资）修葺"（1938年《泸县志》卷一）。1919年，新建宝成城门楼。1922年，川军第九师师长杨森驻扎泸县时，拆除小较场段城墙一段。1924年，新建寅宾门城楼。次年，讨贼军第一路司令吕超属下师长杨春芳主持修复了曾被拆除的小较场段城墙，并在西南隅增建了小西门。1929年，因修筑市街马路，拆除了寅宾门。此后，泸州城墙因城市建设，或因年久失修逐渐损毁。部分沿江段城墙因防洪需要得以幸存。

20世纪80年代以后，据当地文物调查：泸州城墙仅存包括凝光门在内的东、北、西三段残垣，总计长度为1088.1米，主要为明代所建，以青砂条石垒砌为主。泸州城墙在地方政府及文物部门保护下，先后进行了修缮。但是，也存在个别破坏古城墙行为。如2009年夏，有人在城区孝顺路段的古城墙上打洞开门，将千年城墙内部变作私人地下室。事发后，即遭文物部门的制止并责成修复。

1993年（国家文物局登记名录中的日期，当地公布为1992年），明代泸州城垣被列为市级文物保护单位。2007年，泸州城垣又被列为省级文物保护单位。

杨国庆

泸州城池：宋政和中，孙义叟为帅始筑土城。明洪武初，都指挥马叶望奏开卫治，令指挥皇甫霖仍旧址筑石城，周一千二百四十二丈，高一丈五尺。弘治初，兵备罗安、知州何纶拓基增建层楼。隆庆中，兵备田应弼增筑，门四：寅宾、镇远、拱极、宝成。

——清《考工典》第二十二卷，引自《古今图书集成》

△ 眉州州城图　引自《眉山属志》清嘉庆十七年版

眉山，古称"眉州"，位于四川盆地成都平原西南部、岷江中游，是北宋著名文学家苏轼（号东坡居士）的故乡。

眉山建置始于南齐建武三年（496），初为齐通左郡。南梁普通（520~527）时，改称"齐通郡"，建齐通县，郡、县同城而治。西魏废帝二年（553），改"青州"名为"眉州"，辖齐通、青城二郡，州治齐通县城。此后，建置、隶属、名称及辖地多有变化。明、清两朝，或为眉州，或为眉县，或为州县并存。1913年，再度恢复眉山县。2000年，设立地级眉山市，原眉山县改为眉山市东坡区。

眉山筑城始于唐，据乾隆元年《四川通志》载：眉州城"本唐宋故址"。据嘉庆十七年《眉州属志》称：眉州"城，本唐时故址"。另据1923年《眉山县志》的考证：眉山最早筑城"相传后汉时筑"，名"裴城"。传说此城为裴氏一夜所筑，天亮时城成。但此城及后来所筑之城均毁，且不是同一座城墙（距县城东北三里）。直到五代十国（907～979）时，眉州太守山行章调集所辖五县的人力、物力，共同筑造眉州土城，周长八里余。北宋淳化年间（990～994），青神县民李顺造反，率众人围攻眉州城长达半年，久攻不下。当地人赞誉此城为"卧牛城"。后沿城栽种芙蓉，故又被称之"芙蓉城"。之后，因年久失修，逐渐倾塌毁圮。

　　明成化十七年（1481），知州许仁主持重建眉州城，墙体砌筑条石，城高2.1丈、周长10.3里（计1854丈，《考工典》记为：1865丈，较之旧城，该城已有拓展）。新建城门4座：东曰"临江"，南曰"雾雪"，西曰"跨醴"，北曰"登云"。同时，全面疏浚了护城河。正德年间（1506～1521），知州原道、张日善相继对州城进行了常规修补。崇祯十七年（1644），因战乱加之失修，城墙坍塌过半。

　　清康熙二十四年（1685），朝廷下令各地修缮城垣。当时，四川省刚安定，"物力艰难"，故仅略加修葺。近百年后，眉州城"周垣坍塌殆尽，唯城基略可辨识"（嘉庆十七年《眉州属志》卷二）。直到嘉庆元年（1796）九月，因有达州教民反扰四川东北境，各州县在地方官吏主持下纷纷戒严自保，眉州知州涂长发经多方筹集修城资金62000余两，在地方官吏、乡绅和军民的支持下，耗时两年（嘉庆三年三月）竣工。全城采用当地坚致红石为基，基宽2.2丈、顶宽1.2丈，墙身内部采用三合土夯筑。沿城东南旧址曾遭水患坍塌的地段，向内进行了改筑。城周9里多（计1740丈）、高1.7丈。重建四门及城楼，每座城门内外各留"火马道丈余"，各建营房，派兵驻守。竣工后，涂长发撰有《重修眉州城垣记》，详述其事。咸丰十年（1860），知州李德良主持修补全城毁坏的垛口，并疏浚护城河宽2丈余、深1.4丈；继任知州廖保和主

▽ 眉山古城墙　李继军2010年摄

持增筑炮台9座，西、北、南三门外瓮城（月城）3座，各长2.4丈。同治六年（1867），东门段城墙被大水冲塌20余丈，知州刘廷植甃石筑堤数十丈，"城基始固"。同治七年，知州宋恒山再次组织修城。光绪二十八年（1902），知州尹寿衡见眉州城墙一些地段的城石出现损坏，本打算大规模组织维修，并对城内外的官地进行丈量，计164.12亩，每年收取租钱83120文，用于修城固定经费。修城计划开始不久，他便退休。新上任的知州高增爵不仅遇到匪患，当时还遭遇饥荒，遂用以工代赈和募捐的方式修城。尚未完工，高增爵离任，最后在继任周凤藻的主持下，才勉强竣工。光绪三十年，知州张明毅上任，申请修城经费2000余两，进行了日常维修。宣统三年（1911），知州岑兆凤组织民众疏浚护城河。

1913年，眉山（即原眉州）城西南角坍塌10余丈。知事李芳申请修城经费200余两，进行了抢险维修。1917年，滇军围攻眉山县城时，西南城楼被大炮轰毁，城墙及平炮台等多处地段也损毁不一。战后，县知事王铭新集乡绅捐资1800余两银元，组织修城并修补全城的垛口，历时八个月竣工。1926年，因修筑成都至嘉定公路，拆除了眉山县的三座瓮城。1933年，在"二刘之战"（即刘湘和刘文辉）中，眉山县城墙遭毁坏。次年，县政府拨款修复。1937年后，为了防御侵华日军的空袭，便于疏散城内军民，遂将东、西两面城墙挖开缺口（东面缺口即今天的新东门，西面缺口抗战胜利后被填塞）。

1949年后，由于城市建设需要，大部分城墙石料拆作公共建筑使用。

20世纪80年代以后，昔日眉州城墙逐渐得到重视，据文物部门调查，仅东南一段186米尚存（位于眉山城区至环东路西面），墙体宽窄不一，最宽处约5米，最窄处约2米，最矮处仅有1米。2011年，地方政府编制完成了《清眉州城墙保护及环境整治设计方案》，针对眉山城墙局部缺失、城墙整体情况较差、风化严重、缺失夯土、结构失稳的情况，预算总投资为2108万元，对现有残缺的清眉州城墙进行维修，还将恢复写有"眉州"二字的城门楼、跑马道等附属建筑（《斑驳老城墙何时旧貌换新颜？》，载《眉山日报》2011年9月13日）。2013年8月，四川省人民政府原则上同意该方案，并强调要加强对眉州城墙历史文化街区（3.69公顷）等三处区块的保护。

1983年，昔日眉州古城墙及寨子城遗址一处，被列为市级文物保护单位。

杨国庆

眉州城池：石城，周围一千八百六十五丈。山阴章摄守眉州所筑，周八里有奇。明成化中，知州许仁砌垣、疏濠，并新四门。

——清《考工典》第二十二卷，引自《古今图书集成》

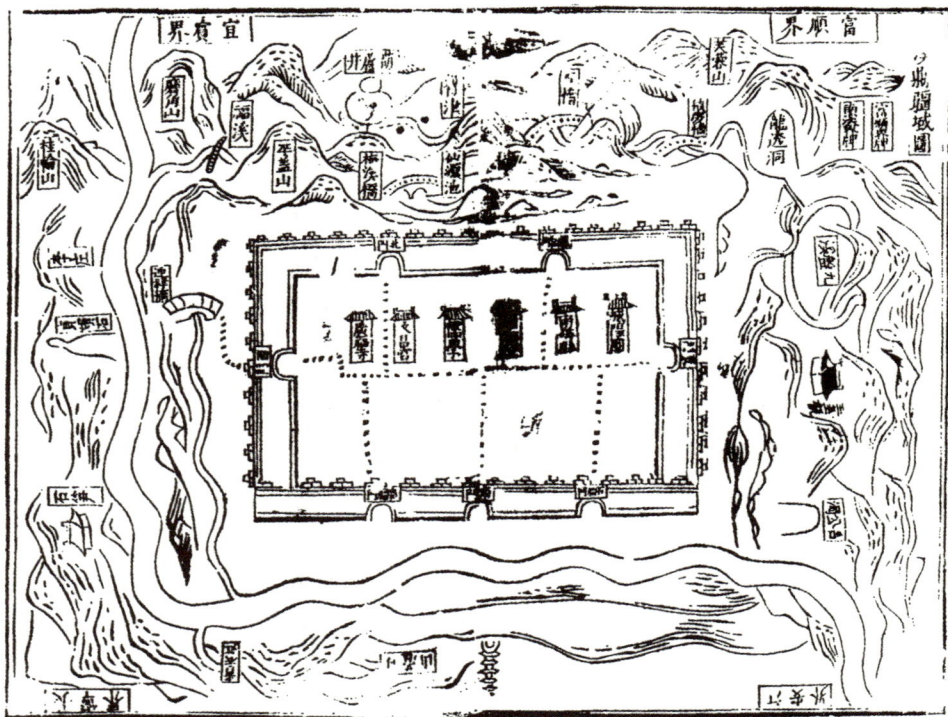

△ 南溪县城图　引自《叙州府志》清康熙二十五年版

南溪，位于四川省南部长江之畔，处于宜宾、泸州、自贡三市"品"字形区域中心地带。

南溪，自古是中国少数民族僰人的聚集地，后成犍为郡僰道县。汉时，属南广地。南朝梁武帝（502～549年在位）时，始设南广县。隋仁寿元年（601），因避太子杨广讳，改南广县为南溪县，其名延续至今。其建置、隶属和治所多有变化。县治初在今宜宾市翠屏区李庄镇北岸（涪溪口至桂轮场），宋乾德（963～968）中，迁治仙源坝奋戎城（今南溪镇）。明清时，属叙州府。2011年，撤县设立宜宾市南溪区。

南溪筑城，始于唐乾符二年（875），初为土城（即奋戎城）。另据《大清一统志》等诸多方志记载："明天顺中，创筑。"其实有误。南溪土城"前滨大江，后绕小溪，旧系土城"（光绪二十一年《叙州府志》卷八）。但是，这座土城的规模、长度、高度等详情不明。北宋太平兴国九年（984），南溪江水暴涨，官署、民舍大多被大水冲毁，土城墙也遭损坏。

明天顺年间（1457～1464），由知县邓寿椿、路义（乾隆元年《四川通志》卷四未载"路义"，其他文献均载"路义"。《考工典》记为"路义檽"）相继主持南溪县土城的改建工程，采用条石砌筑墙体。石城周长5里（计900丈）、高1.2丈，开城门7座。城的东、西、北三面护城河深1丈、宽2丈。正德年间（1506～1521），在地方官吏主持下，曾对城墙和城门进行过局部的修缮。至明末，关于南溪城池的损毁及修缮，文献记载并不详实。

清顺治三年（1646），南溪城墙遭遇战火，受损较为严重。乾隆元年（1736），知县李闻权捐廉银主持修缮南溪城，规模不大，属于日常维修。乾隆十二年，知县高有怀也捐廉银，修缮南溪城。乾隆二十八年冬，知县崔光仪捐银314两，教谕何毓聪、训导蔡守德、把总罗仰审、典吏孙勋共捐银12两，乡绅、商人和百姓共捐银4799两。修城全部得捐银5125两。此次修城的捐银除知县外，其他官吏捐银数之少，实属少见。修城的工程具体事宜，由绅士刘文远等10人分段负责。于次年秋竣工，修缮后的城墙周长6.1里有余（计1108丈）、城高1.2丈、马墙高3尺、垛口高2.5尺、通高1.75丈。设城门9座：正东曰"望瀛"（俗称"东门"），东南曰"萃金"（俗称"石洞门"），东北曰"皇都"，正南曰"文明"（俗称"大南门"），西南曰"广福"、"锦江"，正西曰"服远"（俗称"西门"），正北曰"迎恩"（俗称"北门"），西北曰"凤翔"，城门上均建有城楼。全城设垛口1689座。并对原先护城河进行了

▽ 南溪南门文明门　宜宾市博物院供图

疏浚。竣工后，得到朝廷的赐额，"以示奖励"（嘉庆十八年《南溪县志》卷二），唐德一撰有《重修城垣门楼碑记》，不仅详述其事，对崔光仪也推崇有加。嘉庆十一年（1806），知县邵兆禄主持修城，并对文明门进行重修，邵兆禄亲书门额嵌于城门拱券上。道光二十六年（1846），知县彭旭初主持修城，将城墙加高2尺，增筑炮台16座。咸丰十年（1860），知县唐炯依照乾隆二十九年修城的经验，带头捐银400两，并号召全县官民捐资重修城池，由绅士包融芳等19人分段负责具体修城工程事宜。全城周长1339.92丈，全部加高城墙3尺，实为1.7丈。城顶马道全部加三层条石，顶宽三四尺不等。设垛口1730座。在西、北二城门处，增筑大炮台5座、小炮台16座。城楼及城门的木构建筑全部重建，还对原护城河进行全面疏浚。此次修城共耗银8956.46两。同治四年（1865），知县雷尔卿在对城墙日常维修时，于凤翔门增筑外瓮城（月城），"高与城齐，石脚二尺宽，广五尺。上筑土墙，周围开凿枪眼，外宽内窄"（同治十三年《南溪县志》卷二）。为加强城北的防御能力，又在城东北、西北二城角添建空心炮台各1座，计用石料900余丈，"工坚料实"，"高与城埒（liè，即矮墙），围八丈，楼二层，可容百人"（据雷尔卿《炮台、月城记》，另据县志载"铺木板，上盖瓦房，上、中、下共三层"）。

1912年后，南溪城墙逐渐损毁，甚至大部分被拆除。由于南溪临近长江，出于防洪需要，沿江部分城墙及文明门、广福门、望瀛门城门得以留存。

20世纪80年代以后，据当地文物部门调查，昔日南溪县城，现存除文明门等三门外，还有残存城墙长1482米、高约6米、平均厚7.5米。而文明门及古城墙，因城门外有62级石质台阶与码头相连，气度非凡，有人称之"万里长江第一门"。此后，有《自古英雄出少年》等10余部古装电影都在南溪文明门取景拍摄。而南溪古城风貌恢复工程在当地政府及相关部门推进下有所推进，在现存的南溪城墙及城门基础上，拟复建部分城楼及城墙段。

1985年（在国家文物局的登录中为"1992年8月"），南溪古城墙和文明门等三座古城楼，被列入县级文物保护单位。2007年，与南溪临江古城楼城墙一并被列为省级文物保护单位。

杨国庆

南溪县城池：明天顺中创，知县邓寿椿、路义櫴相继重修。周五里，城门七。

——清《考工典》第二十二卷，引自《古今图书集成》

青溪 **城**

青溪（镇），旧称"青川"，位于四川省青川县西部边缘川甘两省界山摩天岭南麓山脚下，地处青竹江上游，二省（四川、甘肃）三市县（广元、绵阳、甘肃文县）交界处，是秦陇入蜀的阴平古道重要节点，素有"千年古道名镇，川北世外天堂"之称。

据《华阳国志》载：蜀汉建兴七年（229），析阴平道刚氏道辖地，新置广武县于青溪，委派诸葛亮之参军廖化督其地而屯田戍守。此后，建置、隶属及辖地变化很大，其境先后有广武县、平武县、青川守御千户所、青川县之设。历史上的青溪镇，曾是郡、州、县的治地。1951年，青川县政府迁驻乔庄镇。1985年，青溪镇随青川县划归地级广元市迄今。

青溪最早筑城，"虽有两千余年的建置史，但苦于无县志遗存"（引自《青川县建置沿革志·概述》，下限为1985年），是全国并不多见的有史无志之县，早期筑城详情并不清楚，大多凭借推测。现依据青溪所处的地理位置——古阴平道上重要关隘的特点，而受到历代王朝与地方势力的高度重视，甚至成为历代兵家必争之地。因此，历代修建城池，派兵设防，当属必然。有明确记载的青溪城墙始于明初。

明洪武四年（1371），青川千户守御所朱铭主持营建所城，改土城为砖城，周2里，设城门4座：曰"长春"、"通泉"、"永安"、"大雄"。万历二十四年（1596），知府沈锐行文要求镇抚赵斌主持修缮。此后至明末，毁损及修缮均不详。

清顺治十年（1653），怀远昭义将军特授龙安营参将白丹衷拓建城池，先后历时三年竣工。城周长900丈，城形如靴，故俗称"靴城"。外墙全部采用糯米灰浆镶砌石条、大砖；墙体内芯采用土石夯筑，城高2.1丈、基宽1.4丈。设城门4座，均建有城楼，东、西、北三门均建有半圆形外瓮城，门上建小楼。主城门与瓮城门均不在一条轴线，而且东、西城门倾斜15度开合，这种制式可能与防洪有一定的关系。城墙外的护城河深1丈，在城门附近设有吊桥。后改建为形式不一的固定桥，如迄今保存完好的阴平桥（即"风雨廊

△ 四川省青川县青溪古镇　陈维福摄

桥"）。此后，虽时有损毁，在青川历任地方官吏主持下，也曾多次进行过修缮。

1912年以后，由于历史的沧桑变化，青溪城的性质（即所城、县城）也历经沉浮，尤其随着火兵器的发展，昔日青川城墙逐渐毁圮。

20世纪80年代以后，青溪镇的青川古城墙逐渐受到重视，据当地文物部门调查，青川古城墙仍保留了城墙旧址和部分墙体。2008年5月12日，在"汶川大地震"中，青溪镇古城也遭遇重创，部分墙体垮塌。2009年，随着《青溪片区（2009～2020）经济与社会发展规划》的通过，地方政府启动了青溪古城恢复重建工程，总投资达1.6亿元（《两条古道上两个古城的"蝶变"》，载《四川日报》2011年5月6日）。现存的城墙及城门（如东城门）随后得以保护、修缮和部分复建。

2002年，青溪古城墙被列为县级文物保护单位。

杨国庆

青川所城池：明洪武四年，千户朱铭建。周二里，门四：长春、通泉、永安、大雄。

——清《考工典》第二十二卷，引自《古今图书集成》

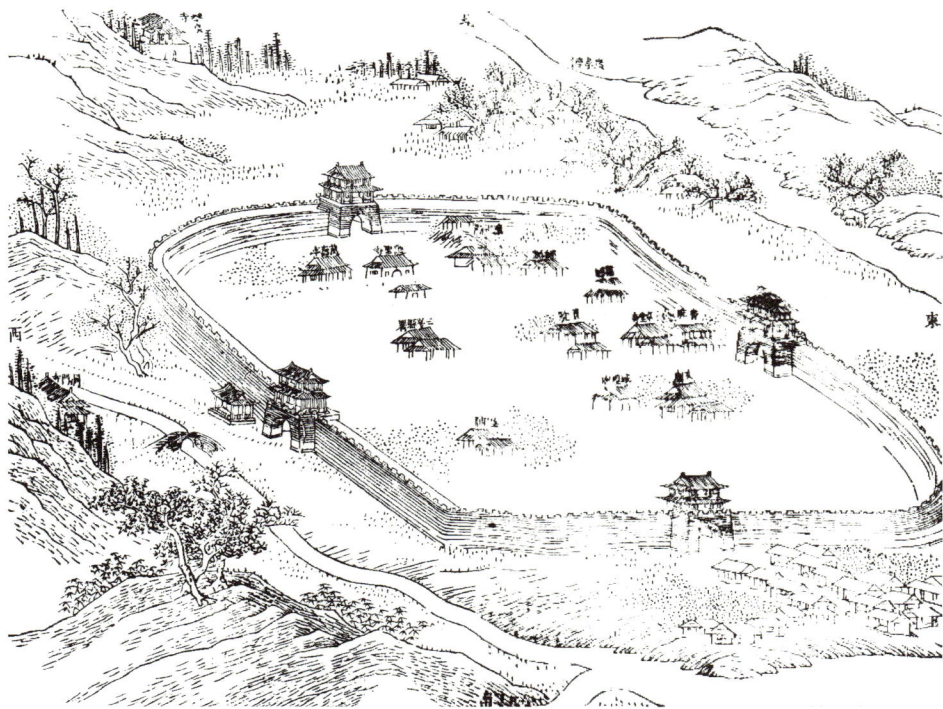

△ 潼川府城图　据《潼川府志》清乾隆五十年版，张君重绘

三台，旧称"潼川"，位于四川盆地东北部、绵阳市东南部，自古有"川北重镇、剑南名都"之称。

西汉高祖六年（前201），其境设广汉郡郪县。后析广汉郡置设梓潼郡。南朝萧梁（502～557）时，置昌（另有一说为"涪"）城县（后并入郪县）。隋、唐时，为梓州。唐代曾与成都齐名，为蜀地第二大城市。宋、元至明初，隶属潼川府，并为府治所在。明洪武九年（1376），降府为州，撤县入潼川州直辖。清雍正十二年（1734），升潼川州为潼川府，并始置三台县，因县西有三台山而得名。其县建置延续至今，现隶属绵阳市。

三台最早筑城，各种文献记载多有差异。据清代学者考证，汉时，因设梓潼郡而筑城（乾隆五十年《潼川府志》卷二）。据《元和志》称：南朝宋元嘉（424～453）时，已筑城（光绪二十三年《潼川府志》卷三）。而据1931

年《三台县志》则称：汉时所筑之城，"在今县南百里"。直到南北朝刘宋（420~479）时，"置北伍城县，为新城郡治，始建城于此。齐梁沿袭之。西魏末年更名昌城县，为新州郡治。隋又废。郪县故治而以昌城县为郪县治。历唐及明，城垣屡有变更"，意思是有多次局部的增改或重筑。唐至德年间（756~758），节度使冯宿主持疏浚护城河，并筑东面的护城堤（此后，又有多次修堤）。南宋淳熙（1174~1189）中，因江水暴涨，"城垣、窝铺冲塌十之三四"（乾隆五十年《潼川府志》卷二）。灾后，知州许奕主持大规模重修，再修护城堤。不久，城墙又出现损毁和坍塌。嘉定十二年（1219），在李垕（hòu）等地方官吏主持下修筑新城，采用砂卵石黏土夯筑。竣工后，魏了翁撰有《潼川府新城铭并序》。此后历代城墙的毁圮及修缮并不详实。

明天顺、成化年间（1457~1487），知州谭道生、蒋容相继修筑，城高1.6丈，护城河宽4丈。不久，护城河淤塞，知州钱轮主持疏浚，并于城东筑堤30余丈，以预防洪水。嘉靖八年（1529）十二月，知州赵德宏出于对城池重要价值的认识，"遂计丈数，议远近推新"，实行分段负责并主持大规模重修城墙。此次修城，外侧采用砂岩条石砌筑，城周9.3里、高1.8丈，"厚称之"（民国年间据明代抄本《潼川志·建置志》），设城门4座：东曰"东流"，南曰"南薰"，西曰"通蜀"，北曰"川北"。疏浚护城河后，又沿河岸栽种柳树万株。次年竣工后，赵德宏撰有《修城碑记》，并立于城西牛头山段城墙上。乡人王完也撰有《潼川州修城记》，详述其事。

清雍正十二年（1734），潼川州升为府，并设三台县后，地方官吏对其日益破损的城墙仅为"随时黏补"（嘉庆二十年《三台县志》卷二）。乾隆三十一年（1766），因得到库银35500余两，在地方官徐世楹及朱琦等主持下，"相山伐石"，自乾隆三十二年十二月初二日开工，直至乾隆三十五年七月十四日竣工。城周1328丈多、高1.4丈、厚6尺。四门墩台高1.7丈，台上建城

◁ 修缮后的三台古城墙
苏琴提供

楼。其他附属建筑还有炮台9座、垛口2053座，改建城门4座并改城门名：东曰"凤山"，南曰"印台"，西曰"龙顶"，北曰"涪江"。护城河宽4丈，引西溪九曲水入护城河，又在城东旧堤砌以大石，称之"万年堤"。改建后的西门"逼近牛头山，而旧西门废"。竣工后，徐世楹及朱琦离任，未及作文。乾隆五十年九月，三台知县郑璇撰文并书《重修三台县城垣碑记》，后刻碑以示后人。嘉庆十二年（1807），由于护城河年久淤塞，护堤渐被百姓侵占，知县沈昭兴亲自查勘后，主持疏浚并在"与民地毗连者，立石为界"（嘉庆二十年《三台县志》卷二）。嘉庆、道光时（1796~1850），当地民众多次呼吁恢复西门旧址城门，均未得到允许。直到咸丰元年（1851），潼川知府杨玉堂顺从民意，重建旧西门，次年竣工，取名"来仪门"。咸丰十年，知县刘瑞琳因有民乱之虑，封塞来仪门。光绪十年（1884），潼川知府熊绍璜再度顺从民意，重开来仪门（俗称"新西门"，实为旧西门），城楼上有章宏保撰写的《修城记》。

1912年后，三台城墙逐渐损毁，墙体风化、膨胀，部分出现缝隙，导致雨水浸灌、植物的生长。20世纪80年代，又因城建需要，拆除了潼川古城墙的西门至北门段，以及新旧西门和北门，仅存约1500米的城墙，以及东门和南门。

20世纪90年代初开始，潼川古城墙逐渐受到重视。1992年，文物部门对古城墙进行了局部修缮。1993年，三台古城墙及东南城门被公布为县级文物保护单位。1996年，被公布为省级文物保护单位。2007年，潼川古城墙的保护引起全国政协委员舒乙的关注，他在全国政协十届五次会议上提交4461号提案，认为潼川古城墙不仅年代久远，而且质量高，应加大保护力度。当年，三台地方政府将古城墙保护纳入城市总体规划。2008年"5·12"特大地震中，潼川古城墙遭受严重损坏，部分墙体基础沉降、裂缝，特别是南门谯楼的主体梁架明显倾斜。震后不久，潼川古城墙及东南门被列入三台县文化遗产（文物）灾后重建项目。

2013年，潼川古城墙被列为全国重点文物保护单位。

杨国庆

潼川州城池：石城，周九里有奇，状若蛇盘，与西川龟城对峙。明天顺、成化间，知州谭道生、蒋容相继修筑，高一丈六尺，池阔四丈，引西溪水注之。又于城东筑堤三十余丈，以御水患。嘉靖中，知州赵德宏砌以石。门四：东流、通蜀、南薰、川北。

——清《考工典》第二十二卷，引自《古今图书集成》

△ 松潘卫城图　据《松潘纪略》清同治十二年版，张君重绘

　　松潘，古称"松州"，位于四川省阿坝藏族羌族自治州东北部，历史上是边陲重镇，是川西北地区的门户之一，有"川西门户"、"高原古城"之称。

　　松潘其境，自古是内地与西羌吐蕃茶马互市的集散地。汉唐以来，此处均设关尉，屯有重兵。唐武德元年（618），置松州。此后，建置及隶属多有变化。明洪武十二年（1379），初置松州、潘州二卫，不久合并为松潘卫，"松潘"一名自此始。清雍正九年（1731）裁卫，改置松潘厅。乾隆二十五年（1760）升松潘直隶厅（直隶四川省）。1913年，改为松潘县，现隶属四川省阿坝州。

　　松潘最早筑城不详，有称唐宋时，曾筑有"柔远土城"，后圮。明洪武十二年（1379），平羌将军丁玉平叛、进驻松州后，经朝廷允准始设松州卫。丁玉又派遣宁州卫指挥高显前往松州，负责卫城的营造。高显于崇山下筑造土城，"西缘山麓，东临江岸；江水北来，傍东门穿入，迤西出城，折而南流"（1924年《松潘县志》卷一）。洪武十七年，在指挥徐凯主持下，对松州土城进行大规模改建（参考同治十二年《松潘纪略》"城垣记"），在土城外甃以砖、石，遂使城高2.6丈。城砖在当地烧制（迄今在松潘"窑沟"、"窑坝"等地，仍有部分残留的昔日古窑遗迹），该砖一般长50厘米、宽25厘米、厚12.5厘米。正统年间（1436～1449），因有番民变，"据崇山俯瞰城中，势如建瓴，矢石纷下，居民苦之"。御史冠琛时任松潘兵备，遂组织军民大规模扩建城池，将西面的城墙延伸到崇山的西岷之顶，全城周9.7里（计1746丈）、高3.5丈，设城门5座：东曰"觐阳"，南曰"延熏"，西曰"威远"，西南山麓之间曰"小西门"，北曰"镇羌"。城外的护城河深1.9丈、宽3丈。嘉靖五年（1526），松潘总兵何卿又于城南外增建外城，城周424.7丈、高1.8丈。外城设城门2座：西曰"临江"，南曰"安阜"。当时，松潘各城门均为拱券砌筑，有的城门基座大石上还镌刻了各种纹饰，如城门内壁两侧墙基有自城内向外奔驰的骏马浮雕图，数量28～30匹，自起步到止步的系列动作形象逼真。在临江门旁的石壁上还刻有崇祯十六年（1643）有关减免苛赋的布告。

入清以后，很长时间有关松潘城墙的"修补年月，官卿姓名，均无稽考"（1924年《松潘县志》"知事张典按"）。咸丰十一年（1861），由于税赋沉重，引发了当地民众造反。义军先后攻下九关六堡，并占领松潘城长达两年之久。清军多次围剿，然而义军凭借城池击溃清军数次围攻。同治六年（1867），清军收复松潘城后，由松潘厅邓友仁组织军民进行较大规模的修城。光绪八年（1882），松潘东南隅城墙坍塌，由总兵夏毓秀、同知蔡懋康等

▷ 松潘古城 本文照片除署名外，均由徐振欧摄

223

◁ 松潘古城

◁ 松潘古城城门雕刻
　构件（局部）

松潘古城登城步道

▷ 修缮后的松潘
古城门及墙体

△ 松潘古城门砖石构造的拱券

官吏经多方集资，主持修复。光绪二十八年，城的东北隅也出现坍塌，经同知陈周礼积极筹资后，加以修葺。至清末，松潘城除上述规制、设施外，在西岷顶、塔子山、老营山三处还建有炮台"环以石墙"；在城门处还建有外瓮城，借以加强和完善松潘的城防。

1912年以后，松潘城逐渐毁圮，城楼也坍塌，甚至有的地段被人为拆除。

20世纪80年代后，在当地政府及文物部门的关心和保护下，位于松潘县政府所在地进安镇的松潘城墙、城门及城楼得以修复。松潘古城分内城、外城（南面）两重，内城平面跨崇山，依山顺势略呈三角形，东部崇山之下河谷部分为长方形；南面的外城毗邻内城南面的河谷下坝，有城门与内城相通，平面为长方形。据文物部门调查，松潘城墙采用本地烧制的青砖砌成墙身，内填土石（其中外城城墙长1.37公里，用条石砌成墙身，内填土石）而成，高12.5

米、厚12余米。据传，当年以糯米、石灰、桐油熬制的灰浆作为黏合材料，因此墙体坚固。

2001年，松潘古城墙被列为全国重点文物保护单位。

附：

自古以来，松潘都是兵家必争的边陲重镇。明、清两朝，在其境内筑有规模不等、建材不一、等级不同的城垣多座。如：小河城垣（又称"小河营"）、平番城垣（又称"平番营"）、叠溪城垣（又称"叠溪营"）、漳腊城垣（又称"漳腊营"）、南坪城垣（又称"南坪营"）、会龙关城、龙康（有的称"隆康"）关城，以及鸢坝土寨、四道城土寨等。其中，小河古城墙（2002）、靖夷堡（2004），先后被列为省级文物保护单位。

杨国庆

松潘卫城池：石城，洪武十七年筑。周一千三百六十八丈六尺，濠深一丈九尺，阔三尺。门五：东、西、南、北、小西。

——清《考工典》第二十二卷，引自《古今图书集成》

▽ 松潘古城门全景　陈维福摄

△ 定远县城图　据《定远县志》清道光二十二年版，张君重绘

　　武胜，旧称"定远"，位于四川省东部嘉陵江中游，广安市西南部，四川、重庆两省市结合部，自古有"陇秦雨水汇嘉陵，千里江流绕古城"之誉。

　　商至南朝宋（约前16世纪～479），其境相继为巴国、巴郡和巴西郡垫江县（今合川地）属地。南朝齐（479～502），从垫江县以北分出，始置汉初县（今武胜县烈面镇汉初村）。元至元四年（1267），设武胜军（与县同级），"武胜"一名自此而来。后升改为定远州。至元二十四年，复降为定远县。此后，建置及隶属稍有变化，至1914年更名武胜县。1993年后，其县归属广安（先为地区，后为地级市）辖。

　　武胜筑城较早，但城址有迁移或毁圮。南朝齐（479～502）时，因设汉初县而筑城。迄今汉初县故城遗址尚存，并于2002年被列为县级文物保护单

位。元至元二十四年（1287），降为定远县时，城址在武胜山下嘉陵江岸。该城虽地势险峻，临近江水。但是，此后在夏秋雨季时，暴雨中常将城墙冲毁，城内漫水而不宜居。因此，"议迁者屡矣"（参见四川按察司孟养惟所撰修城碑记，载1931年《武胜县新志》卷三），终未迁城。

明嘉靖二十九年（1550），巡按邹御史"毅然定其议，卜迁于庙坝"。后又会同巡抚李中丞、戴中丞等再奏朝廷批准后，将其城址移治于庙坝（又称"庙儿坝"）。嘉靖三十年（1551）八月，知县胡濂"相地沿冈为石城"（道光二十二年据嘉庆二十年刻本《定远县志》卷九），在以他为首的地方官吏组织下，筑城工程于次年竣工。该城"襟山带河"，城周500余丈，设大城门4座：东曰"宾旸"，南曰"来薰"，西曰"庆成"，北曰"拱拯"。在4座大城门旁，又各开有小城门。竣工后，四川按察司孟养惟撰有《修城碑记》，详述其事。万历年间（1573~1620），田统聚众攻打县城时，知县陈善"请崇其垣"，由合州判官田天性、训导刘日卿等官吏负责修城，工程包括封闭4座小城门，将城增高至1.5丈，全城周长4.2里，计666丈。更城门名为"文明"、"武胜"、"朝阳"、"延景"。明崇祯年间（1628~1644），城墙毁于农民义军张献忠所部的战火。

清康熙八年至雍正六年（1669~1728），定远并入合州，城墙多有坍塌或损毁，但未修。雍正六年，由于当地人口日益增加，复设定远县治。乾隆二年（1737）七月，高宗帝下诏，令全国各地调查城墙损毁情况，认为"一省之中，工程之大者，莫如城郭"（《宫中档案·硃批奏折》，中国第一历史档案馆藏）。在这样的背景下，知县邱仰文组织民众对破损的定远县城进行了局

▷ 定远古城墙残段
　苏琴提供

部修缮。乾隆十一年，新上任一年的知县胡观海有志修城，经初步估算"石工需银四千余"。为节省费用，他还派人收集散落各处的旧石料，再经估算资金仍缺银600余两。胡观海自捐银200两，乡绅捐银300余两，县民王文魁等民众捐银计百两。工程于同年六月竣工，计修城300余丈、垛口46处（计280丈）、城门4座及城楼、栏楯（即栏杆）、门扇。新增炮台4座、水城门3座（即田家堰、杨家堰、城隍庙沟3处），对全城的护城河也进行了疏浚。竣工后，四川布政使李如兰撰文为记。乾隆四十四年（1779），知县袁文涣修补4座城楼，改城门名为：东曰"东升"，南曰"南薰"，西曰"西成"，北曰"北辰"。道光十五年（1835），对城墙进行过局部修补。咸丰十一年（1861），因有民军扰境，知县李承保增修空心炮台2处、大炮台5处（此据光绪元年《定远县志》卷一，另据1931年《武胜县新志》卷三载：空心炮台5处，大炮台2处），还对城墙缺损处进行修补。宣统三年（1911），合州杨思炯率同志军百余人攻打县城，知县黄大倬遣城中绅士冯銮、李厚俺等人集乡勇众人，凭借城墙殊死抵抗，城终未破。

1912年以后，昔日定远古城墙逐渐损毁。1958年后，随着城市发展，定远城墙甚至大部分被拆毁，其中东段和南段二面城墙及城门几乎完全被拆毁。

20世纪80年代后，据当地文物部门调查发现，定远古城墙尚存北门、西门两残段：北门段长97米、厚2.6米、高3.8～4.9米，东西走向。西门段长110米、厚2.6米、残高1.5～4米，呈南北走向。墙体由内外二层条石叠砌而成，中间夹夯土。1985年，原武胜县丝绸厂因建水池，将北门段部分毁损，引起当地文化部门的重视，责令维修还原。1986年，县财政、丝绸厂共同出资维修还原。

1983年（据国家文物局统计表，登录时间为1986年），定远县古城墙被列为县级文物保护单位。

杨国庆

定远县城池：石城，旧制崩于江。明嘉靖三十年，知县胡濂迁今治城。门四，文明、武胜、朝阳、延景。

——清《考工典》第二十二卷，引自《古今图书集成》

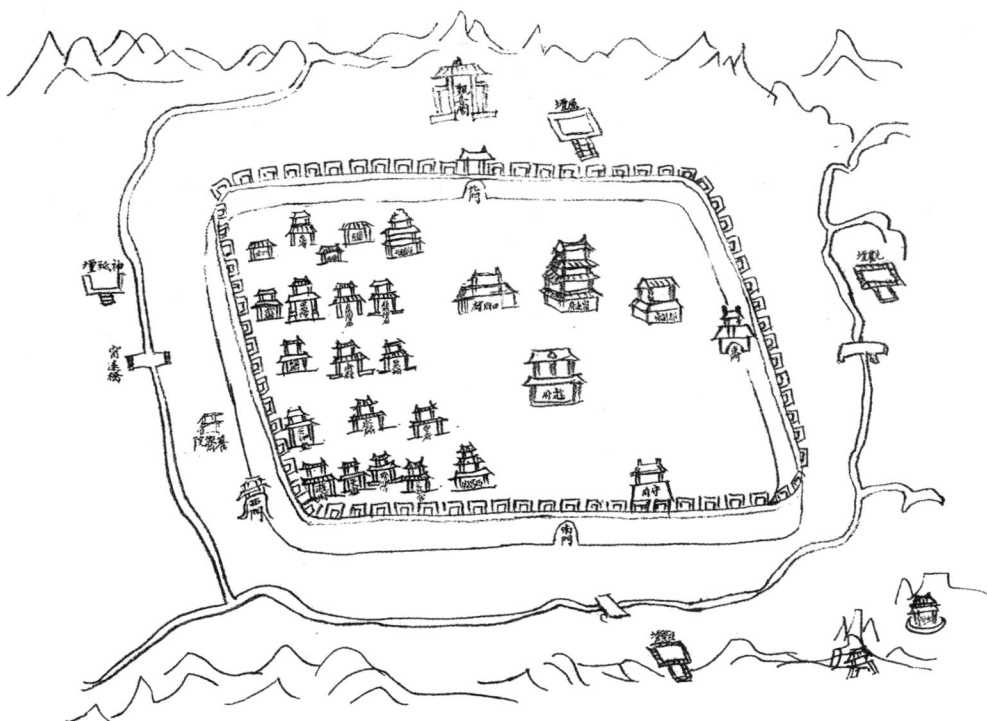

△ 西昌县城图　据《西昌县志》清抄本，张君重绘

西昌，位于四川省西南部、川西高原的安宁河平原腹地，是川滇结合处的重要城市，自古是中国西南边陲的一个重镇。

汉初，其境隶属邛都国。汉元鼎六年（前111），始设越嶲郡，属益州。此后，建置、隶属及治所多有变化。南诏于9世纪后期置建昌府。元至元十二年（1275），置建昌路。明洪武十五年（1382），复置建昌府后，又废府设卫。清雍正六年（1728），裁卫改宁远府，并置西昌县。1978年，设立新的凉山彝族自治州，州府迁驻原西昌县。1979年，析西昌县置西昌市（县级）。1986年，西昌县并入西昌市。

西昌筑城始于明洪武二十年（1387），因设卫而筑土城。另据张正宁在《西昌明清古城墙》（载《四川文物》1992年第4期）一文中称：西昌"古城北墙和西墙完全叠压在唐宋土城上，基本保持原貌"。又称"唐宋时期的景净

△ 重建的大通门城楼 苏琴提供

寺遗址出现在该城的西北角，这表明该城是建在唐越嶲州城的基础上，进而深化了该城西墙和北墙叠压在唐越嶲州土城西、北墙上的可信程度"。而经查阅西昌多种方志，均称"明洪武中建土城"（道光五年《西昌县志略·城垣》），并被后志所沿用。土城设城门4座：东曰"安定"，南曰"大通"，西曰"宁远"，北曰"建平"（据当地文物部门实地勘察，城门额镌有款识"洪武贰拾年四月吉旦立"字样）。宣德二年（1427），在地方官吏主持下，对西昌城始甃砖石，周长1444.8丈，其平面略呈方形。城高2.3丈、基宽3.6丈、顶宽2丈。全城地形为西北高、东南低，"后据北山，前临邛海，左带怀远河，右潆宁远河"，设水关2座（位于"北门之西"和"南门之东"，后又增加入城水道），"引泉入城，居民共取汲焉"（1960年《宁远府志》卷十）。

清乾隆四年（1739），西昌县地方官吏"奉文修补（城墙）"，疏浚护城河，次年竣工。乾隆三十一年，重修城池。嘉庆十六年（1811），因年久失修，南门城楼及西门拱券（早年闭废）等处出现损毁。知县杨经纬主持对城墙损毁处进行了修缮，并在西南隅开新西门。道光年间（1821～1850），对城墙进行过修补。道光三十年，西昌遭遇强烈地震，导致北城墙等段多处坍塌（清代学者薛福成在《庸盦笔记》中，对此次西昌地震损毁情况有述）。咸丰元年

（1851），地方官吏主持包括西昌城墙在内的城市恢复工程，北城墙地段大量使用了当时烧制的"咸丰元年"纪年砖。光绪十四年（1888）六月，怀远河洪水暴发，大水冲毁城墙数段。知县许振祥请款修复如旧。宣统二年（1910）六月，"大水毁城堤"；七月，洪水再次暴发，"毁城数十丈"。宁远府知府陈廷绪"筹款复旧"。

1926年7月，洪水冲毁东面城墙外侧砖石墙及垛口，达20余丈。当时，虽曾有过建议修城，但因战乱及资金等问题而未修。1937年后，在南墙西段增开小南门。此后，西昌城墙逐渐任其损毁，许多杂树开始在城墙上生长（如大通门段城墙上的黄葛树等）。

20世纪80年代，据当地文物部门调查，西昌城墙尚存建平（北）门、安定（东）门、大通（南）门，以及部分北城墙和西城墙残垣外，其余皆已毁圮。但在历年文物普查中，先后发现了城门的门额，以及带有大顺、乾隆、嘉庆、道光、咸丰、同治、光绪、宣统等纪年砖文的城砖。这对研究西昌城的水患、地震、城墙损毁及修缮的历史具有重要的价值。1998年，地方政府重建了高23米的大通门城楼，修复了明代砖石城墙。同时，搬迁非法占用城墙城楼的单位和居民，复原大通门的外瓮城。

1987年，西昌古城北门被列为市级文物保护单位。1991年，西昌古城大通门、安定门被列为省级文物保护单位。

杨国庆

建昌卫城池：石城。明洪武中建，周围六百四十丈，高三丈。门四：安定、建平、大通、宁远。

——清《考工典》第二十二卷，引自《古今图书集成》

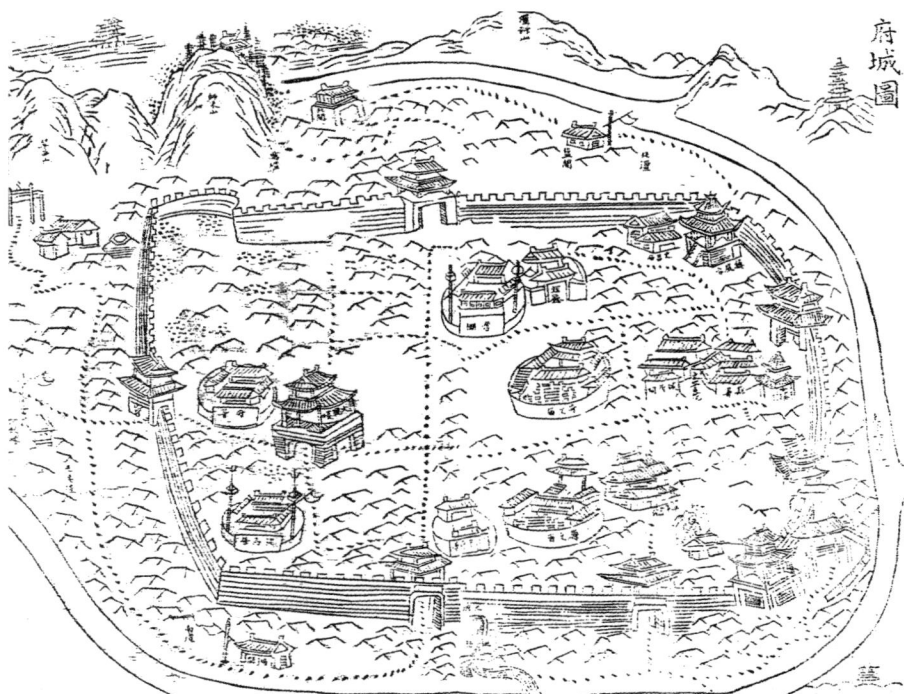

△ 叙州府城图 引自《宜宾县志》清嘉庆十七年刻本，民国二十一年重印本，载《中国方志丛书·华中地方·四川省（392）·宜宾县志》

宜宾，旧称"叙州"，位于四川省中南部，因金沙江、岷江在此汇合向东始称"长江"，故宜宾被称为"万里长江第一城"，自古有"西南半壁古戎州"之誉。1986年，宜宾被列为国家历史文化名城。

秦时，置僰道，属蜀郡。西汉时，置僰道县，属犍为郡。南朝梁，置戎州。宋政和四年（1114），戎州改称"叙州"，僰道县改称宜宾县。元至元十八年（1281），设叙州路。明洪武六年（1373），改置叙州府。此后，建置及隶属也有变化。1997年，正式成立地级宜宾市。

宜宾，据文献记载筑城于唐德宗（779～805年在位）时，由韦皋（746～805）入蜀开都督府后，在三江口创筑土城。会昌三年（843），因马湖江水泛滥，土城大部分被冲毁，故迁城址于江北，再筑土城（今俗称"旧州坝"，现尚存两段城墙，夯土城基可见）。南宋咸淳三年（1267），因蒙古军入蜀，安抚使

234

郭汉杰遂移治三江口北岸登高山，筑山城（今尚存城门、城墙基脚遗址），欲抗蒙古军。元至元十三年（1276），废山城，复城于三江口（即明清时之治所）。至正年间（1341～1368）战乱时，因叙州"城皆崩塌"，守城将士只能"置栅以守"。

明洪武六年（1373），曹国公李文忠设守御千户所，增筑外城，包旧城于内，砌以砖石，"石体方正，广厚屹如山立，视他城为最固"（顾汝修：《修城记》）。外城周1087丈、高2.7丈、厚1.8丈。设城门6座：东曰"丽阳"，东之南曰"合江"，南曰"七星"（俗称"小南门"），南之东曰"建南"（俗称"大南门"），西曰"文星"，北曰"武安"。东南以马湖江为天堑，西北开凿护城河，河宽5丈、深1.5丈，与城内河道相交处的城墙地段，还设有水关。城内水道各有暗沟，沟宽2尺、深3尺。沟内有井，深8尺，每三年淘井一次，以防淤塞（道光二十三年《宜宾县志》卷十）。此后，城墙时有损毁，在地方官吏主持下也时有修缮。但在明崇祯（1628～1644）时，宜宾城的

▽ 叙州城墙遗址　本文照片均由王莹摄

△ 叙州城墙遗址文物保护标志碑

"楼橹、堞雉荡然如洗。而城之摧毁，不知其凡几矣"（顾汝修：《修城记》）。

　　清初，宜宾城墙损毁及修缮情况，地方志中记载不详。乾隆二十八年（1763，另据各地方志载，此次修城均称"乾隆二十七年"，有误）春，初元方自遂宁调往宜宾任知县。同年七月二十九日，高宗帝就全国各地修城事宜颁发诏令："著各省督抚饬令该管道府，将所属城垣细加查勘，如稍有坍卸，即随时修补"（《宫中档案·硃批奏折》，中国第一历史档案馆藏）。在此修城的背景下，刚上任不久的初元方针对宜宾损毁达1/3的城池、六座城门楼及女墙"无一存焉"，开始组织大规模修城。修城经费主要来源于官府，不足之额则由当地民众及乡绅捐资。直至次年3月，各项修城建材始备，再按各段分修，竣工于同年十月。城增高旧城3尺，修补坍塌豁口81处，计长560余丈。重建城楼6座，皆三楹，高3丈多。修葺垛口1716座。"共费白镪（即白银）四千三百八十有奇；工役之费，共计二千五百二十有奇；而油漆、灰、铁未既焉"（初元方：《修城记》）。此次修城得到民众的大力支持，"民输其费，而不知役；工呈其艺，而不知劳"。竣工后，又派遣信使告知安南王顾汝修，顾汝修欣然撰写了《修城记》，详述其事。嘉庆十六年（1811），知县刘元熙主持重修城门楼6座。咸丰九年（1859），由于有民造反，祸及宜宾。在地方官吏的主持下，增修西、北二门的外瓮城，又于城墙上四隅增建炮台7座，东南合江门外建水炮台2座，"走马街护城外关一座"（光绪二十一年《叙州府志》卷八）。

1912年以后，随着宜宾城市发展，古城墙逐渐毁圮，甚至在20世纪中期被大部分拆除。

20世纪80年代以后，据当地文物部门调查，宜宾城墙尚有部分残存。如老水东门残段、合江门残段、西城角残段、军分区大院西墙残段等。当地政府结合城市建设，对现存古城墙进行了修缮，或异地重建。但是，对合江门段老城墙的修复，当地部分民众不予认同，称之"没味道"，是个"赝品"。

1982年，唐宋宜宾古城遗址和东山宋末元初古城，被列为区县级文物保护单位。1998年，叙州城墙旧址被列为市级文物保护单位。

杨国庆

叙州府城池：石城。唐韦皋开都督府于三江口创建土城。会昌中，徙筑江北。宋末，安抚郭汉杰移治登高山。元至元中，废山城，复城于三江口，即今治。明洪武初，曹国公设守御千户所，仍增外城，包旧城于内砌以砖，高二丈七尺，厚一丈八尺，周一千八十七丈，门六：丽阳、合江、建南、七星、文星、武安。东南以马湖江为天堑，西北凿濠，广五丈，深一丈五尺。宜宾县附郭。

——清《考工典》第二十二卷，引自《古今图书集成》

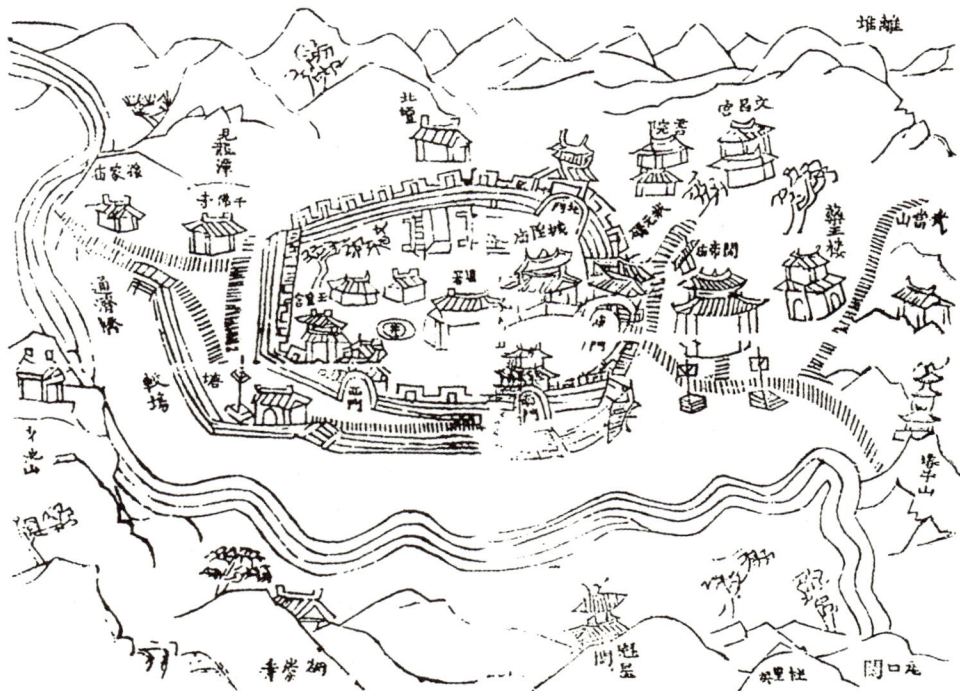

△ 苍溪县城图　引自《苍溪县志》清乾隆四十八年版

苍溪，位于四川盆地的北缘，境内巴山东障，剑门西横，自古有"秦陇锁钥，蜀北屏藩"之称。

西晋太康（280～289）中，由阆中县分置苍溪县。南朝宋，在县境青山观（今禅林乡青山村）置汉昌县。元嘉八年（431），苍溪县并入汉昌县。隋开皇十八年（598），废汉昌县名，复苍溪县名。1985年，苍溪县隶属地级广元市。

苍溪筑城较早，至迟在西晋时，因设县治而筑城墙，该城位于今苍溪县亭子镇奋勇村。1999年，该处城址以西晋"古汉昌县治遗址"之名被列为县级文物保护单位。此后，由于县治"迁徙靡常。历汉魏、晋、隋、唐，代更其址。建修肇始，远莫能稽"（清·余大鹤：《重修城垣记》，收于《苍溪县志》卷十一，1928年）。其中，位于苍溪县城东南20公里处的大（音"太"）

获山上的大获城，始建于南宋绍定年间（1228～1233），由制置使余玠为抵御蒙古军时所筑（详见清代陶淑礼的《大获城记》，今人也有称此城先于余玠已在，建于绍定六年，即1233年）诸多城堡之一（如南充青居城、合川钓鱼城、奉节白帝城等，俗称"蜀中八柱"）。余玠当时在所辖区域筑有"十余城，皆因山为垒，棋布星分，为诸郡治所"（1928年《苍溪县志》卷十二）。大获城确实建于山上，地形险要，且有悬崖峭壁为阻，全城设城门4座：西南曰"长庚"、"阜财"，东北曰"启明"、"锁钥"。元至正二十二年（1362），明玉珍在蜀称帝，国号"大夏"，将设在大获城的阆州治所徙回旧治保宁城。明崇祯十三年（1640），知县沈国复曾主持过局部修缮。此后，大获城日益损毁，但城址尚存。1983年，大获城被列为县级文物保护单位。

苍溪城沿袭至明清的城池，则始建于明成化年间（1465～1487）。苍溪县"旧无城。明成化中知县朱敬始筑土城"（道光二十三年《保宁府志》卷七）。土城周长、高与宽等"未有定制"（余大鹤：《重修城垣记》）。正德年间（1506～1521），主簿唐贤主持苍溪城的改建工程，全城包以条石，城周3.5里（计630丈）、高1.5丈，设城门4座：曰"迎旭"、"通济"、"观澜"、"亲贤"。崇祯十一年（1638）秋，知县沈国上任后，"为守御计"自捐廉银主持

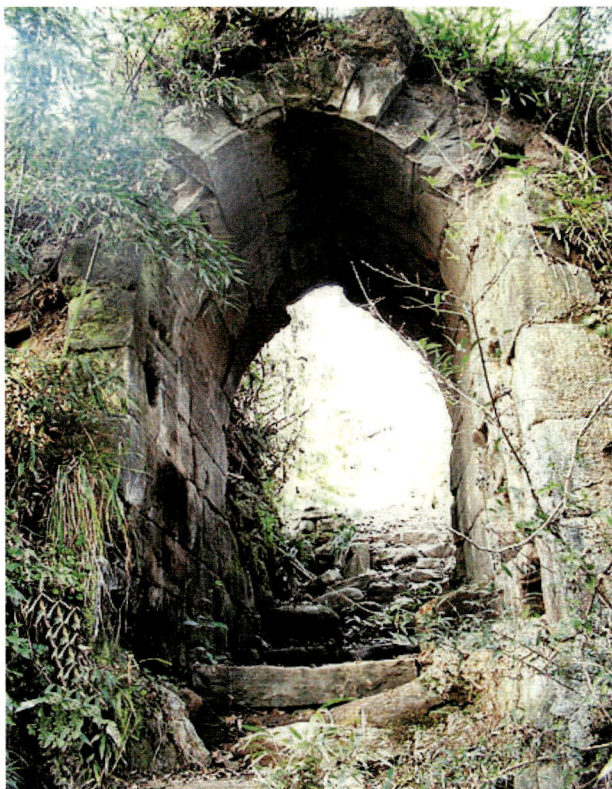

▷ 苍溪境内城门遗址 苏琴提供

城池的改建工程（详见明·任瀛《沈国改筑城垣建修学宫记》），墙体外侧增高7尺，内墙体增高3尺余，城上建垛口千座、串房870余间，还因城西北外是平原空旷地带，对原有护城河进行疏浚；东北段护城河疏浚至丈余宽。崇祯（1628~1644）末年，李自成部攻城时，以柴草填塞城外之壕沟，城守陶怡使用事先准备好的"井油"（疑为石油，见1928年《苍溪县志》卷十二）烧之，使攻城人败退而去，城池得以保全。

清康熙六十年（1721），知县孙毓珌主持修城，并复建了坍塌的城楼。乾隆三十五年（1770），知县余大鹤获上司修城之命，但遭到同僚反对，认为修城之役过于繁重。余大鹤以"今国家不惜巨帑，以固城防"等由极力劝说，终于达成修城的共识。自乾隆三十六年九月开工，至乾隆三十七年十月竣工，共计耗费两万余金。城墙周长330余丈、高1.7丈，对临江的护城堤岸进行了加固。至清末时，在历任地方官吏主持下，苍溪城墙保存基本完好。

1912年以后，尤其20世纪中叶后，苍溪城墙逐渐毁圮，甚至被人为拆除，仅部分残段及护城河尚可辨识。

杨国庆

苍溪县城池：石城。明成化间，知县朱敬始筑土城。正德间，主簿唐贤包石，门四；迎旭、通济、观澜、亲贤。

——清《考工典》第二十二卷，引自《古今图书集成》

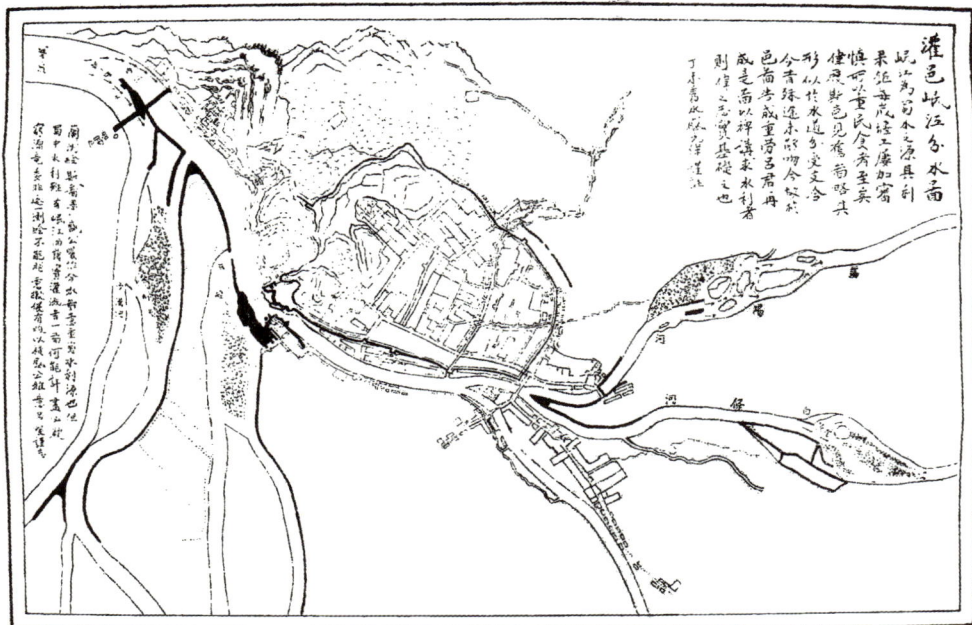

△ 灌邑岷江分水图　引自《灌县都江堰水利志》1983年版

都江堰，旧称"灌县"，位于四川省成都市城西北48公里，境内古老的都江堰水利工程被誉为"世界水利文化的鼻祖"。1994年，都江堰市被列为国家历史文化名城。2000年，境内的青城山与都江堰被列为世界文化遗产。

夏禹时代，境内称"导江"，传说夏禹治水，导江于此而得名。三国蜀汉（221~263）时，境内置都安县。北周（557~581）时，又增置清城县。唐代，两县分别改名为导江县和青城县。元时，合并为灌州。其名二说：（1）因灌江得名；（2）因地处都江堰首，故名。另据《今县释名》称："汉文翁穿漕江灌溉，谓之金灌口。唐因置灌宁县。孟蜀改灌州。明改县。"明初，废州置灌县，并沿袭至清。1988年，撤灌县设都江堰市，以李冰父子建造的都江堰而得名。

灌县境内筑城较早，至迟在三国蜀汉（221~263）时，因设都安县（后改为"导江县")而筑城。据1933年《灌县志》记载："导江废县，在治东二十里，即汉都安县故址。"此城沿袭至元时遂废，改称"导江铺"。

明洪武年间（1368～1398），灌县"旧无城"（乾隆五十一年《灌县志》卷二）。当地驻军"缘山傍水，树木为墙"（而乾隆元年《四川通志》卷四，则称"筑土为墙"）。弘治（1488～1505）时，知县胡光主持城墙改筑工程，将土城外包砌条石，城周长8里（计1440丈）、高1.6丈，环以护城河。开城门4座：东曰"宣化"，南曰"导江"，西曰"宣威"，北曰"镇安"。上建城楼4座：东曰"省耕"，南曰"阅清"，西曰"怀远"，北曰"拱极"。

清康熙五年（1666），知县马玑主持灌县城墙的修补工程。乾隆二十八年（1763），知县嘉庆（此据乾隆版《灌县志》，另据1914年《增修灌县志》卷三载，为"家庆"）根据朝廷对全国各地普遍修城的要求，而得拨款库银2090.87两，主持大规模修城。工程于同年七月初五开工，乾隆三十年竣工。全城周长6.09里，计1096.45丈，设垛口1414座。还在东门与南门各设炮台1座，北门至西门设炮台3座。此后，灌县历任官吏对修城比较重视。嘉庆八年（1803），知县吴升主持修补城墙76丈。嘉庆十二年，知县朱振源主持修补损毁地段城墙29丈。嘉庆十五年，知县邵良感觉旧制城楼均为1.88丈，这样统一的高度不合理，因为全城西边就山势而高，其他三面也高低不等，遂主持城楼的改建工程。将东城楼增高6.4尺，北城楼增高2.8尺，南城楼高度不变，西城楼减低4.2尺。虽然四座城楼高低不一，但从全城地势来看，相对比较适合。咸丰十年（1860），知县英启主持修补城墙，在城北、城西两处增建炮台2座，均以条石砌筑，"并添修北门外一带子城"（1914年《增修灌县志》卷三）。同治八年（1869），知县柳宗芳主持修城，修补东、南、西三面损毁地段城墙，计80余丈。同时，还对西门外的玉垒关（该段城墙向北与主城墙相连，东为主城墙，而南面临江无城墙，与江中"宝瓶口"相望，俗称"凤栖窝"，形制特别）进行了修缮。同治十三年，知县胡圻主持修补城墙30余丈。光绪十年（1884），知县孙绍龙主持补修损毁地段的城墙，其中西面两处共计40余丈。

1912年后，灌县城墙逐渐毁圮，甚至城墙及城门大部分遭人为拆除，残余地段城墙也被百姓民房所利用。

2008年5月12日，四川汶川、北川发生里氏8.0级地震。此次地震为1949年以来全国破坏性最强、波及范围最广、总伤亡人数最多的地震之一，被称为"汶川大地震"。地震后，都江堰市在西街的灾后重建中发现了一段明代古城墙遗址。在当地政府重视下，结合都江堰灾后重建规划，启动古城修复

△ 建造在岷江边的灌县城墙旧影　刘芬提供

改造工程。都江堰市古城区恢复重建项目分为"保护遗产、传承文化、完善设施、提升业态"等四大类。项目将对具有百年历史以上的明清建筑元素的建筑予以保留，对现有建筑进行风貌塑造，复原城墙、城门、历史桥梁、历史街巷等。2010年5月12日，重建了东门及城楼，"东门城楼将成为该市的标志性建筑"（《今年5·12东门城楼矗立都江堰》，载《成都商报》2010年2月22日）。2010～2011年，对西街段明代古城墙进行了修缮。据当地媒体称，修复后的古城墙将成为古城区继水利府、古县衙之外的又一怀古遗迹。

杨国庆

　　灌县城池：石城。明洪武中，树木为墙。弘治中，知县胡光包砌，周八里，环以湟濠。楼四：省耕、阅清、怀远、拱极。门四：宣化、导江、宣威、镇安。

——清《考工典》第二十二卷，引自《古今图书集成》

▽　灌县城墙附近的都江堰　引自李泽奉、毛佩琦编撰《岁月河山——图说中国历史》（上海古籍出版社，1989年）

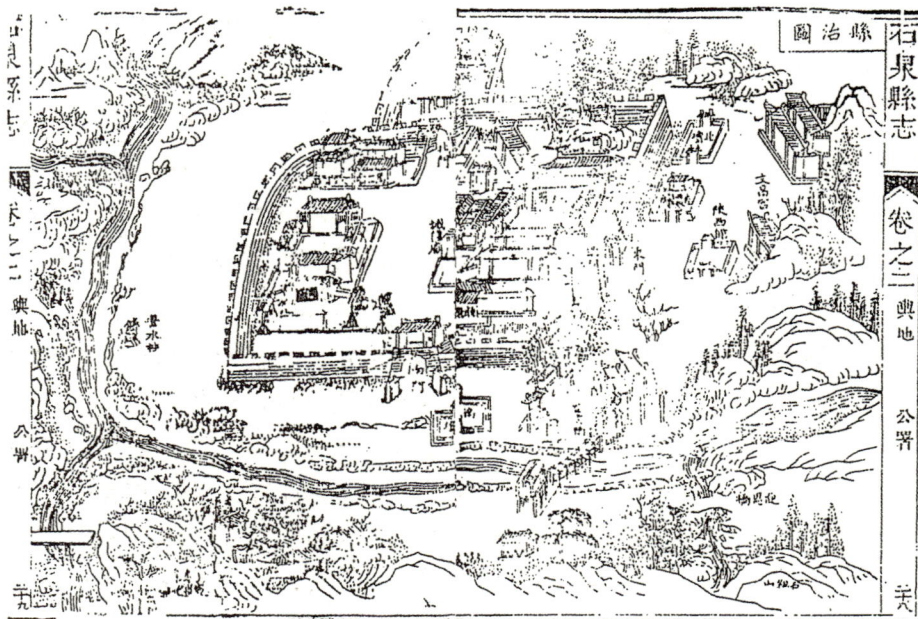

△ 石泉县治图　引自《石泉县志》清道光十四年版

　　北川，旧称"石泉"，位于四川盆地西北部，全境皆山，峰峦起伏，沟壑纵横。2008年5月12日，四川省汶川县发生8.0级地震，北川县因紧邻汶川，受灾也极其严重。

　　夏、商时期，北川县境属梁州之域。诚如近代学者考证："北川文明发轫于上古"（1932年《北川县志》卷一）。此后，隶属多有变化。北周保定四年（564），置北川县，为北川建县之始。之后，治所、隶属及辖地多有变化。唐永徽二年（651），并北川县入石泉县。明嘉靖四十五年（1566），石泉县改隶龙安府，并沿袭至清代。1914年，因与陕西省石泉县同名，乃复名北川县。2003年，设立北川羌族自治县。2008年，因遭遇特大地震，迁县城于邻近的安县安昌镇东，为北川羌族自治县新址（今县城为永昌镇）。

　　北川筑城较早，但惜无文献记载。而北川筑城有史可证的，始于后周，为北川故城，"在县西三十里……唐永徽二年，省入石泉"（道光十四年《石泉县志》卷二）。此城后因故迁移，逐渐毁圮。南宋绍兴年间（1131～1162），知县魏禧申请并主持筑造石泉土城（此据乾隆元年《四川通志》卷四，另据道光十四年《石泉县志》卷二载"知军魏禧"）。但是，这座土城的详情不明，仅知元末，毁于兵火。

明天顺四年（1460），因有当地土著民反扰境，茂州卫指挥曹敏上奏朝廷请修石泉等地城池。得准后，由副使刘清、都指挥何洪、知县席贵等官吏主持修城，将土城外砌以条石，周长4.3里（计774丈）、高1.5丈，开城门3座：东曰"宏文"（《考工典》记为"弘文"），南曰"阜民"，北曰"镇远"，各城门上均建有城楼。城外的护城河深5尺、宽3尺。改筑后的石泉城池奠定了北川旧城的基础。万历二十四年（1596），知县邓士达主持重修石泉城墙，并对环城的护城河进行疏浚。万历二十五年十二月二十八日（1597年2月14日）北川发生7.0级地震。新修不久的城墙局部有损毁。灾后，在地方官吏主持下进行了修补。

康熙五十二年七月十五日（1713年9月4日），石泉地区发生7.5级地震，城墙和大批房屋倒塌，居民死伤严重，还波及到四川、陕西二省。乾隆十七年（1752），知县崔纶主持修城时，将全城收缩为周长2里（计360丈）、城高1.4丈，改筑的城门及城楼仍为3座，其名也沿用旧称。此后，石泉历任地方官吏对城池均有规模不等的修缮。清代最后两次修城在光绪年间（1875～1908），即光绪二十三年，知县赵棣主持修缮；光绪三十四年，知县赵怡复主持修缮城池，改宏文门（东门）为"崇文门"。

▷ 北川古城门遗址
　苏琴提供

1915年，北川县知事吴麟昌主持修城，不仅修缮旧城门3座，改东门名为"会昌门"，北门名为"建福门"，南门依旧名。同时，还在教育局左侧前的城墙段打开豁口，新建了西门，曰"天成门"。1926年，知事魏伯衡顺从西乡百姓的要求，将西门堵塞。当时，北川城东面城墙有130.4丈、南面城墙40.3丈、西面城墙140.5丈、北面城墙47.3丈，全城周长358.5丈。此后基本未对北川城墙进行大规模的维修，以后逐渐损毁，甚至被大规模拆除。20世纪80年代后，北川城墙仅存少量遗迹或遗址。

附：

北川县境内历史上具有城墙防御性质的建筑城堡、关隘等，大多先后毁圮，不过，还有几座城堡或故城遗址尚存，其中比较著名的如：明代的永平堡古城、伏羌堡（1999年，被列为县级文物保护单位）、治城（位于禹里镇）等。

永平堡分为上城、中城和下城，三城依据山势分别修建在山顶、山腰和山麓。三城互相呼应，形成易守难攻之势。该城堡建于明嘉靖二十六年（1547），以石头垒砌，为后来地方守军所沿用。1912年后，逐渐部分损毁，城墙尚存数百米残垣。1991年，永平堡被列为省级文物保护单位。

杨国庆

石泉县城池：宋绍兴中，知县魏禧始筑土城。明天顺中，知府席贵重筑，建门三：阜民、镇远、弘文。万历二十四年，知县邓士达重修，外环以濠。

——清《考工典》第二十二卷，引自《古今图书集成》

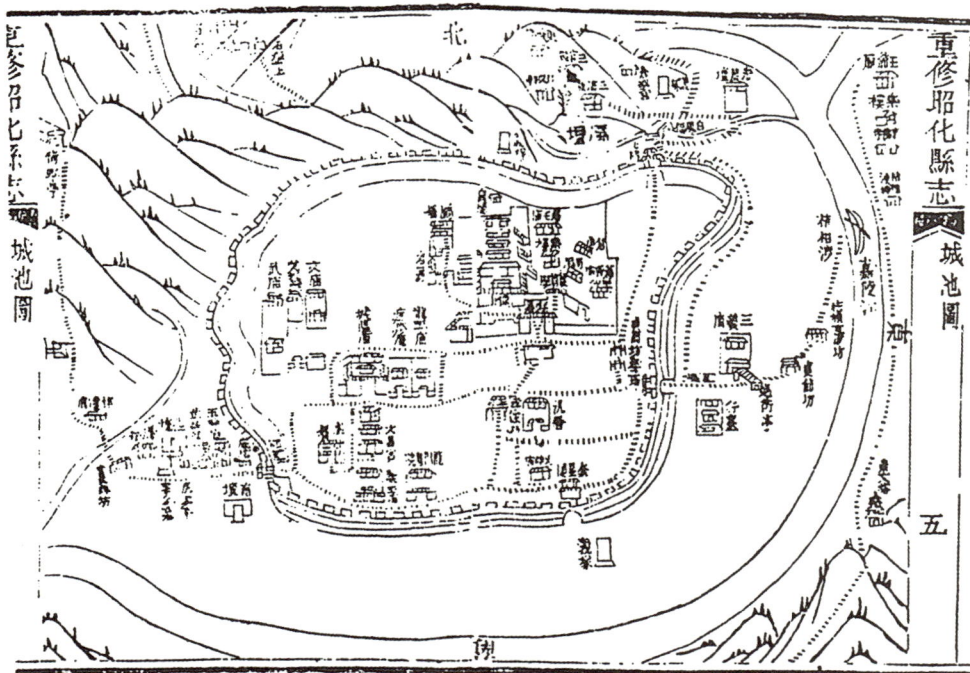

△ 昭化县城图　引自《昭化县志》清同治三年版

　　昭化，位于广元市城区西南30公里的嘉陵江、白龙江、清江河三江交汇处。古城四面环山，三面临水，享有"巴蜀第一县，蜀国第二都"之称。

　　约公元前400年，古蜀国武力征服广元、昭化一带的苴人，始建苴国，并在这里建立苴国都邑，又称"吐费城"。公元前316年秦国征服苴国，在此建立葭萌县，它是中国历史上最早的县治地之一，有"巴蜀第一县"之称。三国至晋时（220～420），先后是汉寿县和晋寿县的治所。唐代，昭化为益昌县治所。宋开宝五年（972），为"昭示帝德，化育人心"，改称"昭化"，其治所及名为后世所沿袭。1959年，昭化县并入广元县。2013年，昭化镇隶属广元市昭化区。

　　昭化最早筑城难以考证，且说法不一。如：（1）始建于春秋战国时期；（2）始建于秦，即葭萌古城；（3）始建于东汉。而在《鱼洋秦蜀驿程后记》

△ 现存昭化镇东门城楼 引自杨秀敏编著《筑城史话》（百花
文艺出版社，2010年）

称"日抵昭化，县无城郭"（乾隆五十年《昭化县志》卷一），清代的这种说
法不足信。在昭化这座城池建成以前，这里曾设有一个关隘，叫"葭萌关"。
城池建成以后，"葭萌关"依然存在，位于后来的西门即"临清门"位置。中
国古代一般关隘与城池是分设的，而昭化古城西门及关隘与城门合一的现象，
则并不多见。

明清时，据文献可考的土城，始建于明天顺年间（1457～1464，乾隆元
年《四川通志》卷四），但是对于建城缘由、规模、附属建筑以及沿革，文
献记载并不详实。正德年间（1506～1521），在土城外包砌条石，城周长438
丈、高3丈、宽1.2丈，城顶上建有串房。建城门4座：东曰"瞻凤"，南曰
"临江"，西曰"临清"，北曰"拱极"，均建城楼。城外四面均有护城河环
绕。崇祯二年（1629），地方官吏在城的正北处增建城台1座，取名"金线系
葫芦"，便于对全城内外的瞭望（至清乾隆时，城台已废）。

清乾隆三十一年（1766），知县李宜相得朝廷调拨库银17865两，主持大
规模修城，直到乾隆三十六年才全部竣工。重修后的城周长490.75丈、基宽1.2
丈、顶宽8尺。在城墙高1.5丈以上部分用城砖砌筑垛口和女墙，垛口高5尺。
城墙外侧全部用石砌筑，内侧城基础用石，而城身用砖。重新修建的昭化城，
开城门3座：东曰"迎凤"（后改名"瞻凤"），西曰"临川"，北曰"拱
极"。由于原先的南门濒临三水交汇地段，每年夏天"水涨，浩瀚如海"，出
于防汛考虑，将其封堵，故南面城墙没建城门。嘉庆十年（1805），知县邵友
渠发动官民及乡绅捐资，并主持修城及各城门楼。同治（1862～1874）之前，
地方官吏在修城和对西城门维修时，将西门名改为"登龙门"（地方官员升

迁、上任喜走此门）。

1912年以后，昭化古城墙逐渐损毁，部分地段城墙甚至被人为拆除，城楼也有损毁，所幸部分城墙及三座城门得以保存。

20世纪80年代以后，在地方政府及文物部门重视下，坚持"保护第一，合理利用"的原则，修复了部分昭化古城建筑，其中包括城门楼及城墙的残垣。据当地文物部门称，在对昭化古城保护修复时，对部分城墙采取了遗址式保护，即对夯土层进行化学加固处理，使其不再坍塌。城墙中间为南门遗址缺口，不作改变。据了解，昭化古时城墙全长1525米，目前遗址保留324米，原样修复636米，原样修复城墙的垛口高1.4米，景观提示565米。按明代城楼原样修复的东门（瞻凤门），城门拱高4.2米、宽3.25米、深11.2米。复建的城楼高9.8米，建筑面积228平方米。2004年，我国著名古建筑专家罗哲文考察昭化古城后说："昭化古城特别众多的三国遗址，突出展示了三国蜀汉文化的丰富内涵，是研究蜀汉政治、军事、经济文化的重要例证，十分珍贵。"

1996年，昭化古城门（含鲍三娘墓），被列为省级文物保护单位。2006年，以"昭化古城、剑门蜀道遗址"之名，被列为全国重点文物保护单位。

杨国庆

昭化县城池：土城。明天顺间，筑。正德间，包修以石。

——清《考工典》第二十二卷，引自《古今图书集成》

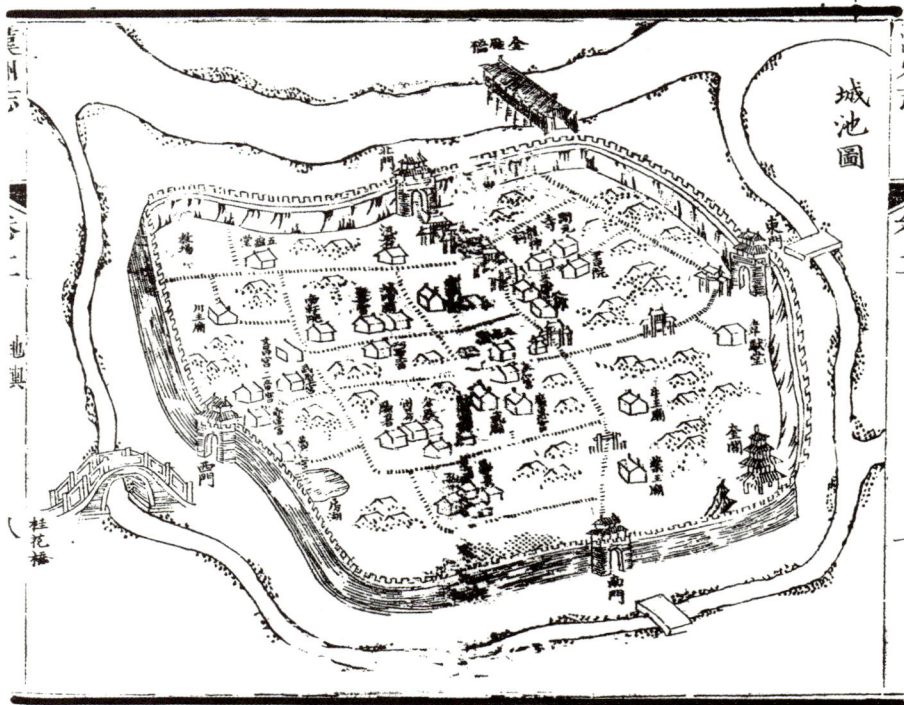

△ 汉州城池图　引自《汉州志》清嘉庆十七年版

广汉，旧称"雒城"、"汉州"，位于成都平原腹心地带，南距成都市区35公里，自古有"蜀省之要衢，通京之孔道"之说。

西汉初，置雒县（故城在今北外乡境五里巷），因雒水流经县境而得名。此后，建置、隶属及辖地多有变化，曾用名有"广汉郡"、"益州"、"梁州"、"汉州"等。1913年，改汉州为"广汉县"。1983年划入成都市，同年划属德阳市。1988年，撤县设市（市政府驻雒城镇）。

雒城，始建于东汉，初为土城。据《华阳国志·蜀志》载："初平（190～193）中，益州牧刘焉（？～194）自绵竹移雒城县城，筑阙门。"另据李鼎《汉州重修城图记》载：

益州牧刘焉死后，由其子刘璋（？～220）继任，"始筑城"（同治八年《续汉州志》卷二）。此城历经战乱，至元末时，损毁严重。

明洪武五年（1372），指挥柴虎为加强防御而主持修城，城墙仍为夯土，周长5里、高1.8丈，建有城门4座，护城河深5尺。天顺七年（1463），因有民反扰其境，并延续到天顺八年，尤为严重。在这种背景下，知州李鼎遂号召军民大规模修城。由判官王瑛主持修城，同年二月十二日开工，四月十五日竣工，"城高二十尺，衮延二千余丈"（李鼎：《汉州重修城图记》）。重建城门4座，并建城楼。弘治十年（1497），知州万玺主持重建东北城门及城楼。正德六年（1511），按察司佥事郝瑄（《考工典》记为"绾"）主持大规模修城，除在土城外砌筑砖石外，部分地段有拓展，使城周扩大到9.7里（《考工典》为1141丈），城高仍为1.8丈，建城楼5座。护城河也加深至8尺、宽1.5丈（《考工典》记为：城楼4座、池深1丈），引雁水作为护城河的补给水源，自西向南转而折东。嘉靖二十六年（1547），知州刘琼、判官王东周主持修城，

▽ 广汉城西门 梁思成摄

并题城楼匾额：东曰"觉岭延春"，南曰"山川环秀"，西曰"雄临天府"，北曰"沱水呈祥"，东北曰"连峰献翠"（此据嘉庆版《汉州志》，另据同治版《续汉州志》称"连峰献瑞"）。崇祯年间（1628~1644），汉州城墙及附属建筑多有损毁。

清乾隆三十六年（1771），知州徐谂、松潘厅同知钱溥得朝廷修城专项经费33574两，主持大规模分段修城。修缮后的城墙周长8.629里，计1553.3丈。单纯从数据看，此次长度比明正德六年修后的城墙略有缩小。城墙下部用石砌筑5层，高5尺；其上用城砖砌筑约26层，高7尺。整座城墙通高1.6丈、基宽2.5丈、顶宽1.6丈。城顶面铺墁，宽8尺。垛座高2.2尺，垛堞高1.8尺，每座垛口长4尺，全城建垛口3271座。设城门4座：东曰"朝阳"，南曰"熏风"，西曰"迎爽"，北曰"承恩"。东、南二门楼基座宽3.5丈、进深2.5丈、高1.5丈。外拱券门宽1.1丈、高1.1丈、进深5尺；里拱券门宽1.2丈、空高1.2丈、进深2丈；四面石脚6层，每层高1尺，计高6尺。其上砌筑"火砖"（即城砖）33层，高9尺。西门城门楼基座宽4.4丈、进深2.7丈、高1.5丈。外拱券门宽1.1丈、空高1.1丈、进深6尺；里拱券门宽1.2丈、空高1.2丈、进深2丈；四面结构如东、南二门。北门城门楼基座宽5丈、进深2.9丈、高1.5丈。外拱券门宽1.1丈、空高1.1丈、进深6尺；里拱券门宽1.2丈、空高1.2丈、进深2.3丈；四面结构如西门。疏浚后的护城河如正德六年的旧制。全城还设有水洞5座、登城马道4处、城楼4座，城楼各开有前后四门，各建堆房1间。在中国古代城墙资料中，清乾隆三十六年汉州城维修后留下如此详实的记载，并不多见。咸丰九年（1859），有民反扰其境，知州刘英选主持对全城损毁地段进行维修，全城增高1尺多，对四门设置千斤闸，增筑空心炮台10余座。在清代，汉州地方官吏还多次率军民对护城河以及堤岸进行了疏浚和加固。

1937年后，中国营造学社辗转南迁至四川省南溪县李庄，营造学社的梁思成等人在广汉编修县志时，拍摄了广汉400多张照片，其中广汉城墙尚属完整。之后，广汉城墙逐渐损毁，甚至大部分被人为拆除。

1982年以后，省市文物部门配合基本建设，先后对古雒城遗址进行选点发掘，出土了一大批"雒城"和"雒官城墼"的汉代篆书体铭文砖、城墙砖，这一发现对研究古雒城的历史沿革和城垣建设都具有重要的考古研究价值。该遗址位于今四川省广汉市辖区内，东至外东顺城路、南至房湖公园南侧、西起桂花街南段、北至鸭子河南岸，总面积1.6平方公里。雒城遗址及汉州城残垣得以保护与修缮，还新建了雒城的城门。

1991年，雒城遗址被列为省级文物保护单位。2012年，雒城遗址被列为全国重点文物保护单位。

杨国庆

汉州城池：明天顺中，知州李鼎、州判王瑛始筑土城。正德间，佥事郝绾用石包砌，高一丈八尺，周一千一百四十一丈，阔一丈。楼四，门四。池深一丈，阔一丈。

——清《考工典》第二十二卷，引自《古今图书集成》

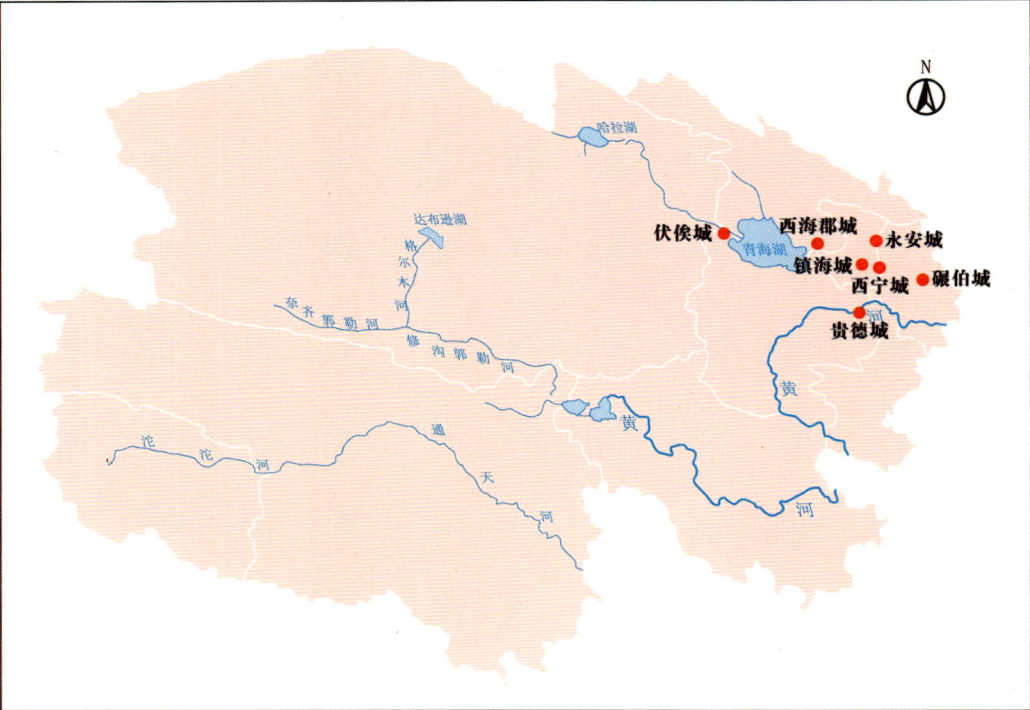

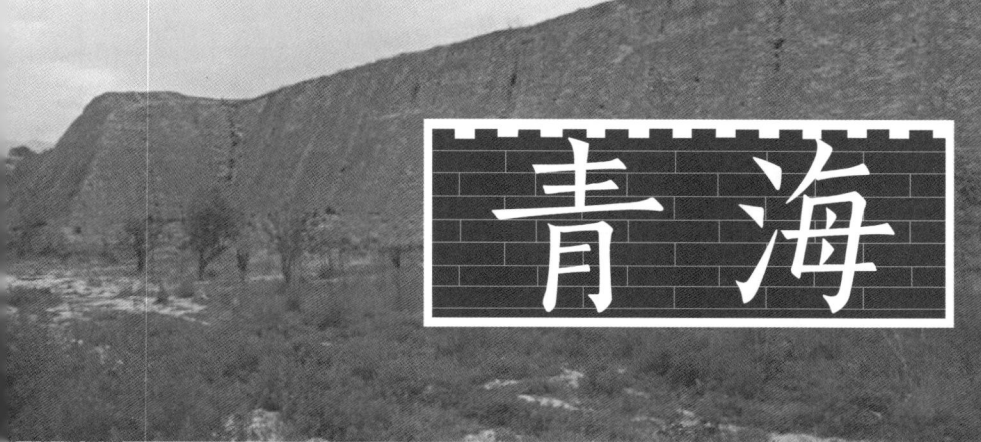

青海

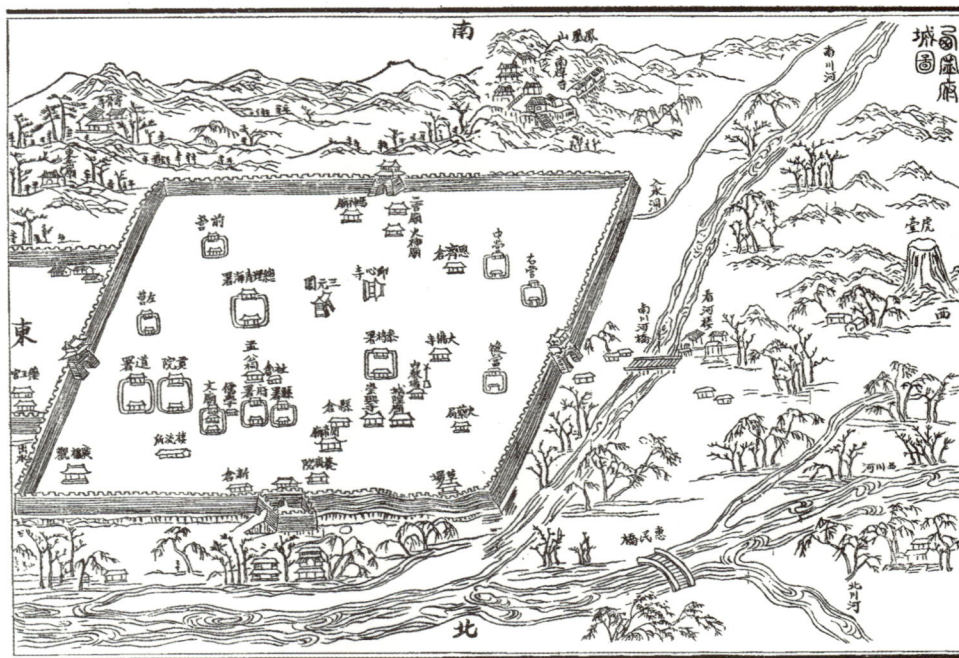

△ 西宁府城图　引自《西宁府新志》清乾隆二十一年版，1988年重印

　　西宁，古称"西平郡"、"青唐城"，位于青海省东部、黄河支流湟水中游两岸，四面环山，三川会聚，扼青藏高原东方门户，是青藏高原第一大城市。

　　西宁，上古为西羌所居的湟中地。西汉汉武帝（前141～前87年在位）逐诸羌，筑令居寨，建西平亭。此后，建置、隶属及名称多有变化。北宋崇宁三年（1104），改鄯州为西宁州。明洪武六年（1373），改为西宁卫。清初沿袭之。雍正三年（1725），改卫为府。1929年1月，青海正式建省，治西宁县。1946年，成立西宁市。1949年后，辖区多有变化，但建置及省会未变，并延续至今。

　　西宁最早筑城及城址多有变迁。据文献记载，明洪武十九年（1386），由长兴侯耿秉文（《考工典》记为"耿炳文"）率陕西诸卫军士"基割元西宁州故城之半"修筑，即取元西宁州旧城西北部，"弃南占北"，利用元代西宁州城部分基础加以兴筑的卫城。筑城之后，城周围9里180步3尺（另《考工典》载为"八里五十六丈四尺"），高、厚皆5丈。外瓮城高4丈，护城壕深1.8丈、宽2.5丈。设城门4座、角楼4座、敌楼19座、窝铺34座。东门外设关厢，为商贾云集之所。嘉靖二十一年（1542），兵备副使王昺主持修城，并于东稍门添筑外瓮城。万历三年（1575），总制兵部尚书石茂华、巡抚都御史侯东莱提议再次加修。重修工程具体由兵备副使平康裕、董汝汉，分守参将萧文奎、凉庄游击吴钺率众大规模加固城墙。这次加固工程共用大型条砖1240万块、石灰2400余石，墙基以大型条石砌成，"腹土肤砖，始称凡固"，意思是墙体内部为夯土，外部以大砖包筑。工程结束后，明王朝兵部侍郎保定吴公曾登城视察，惊呼"壮哉！万年之固"。万历二十二年，兵备副使余良枢、参将达云又创建东城楼，并补筑城垣，此次加修城墙"广袤七百五十八丈，门楼二，敌台四，角楼二，逻铺六"。万历二十四年，按察使刘敏宽委通判高第增置关城悬楼18座。明末，西宁城墙曾多有损毁。

清代，西宁城墙进行过多次重修、增修，如康熙四十八年（1709），卫守备廖腾炜补修城垣。雍正三年（1725），西宁改卫为府之后，朝廷及地方政府开始对城墙进行了大规模的修建和改筑。雍正十一年，噶斯军需散秩大臣兼署西宁总兵官印务范时捷以"城堞多颓缺，奏请重修"。重修工程由北川营游击晏嗣汉、同原任西宁道杨汇经营督理。具体施工由署城守营都司孙兰、西宁县知县沈予绩负责。此次修垣"为丈者一千五百三十有六，内夯实土，外瓮用砖，东西南北为门。为楼者四，增修者二，加瓮如之，四隅增瞭望楼四，为睥

▽ 20世纪中叶，西宁古城内　本页
　　两图由汪达提供

▽ 20世纪中叶，西宁古城外

◁ 西宁青塘城遗址
（位于西宁市南
绕城路国际村
对面，长约300
米）本文照片
除署名外，均由
罗刚摄

▷ 西宁古城墙遗址
（花园北街口）

睨者一百九十有八，为炮台者三十有一，为驰道、为榨门者各四"。此次修筑之后，城墙被称为"其隘则水抱西北，其险则山阻东南。北依山以作镇，南跨河而为疆。地接青海、西域之中，治介三军万马之会，金城屏障，玉塞咽喉"（乾隆十二年《西宁府新志》卷九）。乾隆三十一年（1766），西宁县知县焦尔厚主持修补城墙。道光二十二年（1842），西宁道福长、知府庄俊元、知县明维荣等官吏号召捐资修城。同治十三年（1874），西宁镇总兵官何作霖筹措修城款，主持修缮西宁城东、西二面城墙；西宁府知府邓承伟筹款后，下令西宁县知县贾元涛主持修补西宁城西、北二面城墙（1938年《西宁府续志》卷二）。清末，西宁城墙部分遭毁损，但门楼及匾额尚存，如北门城楼上"澄波献瑞"的木匾。

1912年后，西宁城墙因年久失修，逐渐毁圮。抗日战争期间，西宁地方政府为在日军空袭时能及时疏散城内居民，遂在城墙四面各开一个豁口（俗称

"小城门")。

20世纪50年代，因城市建设需要，城墙和城门大部分被拆除。当时附近的居民为了建房，就在城墙上取砖，发现城砖上刻有砖的产地和烧砖工匠的姓名等信息，如隐约可见的阳文"官"、"日"等砖文。

20世纪80年代后，据当地文物部门调查，昔日西宁卫城平面呈矩形，东西长1300米、南北宽约1000米、周长4600米。城墙保存差，绝大部分墙体破坏无存。目前东墙残存两小段，一段位于花园北街西，原西宁第五皮鞋厂内，墙垣长54米、高8~12米。另一段位于花园南街西的居民区内，长107米、高3~9米。南墙无存，西墙残存一段，位于长江路东侧，墙垣长25米。北墙残存四段，自西而东依次为：第一段墙体位于西宁市工商管理所家属楼北侧，长23米、高6~10米；第二段位于西宁市城中区文化馆南侧，长75米、高12米，城墙外侧尚存部分包砖；第三段位于瑞和园小区北侧，长20米、高2.3~9米；第四段位于新民家园小区北侧，长30米、高2~3米。西宁城门无存，仅存东门外关厢部分北墙，长37米、高12米（青海省文物管理局：《青海省明长城资源调查报告》，文物出版社，2012年）。

2007年，为延续西宁历史文脉，西宁城中区政府又投资900多万元，以历史资料为依据，按原貌修复了西宁北门城楼。

1998年，西宁古城墙被列为省级文物保护单位。

尚珩 杨国庆

西宁卫城池：明洪武十九年，长兴侯耿炳文因旧改筑。周八里五十六丈四尺，高五丈。池深一丈八尺。

——清《考工典》第十九卷，引自《古今图书集成》

▷ 重建的西宁拱辰门（北门）

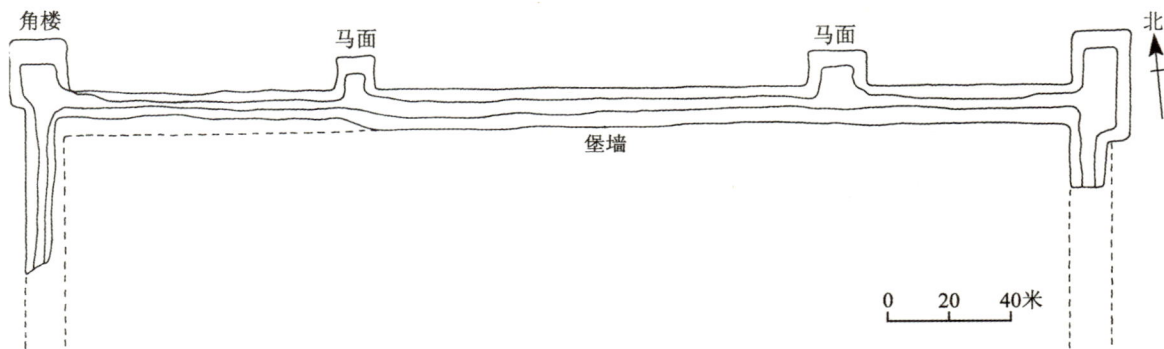

△ 碾伯城（局部）平面示意图　引自青海省文物管理局、青海省文物考古研究所《青海省明长城资源调查报告》（文物出版社，2012年）

碾伯城，位于海东市乐都区碾伯镇，城墙南侧0.5公里为湟水，地处险峻，古人赞其为"湟水抱城而流，雪峰环境以峙，周道中通若线，峡关分锁如门"。

据《西宁府新志》记载：上古时，碾伯其境为湟中地。此后，建置、隶属多有变化。明初，设碾伯卫。洪武十九年（1386），改碾伯卫为右千户所，属西宁卫。清初，沿用所制，后改设守备，不久又改都司。雍正三年（1725）置碾伯县，属西宁府。1929年1月，青海建省，改碾伯县为乐都县，并设立碾伯镇。2013年，成立地级海东市，改县为区，碾伯镇仍属乐都区。

碾伯筑城较早，为"南凉乐都城故地"。唐，为湟州。宋，唃厮啰称"邈川城"。此后，代有沿用，但其城池建筑、规模、沿革等详情，俱难考证。

明万历二十二年（1594），游击达云修补城墙，以城砖增筑垛口。兵备刘敏宽檄增碾伯敌楼。此次增修完之后，使碾伯"城，高三丈五尺，下宽二丈七尺至三丈五尺；东西长一百五十丈，南北长一百一十二丈。门三，城楼三，月城二。池深二丈五尺，东关外城门三"（乾隆版《西宁府新志》卷九）。

清初，南城"逼近湟水，久被侵啮颓坏"。康熙（1662～1722）末年，西宁道金事杨应琚（1696～1766）、右营游击杨垣、西宁府知府申梦玺、碾伯县知县徐志丙一同对碾伯城进行了实地踏勘，决定将"城基向北移进一十五丈，另建新城，计长一百一十二丈。底宽三丈，顶宽一丈，并修女墙、城楼"。此项工程在"估定工料"之后，待"歉岁承修"，即在灾年之际，以工代赈，修筑城池。同治三年（1864），知县崔旸捐俸主持重修碾伯城，包括全城垛口、炮台、女墙和东、西、南三门。同治十三年，"豫钦使师捐廉重修"碾伯城（1938年《西宁府续志》卷二）。

1912年后，碾伯城由于年久失修，部分墙体及附属建筑逐渐毁圮。

20世纪80年代后，据当地文物部门调查：碾伯城整体保存较差，平面大致呈矩形，墙体系用黄土分段版筑而城。北墙较为完整，全长358米、底宽14米、顶宽5米、高8米。墙体上有马面2座，东马面高11米，西马面高10.5米。此外还有东北、西北角台，保存一般，角台高约11米。东、西墙残存部分墙体。东墙残长35米、高11米、底宽13.6米、顶宽7.5米。西墙残长61米。东墙大部分和南墙由于扩建道路、城市建设等原因已经完全消失（青海省文物管理局编：《青海省明长城资源调查报告》，文物出版社，2012年）。

1982年，碾伯城墙残存被列为县级文物保护单位。

尚珩　杨国庆

▷ 20世纪中叶，碾伯古城南门及城楼　汪达提供

261

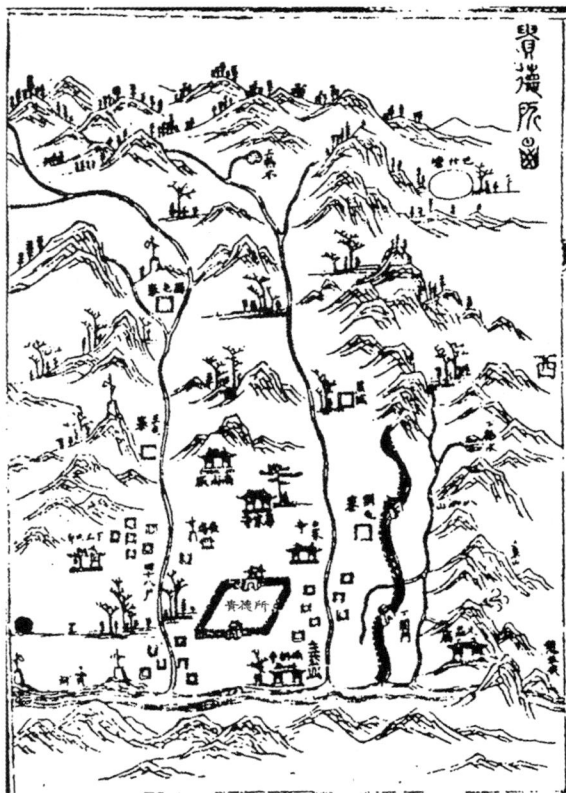

△ 贵德所城图　据《西宁府新志》卷四十（清乾隆十二年刻本），张君重绘

贵德城，位于贵德县河阴镇城区中心，古人赞其形为"背倚黄流，面临青海。河湟夹辅，宋潘后屏"。北距黄河0.5公里，东约1公里为东沟水，西约1.5公里是热水河，两条河分别在古城的东侧、西侧汇入黄河。

据《西宁府新志》记载：贵德所，古西羌地。此后，建置、隶属及辖地多有变化。南宋宝祐元年（即蒙古蒙哥汗三年，1253），蒙古置贵德州宣慰司，"贵德"地名首次出现。元至元八年（1271），置贵德州。明洪武八年（1375），置归德守御千户所，属河州卫。清初，沿袭旧制。乾隆五十七年（1792），改置贵德厅。1913年，改为贵德县。1929年1月，青海建省，贵德隶属青海省。1953年，青海省成立海南藏族自治区（1955年改为自治州），贵德县属之。

贵德筑城始于元至元间（1264～1294），因置贵德州，而筑土城。不久，毁圮。

明洪武三年（1370），朱元璋部攻占贵德城。洪武七年，委河州左卫指挥筑修贵德土城。次年，设守御千户所，土城修筑至洪武十三年才竣工，但详情不明。万历十八年（1590），增修贵德城墙。"周回三里八分，长六百八十三丈五尺，高三丈五尺"，城基宽2.8丈、顶宽1.2丈。设南、北二门：南曰"文启"，北曰"平安"。仅建城楼1座，城上置守铺32间。护城河深1.5丈、宽3.2丈（杨应琚：《西宁府新志》卷九）。

清乾隆二十六年（1761）之前，朝廷在贵德城设立守御所，由一名千总负责城守。乾隆二十六年后，该城交地方管辖，由西宁县县丞负责管辖和修缮。同治元年（1862），同知承顺号召捐资主持修城（1938年《西宁府续志》卷二）。此后，城墙增修（如角楼等城墙附属建筑建造年代等）及毁损不详。

1912年后，因年久失修，贵德城墙逐渐部分损毁。

20世纪80年代以后，据青海省文物考古部门调查，贵德城整体保存一般，城墙、马面及角台系用黄土分段夯筑而成，但城门已经消失。贵德城平面呈方形，边长500米、周长2000米。四周墙体均有不同程度的破坏和残缺，东墙残长382米、西墙残长440米、南墙长292米，最高残墙高11米。四面城墙共有马面16座、高约11米，其中北墙4座、东墙6座、西墙5座、南墙1座。城垣四角现存东北、东南角楼各1座，高11米，保存一般（青海省文物管理局编：《青海省明长城资源调查报告》，文物出版社，2012年）。

1986年，贵德古城被列为县级文物保护单位。1996年，被列为省级文物保护单位。2001年，贵德古城与贵德文庙及玉皇阁古建筑群，一同被列为全国重点文物保护单位。

尚珩　杨国庆

▷ 贵德城土城墙及
　敌台　文飞提供

镇海城

镇海城，又名"通海堡"，位于西宁市湟中县多巴镇通海城中村，堡东北隔湟水与多巴镇相望，此处为湟水中游南岸的河谷地带，地势平坦。

据《西宁府新志》记载：镇海城，明嘉靖元年（1522），置防守官。万历二十一年（1593），改设游击。清朝初年，改游击为参将。雍正五年（1727），移参将于丹噶尔城。中军守备一员，驻扎于此。现属湟中县多巴镇。

镇海筑城的起因、规模等详情难以考证，最晚至清乾隆（1736～1795）初年，镇海城墙规制已明，城墙东西长96丈、南北长76丈。设东、西二门：东月城三面，长15丈；西月城三面，长18丈、高2.5丈、根厚2丈、顶厚1丈（乾隆十二年《西宁府新志》卷九）。由此可知城池平面呈长方形，东西墙中部各辟有一门。

此后，镇海城墙因年久失修，逐渐毁圮。

20世纪80年代后，据当地文物部门调查：镇海城保存较差，现仅存西墙一段，残长7米、残高1.2米、底宽1.2米，堡墙系用黄土夯筑而成，夯层厚0.13米。城中村内现存有光绪年间重修东、西二门的四块石质石匾。

西门有两块门匾，一块阴刻："统领安西马步全军提督军门前署理西宁镇海协镇都督府齐朗阿巴图鲁湖南湘乡喻胜荣敬/海西门/大清光绪八年岁次壬午六月上浣吉日立"；另一块也为阴刻："统领安西马步全军提督军门前署理西宁镇海协镇都督府齐朗阿巴图鲁湖南湘乡喻胜荣题/固我边围/大清光绪七年岁次辛巳桂月中浣吉日立"。

东门有两块门匾，一块阴刻："统领安西马步全军提督军门前署理西宁镇海协镇都督府齐朗阿巴图鲁湖南湘乡喻胜荣敬/镇东门/大清光绪八年岁次壬午六月上浣吉日立"；另一块也为阴刻："统领安西马步全军提督军门前署理西宁镇海协镇都督府齐朗阿巴图鲁湖南湘乡喻胜荣题/抚若斯民/大清光绪七年岁次辛巳桂月中浣吉日立"（青海省文物管理局编：《青海省明长城资源调查报告》，文物出版社，2012年）。

尚珩

　　永安城，位于西宁市大通回族土族自治县桥头镇新城村内。城西约0.8公里有烽火台，西北距离长城1.83公里。

　　据乾隆版《西宁府新志》卷九记载，永安城为明代所筑："南距旧城五里，人谓之新城。明时移今驻扎游击一员，千把总各一员。"说明在此之前还有一座永安旧城，只不过其地已经不可考。

　　永安城堡，"周回长一百九十六丈，高三丈。根厚二丈五尺，顶厚一丈六尺。设东门一，瓮城一道。三面共长三十一丈，高二丈二尺，根厚一丈六尺，顶厚一丈。月城一道，三面长五十六丈，高一丈六尺，根厚一丈五尺，顶厚八尺"（乾隆十二年《西宁府新志》卷九）。

　　如今永安城城墙绝大部分已经损毁无存。目前仅存长165米的北墙，墙上有一座底长8米、宽6米的马面，伸出墙外7米，顶部长6米、宽4.5米（青海省文物管理局编：《青海省明长城资源调查报告》，文物出版社，2012年）。

▽ 永安城遗址　文飞提供

另一座永安城位于海北藏族自治州门源回族自治县皇城蒙古族乡东北3公里处。永安河经城西由北向南流。城东南为九道岭；城西是西凤山，山头有烽火台；城北所依的就是叠云翠嶂、苍茫无际的祁连山。

据《西宁府新志》卷九记载，清雍正三年（1725），"以地通甘、凉，设游击一员，守备一员，筑城一座"。即城池肇建于清雍正三年，在抚远大将军年羹尧镇压罗布藏丹增叛乱后，为稳定西北边境，繁荣西部经济，在甘肃、青海通道咽喉之畔建立的永安营城。建城之后的200多年来，这里一度商人云集，是雪域繁华的商贾重镇。但到了1928年，马仲英掀起围攻河州的战乱后，同年三月抵达永安城，并在永安城大肆掳掠后，随即西窜甘肃。从此，永安城逐渐荒废。

初建时期的永安城，"高二丈二尺，根厚二丈，顶厚一丈三尺，周围长六百丈。设东、西二门，城楼二，腰楼二，炮台八，壕宽二丈，深五尺"（乾隆十二年《西宁府新志》卷九）。

如今的永安城平面呈不规则长方形，南北长438米、东西宽353米，城墙夯筑，残高7米、基宽6米，有腰楼2座、炮台8座，城下壕沟深1.6米，夯土层厚0.08米～0.15米，开东、西二门，均有瓮城，城内散布残砖瓦及泥质灰陶片（国家文物局主编：《中国文物地图集·青海分册》，中国地图出版社，1996年）。

1998年，永安城被列为省级文物保护单位。

尚珩

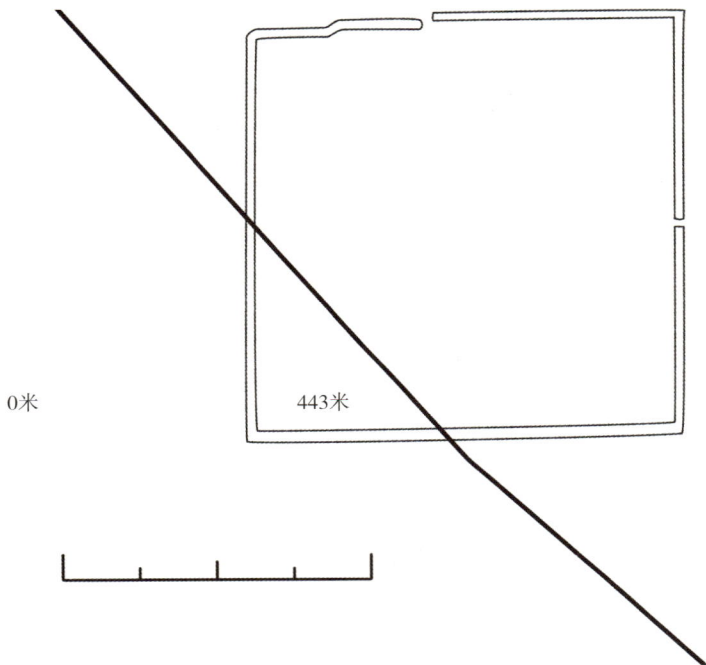

△ 西海郡城平面示意简图　据卫星航拍图，张君重绘

0米　　　　443米

西海郡城，位于青海省海北藏族自治州海晏县金银滩上，又称"海晏三角城"，是汉代在青海省腹地时代最早的一座郡级建置城，也是汉城中规模较大、至今保存较好的一座。该城与当时所建的其他四座县城"边海亭燧相望"（《汉书·王莽传》），是环青海湖军事防御体系的一部分。

据《通鉴》卷二十八载：汉元始四年（4）"冬，置西海郡"。另《元和郡县图志》载："平帝元始四年……汉遂得西王母石室，以为西海郡，理龙夷城。"据其可知，西海郡于汉平帝元始四年为王莽秉政时所置。又据《读史方舆纪要》载，"西海城在青海上。王莽讽卑禾羌献西海地，置西海郡。"

王莽建立西海郡后，在国内增立新法50条，凡有违犯者，强行迁徙到西海地区。被迫迁徙的内地百姓数以万计，引起内地百姓不满。西海郡设置两年后，即居摄元年（6），西羌豪酋庞恬、傅幡等兴兵攻打西海郡，企图夺回水

△ 几乎夷为平地的西海郡故城遗址　文飞提供

草丰美的环湖地区。西海太守程永弃城逃走，后被王莽所杀。羌人遂占领西海郡。次年，王莽遣护羌校尉窦况等击破西羌，收复了西海郡。王莽篡位称帝后，爆发绿林、赤眉起义，新莽政权无力顾及边疆郡县，卑禾遂又趁机夺回了故土，西海郡也随之废弃。"晋时为吐谷浑所据。唐永徽以后，吐蕃击吐谷浑而有其地，置青海节度于此。后废"（《读史方舆纪要》）。根据历年考古调查时在城内所采集到的五铢钱范、五铢钱、大布黄千铜钱、开元通宝钱、崇宁通宝钱等钱币，以及板瓦、筒瓦、长条砖与字瓦当等遗物，西海郡城一直使用至宋代时期（960～1279）。

对于该城的始建规模、毁圮与修缮、沿革等详情，文献记载不详。

民国时期，西海郡城曾遭马步芳部属的滥挖盗掘，其滥掘部位主要在东南角处，又因城址西部一角修筑铁路而遭损毁。1942年，马步芳幕僚冯国瑞欲将该城西南部出土的"虎符石匮"上部移至西宁，但因其庞大笨重，运至东大滩即弃之作罢。1956年，青海省文物管理委员会将"石虎"又移至海晏县文化馆。"虎符石匮"的上部为一石虎，刻三行九字，从右至左为"西海郡始建国工河南"。1987年，海晏县文化馆将尚弃在城内露出的大石块移至馆内，发现大石块下面刻有"虎符石匮元年十月癸卯郭戎造"13个字。大石块与原石虎尺寸大小相同，扣合吻合，始知石虎与大石块同为一物，刻文应为"西海郡虎符石匮，始建国元年十月癸卯，工河南郭戎造"。其中"始建国元年"，即为公元9年。

"文革"期间，因挖战壕，对西海郡城遗址有所破坏。

20世纪80年代后，据当地文物部门调查，残存的西海郡城，平面呈不规则的四方形，城址轮廓基本完整。其南城墙为正东西向，总长659米，正中开门，由于城门被破坏，原有宽度已不清。东城墙为正南北向，总长630米，正中开门，门宽11.5米。北城墙从东向西看略偏西南向，总长612米，城墙西北约100米长，一段向西南折转约13米与西城墙对接。西城墙由北向南看稍偏西南，总长540米。城墙现存厚度13～14米左右、高8～12米，夯土筑，夯层8～10厘米。城内西南部地势较高而平坦，东北部低于西南部3米左右，是一个较大的平坦广场。北部有一座小院，小院北墙与城墙重合，小院南北宽105米、东西长314米。城内西南角有一座直径24米、高18米左右的夯土台。有南北、东西两条大道。南北大道由南门起向北至广场边缘有一下坡，与东西大道交叉到小院。东西大道自东门起向西沿南部离地北缘至西部高地东缘有一个上坡，上坡以西则不清楚。西南较高处遍布砖瓦碎块、杂骨和陶器残片，并暴露有较厚的灰层和部分房屋墓址。小院内地面散布了大量砖瓦碎块和陶器残片，广场内基本上不见遗迹与遗物。由此推测，城内西南部可能是官署基址，小院为居民区，广场为操练军队的场所。

1988年，西海郡城被列为全国重点文物保护单位。

程长进

北

0米   295米

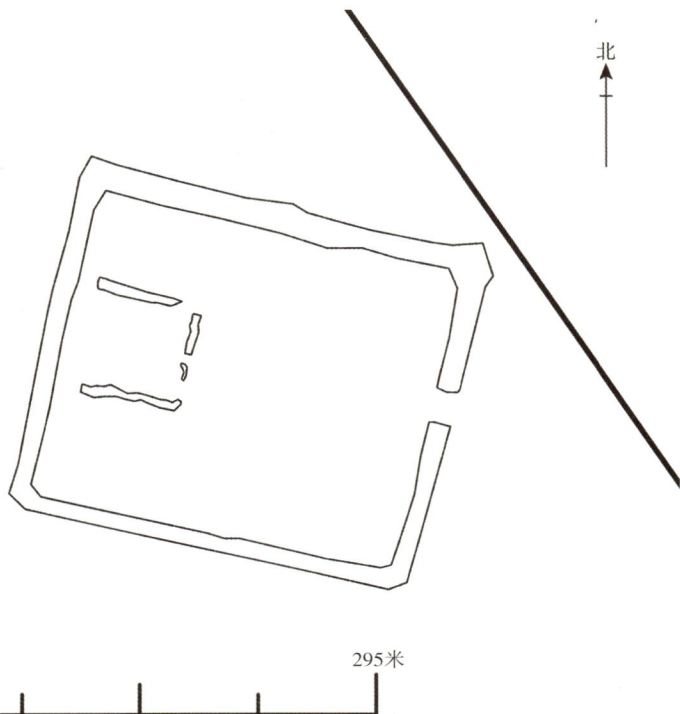

△ 伏俟城平面示意简图　据卫星航拍图，张君重绘

　　伏俟城，即吐谷浑王城，位于青海省海南藏族自治州共和县石乃（尕）亥乡铁卜加村西南，古城坐落在布哈河南岸，菜济河绕行城北，周围为大草原。

　　据《读史方舆纪要》载："伏俟城，在青海西十五里，本吐谷浑国都也。梁大同六年（540），吐谷浑王夸吕始称可汗，居伏俟城……隋大业五年（609），伐吐谷浑。别将刘权出伊吾道，至青海，乘胜追奔至伏俟城。因置西海郡，统县二：曰宣德、曰威定，皆在青海之西。隋乱，废。"参考从这里发现的隋五铢钱币可知，此城在隋时曾作为隋西海郡址。隋末中原战乱，烽火四起，隋王朝无力顾及边疆，吐谷浑人又返回原根据地，仍以伏俟城为王都。直到唐高宗龙朔三年（663），吐谷浑被崛起于青藏高原的吐蕃灭亡，伏俟城一直是吐谷浑的王都所在地，前后至少有120年之久。伏俟城东连西平

△ 伏俟城的东城墙与北城墙拐角处　本文照片均由余海涛摄

△ 今日北城墙的残迹

（今青海西宁）、金城（今甘肃兰州），南下可达益州（今四川成都），西通鄯善（今新疆若羌），曾经在中西交通线上发挥过重要的作用。特别是在公元4世纪至6世纪河西走廊一度阻塞不通的情况下，东西商旅往来多取道祁连山南，经青海西达

△ 伏俟城中残存的建筑遗址

南疆。这样，伏俟城就成为这条交通孔道上的重要枢纽。

关于伏俟城建城及沿革的详细资料，文献均疏于记载。

目前有关伏俟城的数据，主要来自考古及文物调查。伏俟城，分内、外二城，内城东西200米、南北200米，城墙保存完好，高12米、基宽17米，只开东门，门宽10米，门外有一堵折角遮墙，遮墙若以瓮城看待，瓮城门应向南开，但无瓮城城门痕迹。城内自城门向西有一条中轴大道，大道两旁各有长50米、宽30米三个相连的房屋基址遗迹。最西端有一座东西70米、南北68米的小方院，小院东、南、北三面墙已坍塌，略高于地平面。西墙则与西城墙重合为一。在小院与南部房屋基址之间有一座直径约15米、高9米的夯土台，土台上遗留有建筑痕迹。城内地面散布有少量的瓦片。外城南北长1400米、东西残长700米，系用砾砂泥土堆积而成，现已塌陷，只略高于地平面，若不仔细观察，不易看出。北面已被水冲毁，只存留有东、南、西三面。外城中部稍偏东又筑一堵墙，将外城分隔成东、西两部分，西部较东部大近一倍，古城居西部中心。东部似为后来加筑的。

从布局上看，内城虽然规整，但遗址及遗物稀少，外城砾砂堆积，更确切地说应称"围子"，尚不能称为"城"。这个围子，当初有可能是为阻挡菜济河与布哈河冲击的围堰，或是围栏牲畜之用。这些情况显示出吐谷浑"虽有城郭而不居"的习俗。

1986年，伏俟城被列为省级文物保护单位。

程长进

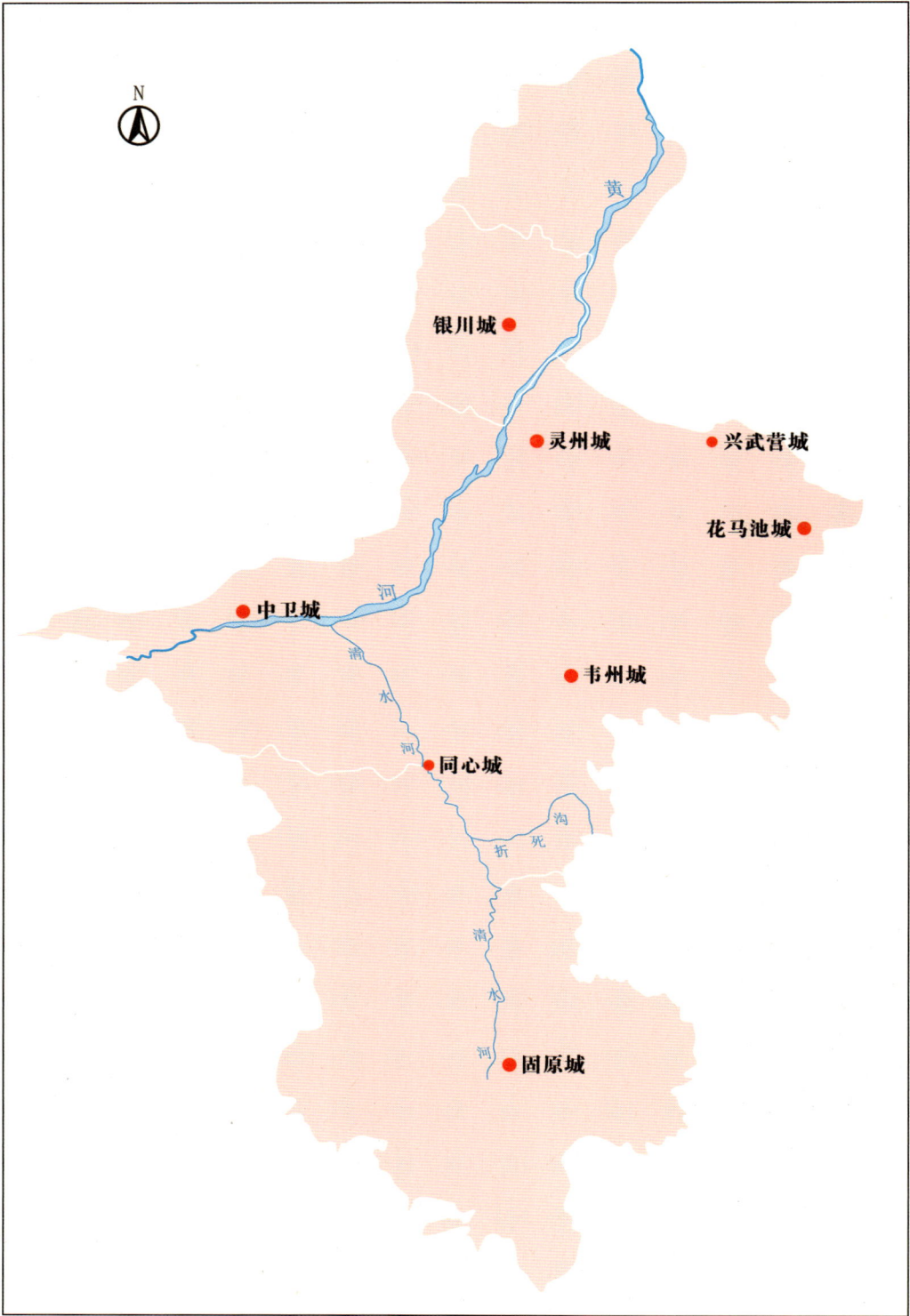

N

银川城 ●

灵州城 ●   兴武营城 ●

花马池城 ●

中卫城 ●

韦州城 ●

同心城 ●

黄

河

清

水

河

沟

死

折

清

水

河

固原城 ●

宁夏

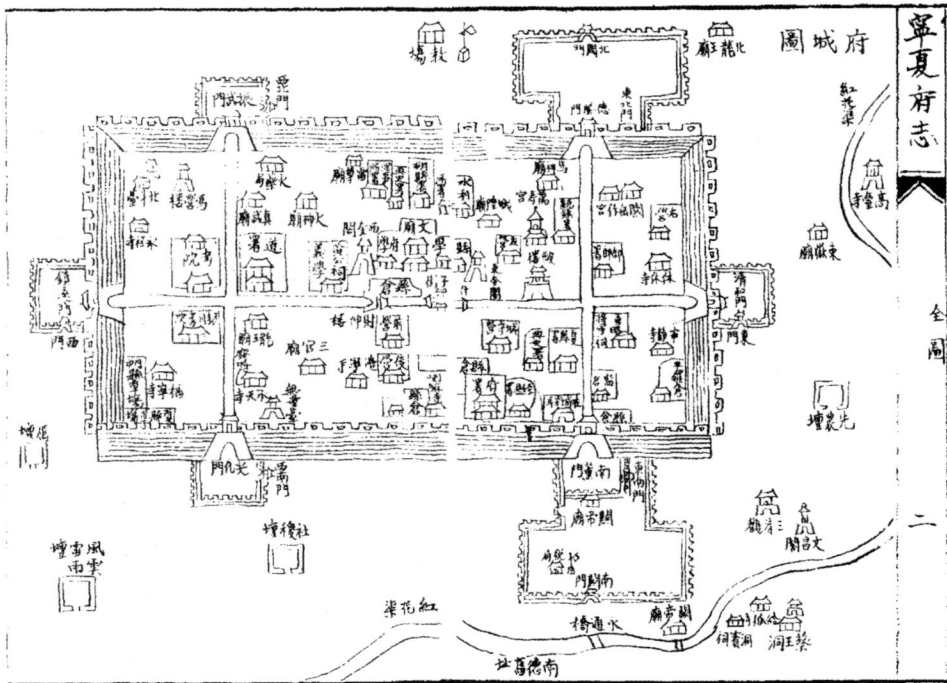

△ 宁夏府城图 引自《宁夏府志》清嘉庆三年版

　　银川，即旧宁夏府城，位于宁夏平原中部，西依贺兰山，东临黄河，素有"塞上江南、鱼米之乡"和"塞上明珠"之称。1986年，被公布为国家历史文化名城。

　　秦时，其境属北地郡。汉时，置朔方郡，北周，置怀远县。此后，建置、隶属及辖地均有变化，其名先后有"怀远镇"、"兴州"、"兴庆府"、"中兴府"、"中兴路"等。曾为西夏（1038～1227）国都。元至元二十五年（1288），为宁夏府路。明清时，先为宁夏卫，后为府，系"九边重镇"之一。1929年，正式设立宁夏省，省会驻宁夏城。1947年，正式设银川市，为宁夏省省会。1958年，宁夏回族自治区成立，银川为首府。

　　汉成帝阳朔年间（前24～前21），建北典农城（又称"吕城"、"饮汗城"），此为银川建城之始。唐高宗仪凤二年（677），怀远县遭黄河水淹，城废。次年，在故城西更筑新城（位置在今银川兴庆区）。

北宋真宗天禧元年（1017），党项族首领李德明（西夏开国皇帝李元昊之父，《考工典》称"赵德明"）认为都城灵州（今灵武）"地居四塞"，"不若怀远，西北有贺兰之固，黄河绕其东南，西平为其障蔽，形势利便"，于是以怀远温泉山（贺兰山）有瑞龙呈祥，决定迁都怀远镇（今银川市）。遂派遣大臣贺承珍督率役夫，北渡黄河，大起宫室，修建都城。天禧四年（1020），城池建成，改名为"兴州"，取兴旺发达之意。宋明道二年（1033），李德明之子李元昊升兴州为兴庆府，继续大兴土木，"广宫城，营殿宇"。兴庆府的规模、格局，史书没有详载。据弘治版《宁夏新志》记载"周回一十八里，东西倍于南北，相传以为人形"。兴庆府城不但是西夏唯一的都城，也是宁夏历史上最大的城池。据分析，兴庆府城分为东城、西城。宫城位于西城的西北，有三道城门，由外到内分别为车门、摄智门、摄智门中门。成吉思汗二十二年（1227），蒙古军灭西夏，兴庆府城遭受严重破坏，一度成为空城。

蒙古中统二年（1261），修复城池。元末，因其难守，放弃其西半部，修筑东城区，城墙高3.5丈。削去城墙的四角，以示城池尚未完全修复。

明洪武三年（1370），设宁夏府治于此，城池仍延续元末旧制。洪武五年，废府。洪武九年，设宁夏卫，后为宁夏镇治所。明正统年间，因人口繁多，"复修筑其西弃之半"，称之为"新城"。城平面为长方形，城墙高仍

▽ 1949年前后的南薰门及城楼 银川档案馆提供

▽ 修缮后的南薰门 引自潘静《银川古城历史形态的演变特点及保护对策》，西安建筑科技大学2007年硕士论文

△ 银川城南门 尚珩摄

为3.5丈、基阔2丈，并甃以砖石。四角有角楼。城门共有6座，东、西开各一门，东曰"清和"，西曰"镇远"；南、北各开二门，东南曰"南薰"，西南曰"光华"（《考工典》记为"光化"），东北曰"德胜"，西北曰"镇武"。城门之上皆建城楼。南薰、德胜二门外建有关城，分别称为"南关"、"北关"。南关门曰"昭阳"，北关门曰"平虏"，关门之上均有门楼。其余四门之外有瓮城，城上有城楼。城内还有85座悬楼、70座铺楼。城外有护城河，池深2丈、阔10丈，整座城池的军事防御功能明显。万历三年（1575），巡抚罗凤翱、佥事解学增对城池进行修缮。明万历二十年，宁夏镇城发生兵变，官军在平叛过程中绕城筑堤、决渠灌城，致使城墙浸塌，德胜、昭阳等门楼被毁。次年起，巡抚周光镐、杨时宁、黄嘉善、崔景荣等相继重修，改南关门"昭阳"为"朝阳"，改北关门"平虏"为"命我"，取北关为宁夏镇城"命门"之意，于是宁夏镇城"城楼渐复旧制，仍为巨镇伟观"。

清顺治十六年（1659），宁夏巡抚黄图安曾修缮宁夏镇城。康熙元年（1662），巡抚刘秉政主持继修。雍正二年（1724），裁卫设府。次年，在宁夏府城外东北五里处新筑一座小城，驻守八旗官兵，成为宁夏满营，后俗称"旧满城"，城周6.3里、墙高3.6丈，四面各开一门。城外有护城河，河深2丈、宽6尺。乾隆三年（1738）十一月，宁夏发生特大地震，旧满城被毁（国家档案局明清档案馆：《清代宁夏地震档案史料》，中华书局，1959年）。宁夏府城也"尽毁"，仅存基址。

乾隆五年（1740），清廷以工代赈，大规模重建宁夏府城，用银共计95.3万两，次年竣工。城垣在原城址上内缩20丈，城周长2754丈、东西长4.5里、南北宽3.1里、墙高2.4丈、基阔2.5丈、顶宽1.5丈，并以砖石包砌。城上垛口高5.3尺、女墙高3尺。四角有角楼各1座。城门仍为6座，名称也未变。门上都有城楼，门外均新建瓮城及瓮城门楼。另有炮台铺楼24座、水沟62道、水关4座。南薰门外新建关厢土城1座，周长598丈（计3.32里）、墙高2丈、基阔2丈、顶宽1丈，外面用砖包砌。城上雉堞高5.2尺、女墙高1.8尺。设关门1座，名曰"朝阳"，另设马道1座、便门1座、东西梢门2座、水沟23道、水关6道。德胜门外也建关厢土城1座，周长430丈6尺（计2.4里），城墙高厚与南关同。设关门1座，初名"平房"，后改为"永安"，建有门楼1座、马道1座、东西梢门2座、水沟13道、水关2道。城外还有护城河，河宽3丈、深1丈（参考潘静《银川古城历史形态的演变特点及保护对策》，西安建筑科技大学2007年硕士论文）。

乾隆五年（1740），分巡宁夏道阿炳安还在宁夏府城西15里处主持兴建新满城（今银川新城的前身），次年竣工，工程共计耗银15.65万两。平面呈方形，城垣周7.5里（约1350丈）、墙高2.4丈、基宽2.5丈、顶宽1.5丈。城上雉堞高5.3尺、女墙高2尺，均用砖砌。设四角角楼各1座，四面各开一门，上有门楼，东曰"奉训"，南曰"永靖"，西曰"严武"，北曰"镇朔"，门外均有瓮城和瓮城门楼。另有铺房8座、炮台24座、水沟24道。城外有护城河，河宽3丈、深1丈。

1911年，南薰门、德胜门及城墙局部毁于战火。1917年重建。

20世纪中后期，因为修筑环城公路，古城墙基本被毁。

20世纪80年代，据当地文物部门调查：宁夏府城现仅存南薰门以及西城墙的西北角一段。南薰门通高27.5米，城台为夯土包砖，高7米、长33米、宽24.5米。上有歇山顶三层重檐城楼，高20.5米。西城墙西北角残长约400米、宽2~3米，最高处5米。

2005年，南门楼（即南薰门）被列为自治区级文物保护单位。

郭豹 张依萌 洪峰

宁夏卫城池：本赵德明旧址。明正统中，复筑之，谓之新城。周一十八里，高三丈六尺。池深二丈。门六：东曰清和，西曰镇远，南曰南薰、曰光化，北曰德胜、曰振武。各建楼其上。

——清《考工典》第十九卷，引自《古今图书集成》

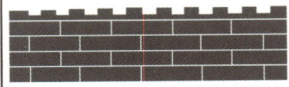

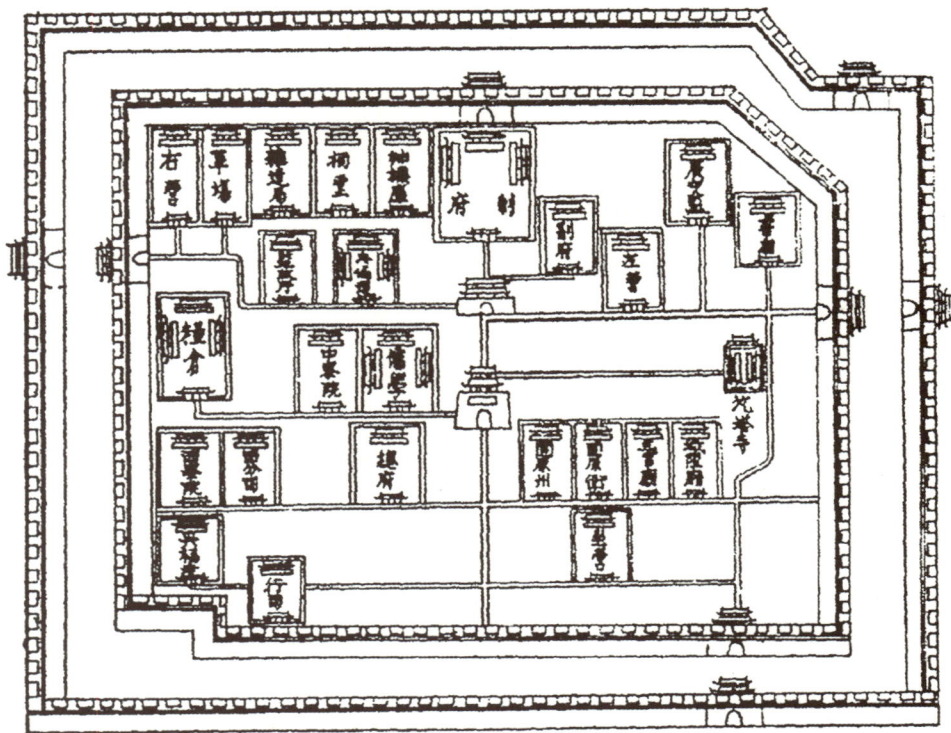

△ 固原州城图　引自《固原州志》明嘉靖版

　　固原，古称"大原"、"高平"、"萧关"、"原州"，位于宁夏回族自治区南部，处于丝绸之路北线。明代沿长城设九镇，固原是其中之一。

　　汉元鼎三年（前114），置安定郡，郡治高平（今固原市原州区）。北魏正光五年（524），置原州。此后，建置、隶属多有变化。明清时，置固原卫和固原州，为三边总制（宁夏、延绥、陕西）治所驻地。1913年，废州改县。1958年，成立固原专区（1970年，改地区），行署驻固原县。2002年，正式设立地级固原市，固原县改为原州区。

　　西汉元鼎三年（前114），为加强西北边地军事防御，置安定郡，郡治高平（今原州区），遂就地筑城。这是固原历史上有明确记载的最早的城。因城坚池深，《后汉书》里称之为"高平第一城"，是"西遮陇道"的重镇。历史学家、文学家班彪北游安定郡时曾登临高平城，留下了著名的《北征赋》。以后曾多次修葺。北周天和四年（569），"筑原州城"，可能是在原高平城外新筑的一圈城墙。

唐代，固原城是丝绸之路上的重要驿站。大历元年（766），吐蕃攻陷原州，"毁其垣墉，弃之不居"。大历八年，宰相元载指出"原州当西塞之口，接陇山之固，草肥水甘，旧垒存焉"，极力主张朝廷"请移京西军戍原州，乘间筑之，贮粟一年"，但没获得批准。贞元三年（787），吐蕃"修原州城，屯据之"（《旧唐书》）。

宋时，宋军与西夏长期争战，固原所在的地区也是军事对峙的前沿。至道元年（995），宋将李继隆命如京使胡守澄修葺了原州城，更名为"镇戎军城"（明清地方志称为"宋将曹玮所筑"，有误）。城"周围九里七分，壕堑二重"（嘉靖版《固原州志》），又增置了马面和瓮城。原州城成为北通大漠、南扼关中的重要军镇。

金宣宗兴定三年（1219），固原发生6.5级地震，城墙坍塌严重。次年调集军民两万余人，历时一个月修复原州城（明代景泰年间，修葺城墙过程中"掘出方砖一块"，记载有此事）。元代，忽必烈封皇子忙哥刺为安西王，王府建在固原城南18公里处的开城镇，固原城遂被废弃。

明景泰元年（1450），蒙古入侵，陕西苑马寺长乐监监正上奏朝廷修固原城。次年"命修固原州废城"（1979年，在固原城古城墙内出土了景泰二年的《重修镇戎城碑记》，记载了此次修城经过。详见许成、韩兆民《宁夏固原出土明代砖刻》，载《考古与文物》1982年第4期）。成化五年（1469），兵备佥事杨勉又进行增筑（《考工典》记为"巡抚马文升增筑"），城周长9.3里，高、阔各3.5丈，东、南各开一门，分别曰"安边门"、"镇夷门"，上有城楼。弘治十五年（1502），三边总督秦竑主持大规模修城，增筑外关

▽ 固原城靖朔门　本文照片均由张辉摄

▽ 新修的和平门

◁ 固原城墙坍塌处

城，周围20里，城墙高3.6丈、基宽4丈、顶宽2.3丈。城墙四面各设一门：东曰"安边"，南曰"镇秦"，西曰"威远"，北曰"靖朔"。从明末《固原州舆图》看，东、南、西三门都在城垣正中，唯北门不在正中，而在东北拐角处。关城外有护城河，深、宽各2丈。万历版《固原州志》将杨勉、秦纮修筑的城，分别称为"内城"、"外城"。固原城内、外城"回"字形的格局基本奠定。万历三年（1575），三边总督石茂华认为"土筑不能垂远"，将外城削去七里，"始甃以砖，高三丈六尺，周凡十三里七分，遂称雄镇"。此外，还增修了角楼、炮台等。

清康熙四十九年（1710），镇绥将军潘育龙主持大规模修葺城墙，还加修大小城楼24座。嘉庆十六年（1811），时任陕甘总督的那彦成重修固原城，用工"赈

△ 修缮后的固原城墙（局部）

△ 固原城墙剖面局部

贷兼施"、"十六年闰三月兴工，次年秋工竣。计役募夫近万人，用帑五万余金，民乐受雇而勤于役。向之倾者整，圮者新，垣墉屹然，完固如初"。光绪三十二年（1906），固原提督张行志、知州王学伊又加修补损毁地段城墙。

清宣统版《新修固原直隶州志》对固原城的记载相当详尽。内城周围9.3里、高3.5丈，有垛口1046座、炮台18座。外城周围13.7里、高3.6丈，有垛口1573座、炮台31座。内外城门共10座，均为万历时建：东城门3座，冠名者2座，曰"安边"、"保宁"；南城门4座，冠名者2座，曰"镇秦"、"镇夷"；西城门2座，冠名者1座，曰"威远"；北城门1座，曰"靖朔"。

1920年，海原县、固原县（当时属甘肃省）一带发生里氏8.5级特大地震，固原的内城墙大部分倾塌，砖包的外城墙也有多处坍塌。此后，时有修葺，尽管雉堞、垛口等多有损坏，但一直到20世纪60年代初，内、外城墙保存尚属完整。

1972年，为加强战备，城墙被部分拆毁，城砖用于修建防空洞。

20世纪80年代后，据当地文物部门调查，固原城墙现存内城墙西南角一段，长约500米、高4～12米不等，位于西湖

△ 固原城墙马面出现的纵向裂隙

△ 固原城墙内部结构

公园内。外城墙西北角一段，长约1000米，保存较完整。这段现开有二门，"靖朔门"并非当时旧貌，而"和平门"更是历史上没有，完全是新开的。另有外城南墙东段和南瓮城东侧残存的城墙遗迹一段，被开辟为城墙遗址公园。

2013年，固原古城遗址被列为全国重点文物保护单位。

张依萌　郭豹　夏冬

固原州城池：宋咸平中，曹玮建。元末，废。明景泰元年，复筑。成化三年，徙开成县，治于此。五年，巡抚马文升增筑，大设楼橹。弘治十五年，巡抚秦纮开西门，更筑外城为关门。周围浚堑，深、阔各二丈。万历三年，石茂华始甃以砖，高三丈六尺，周十三里七分，遂称雄镇。

——清《考工典》第十九卷，引自《古今图书集成》

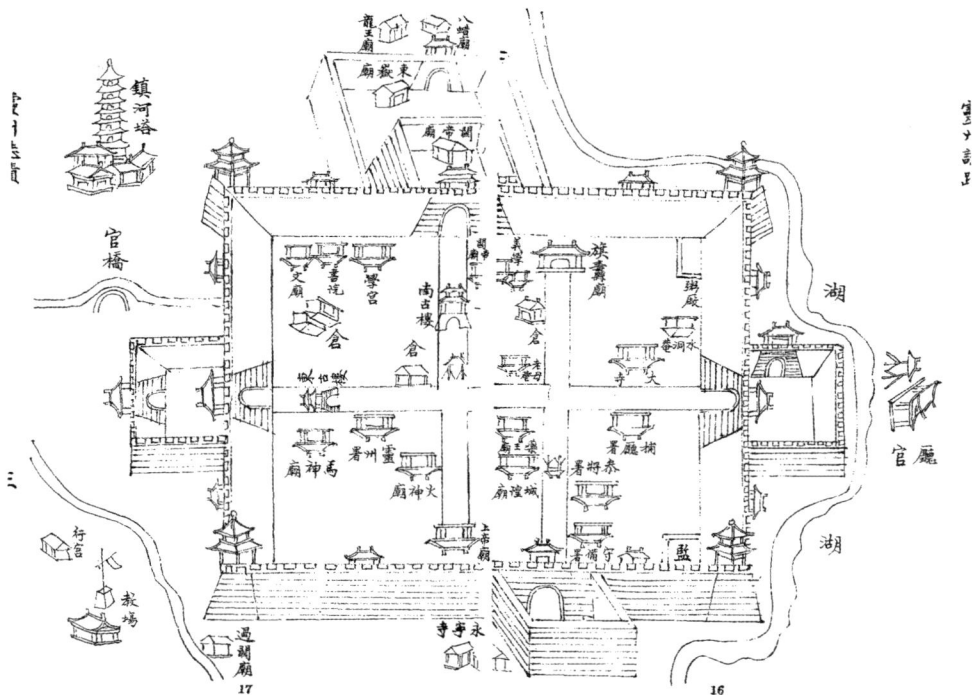

△ 灵州州城图　引自《灵州志》清嘉庆三年版

　　灵州，为今灵武市古称，地处黄河东岸、宁夏平原南部，曾是宁夏古代经济、军事、政治、交通中心，有"塞上江南"之称。

　　西汉惠帝四年（前191），始设灵洲县。北魏时，置灵州。此后，建置、隶属多有变化。明清时，先后为灵州所（隶属宁夏卫）、灵州（直隶州）。1913年，废州置灵武县。1996年，灵武撤县设市（县级）。

　　灵洲、灵武是汉代同时设置的两座县城。在唐代之前虽然名称、位置不同，但名称相近、相距不远，最终又融合在一起，所以很容易把二者混淆。

　　灵武是西汉初所置的县，同属北地郡。县城为秦汉时期的浑怀障城（位置在今银川市黄河东岸）。北魏孝文帝太和元年（477），迁临淄（今山东淄博市）一带（即历下）居民至浑怀障城，故此城俗称为"历城"。北周置历城郡，在浑怀障城设建安县。隋开皇十八年（598），改称建安县为"广

△ 灵州城墙（1960年摄）　许俊熙提供

润县"。仁寿元年（601），再改称"灵武县"。《元和郡县图志》称"灵武县，东南至（灵）州十八里"。此城到明代前期还存在，被宁夏镇屯田士兵利用，"灵武城尚存，亦屯军居之"（明·朱栴编纂：《宁夏志》）。从始建到废弃，灵武县的位置似未变过。

两汉时期，灵洲县城在黄河河渚（即河心洲）之上。东晋十六国时期，大夏国王赫连勃勃在黄河河渚设立王室果园，并建城管理，筑城时间可能在赫连夏龙升元年至凤翔五年间（407～417）。北魏所置薄骨律镇，也在果园城（艾冲：《灵州治城的变迁新探》，载《中国边疆史地研究》2011年第4期）。此后到唐代的灵州，再一直到明初，灵州州治的位置都应该没有变化，均应在今宁夏吴忠市，更有学者指出具体在利通区古城湾村西侧的古代黄河河心洲东南部。

明代因黄河数次改道，灵州城屡遭水患，从宋至元，灵州城在黄河以南的位置三易其址，最后固定在今灵武市老城区。河东兵备道张九德在其天启五年（1625）所撰《新筑灵州河堤碑记》中，明确提出灵州"城凡三徙，皆以河故"。

第一次迁址是在洪武十七年（1384）。明庆王朱栴编纂、成书于正统年间、现存日本的《宁夏志》（过去常称为《宣德宁夏志》）记载："灵州……故城居大河南，今犹存其颓垣遗址，其西南角被河水冲圮。洪武间筑城于故城北十余里。"嘉靖版《宁夏新志》则称"于故城北七里筑城"，不确。

第二次迁址，在永乐年间（1403～1424）。"永乐间亦被河水冲圮"（明·朱栴编纂：《宁夏志》），但具体时间、迁移地点并没有记载。从第三次迁建的记录可以推算出位置在今灵武市老城区西南五里处。

第三次迁址，是在宣德三年（1428，《考工典》记为"宣德二年"）。"城湮于河水，又去旧城东北五里筑之"（嘉靖版《宁夏新志》卷二）。这里的旧城，指的是永乐时期迁建的灵武城。迁建的城址就位于今天灵武市的老城区，地势要比原来的高。

景泰三年（1452），灵武城"展筑之，并南关，周围七里八分"。弘治十三年（1500），新筑南关。该城平面基本呈正方形，边长一公里，原为土筑，南、北、西三面各开一门，分别名曰"洪化"、"定朔"、"孕秀"（《考工典》记为"南、北二门"）。万历五年（1577），巡抚罗凤翔主持大规模修城，全城甃以砖石，城高3.1丈、厚2.5丈、顶厚1.5丈。东面新开一门，曰"澄清"。城门外建有瓮城，另设角楼4座、敌楼4座、门台4座、炮台4座。护城河深1丈、宽3丈。天启二年（1622），黄河再次发大水，灵州城又遭威胁。河东兵备道张九德募集资金，在灵州城西用石材修筑一道南北走向的大堤，以杜绝不断危害城墙的水患。天启三年动工，天启五年才竣工，"凡费时二年有半"，长度达6000余丈，时称"张公堤"。灵州城的水患得到解除，此后再没有迁址。

除了水患曾迁址外，灵州城还因为地震屡毁屡修。如：清乾隆三年（1738），宁夏发生8.0级地震，灵州城城墙、角楼、敌楼、垛口等多处震塌，灵州城城墙、角楼等处崩塌。乾隆五年，灵州知府朱佐汤、千总索云飞等监修灵州城，费银6.71万余两。

1917年，灵武知事余鼎铭修葺城墙。1920年，海原发生8.5级大地震，灵武城墙再次崩塌，后也有修缮。1947年，马鸿逵部队在城墙顶部挖掘战壕。

1949年后，因城市建设需要，灵州城墙遭大部分毁圮。如1958年，拆除城砖修建影院、剧院。1969年，拆城砖用以修建地下防空洞。20世纪70年代初，灵州城墙尚有3900米长，此后部分地段仍被拆除。

20世纪80年代后，据当地文物部门调查，灵州城墙仅存西北角一段，东西长230米、南北长155米、高10.3米、基底宽9.8米，墙外用砖包砌，砖有三层，厚达0.7米。2008年，旧城拆迁过程中，收回城砖10000余块，用于残墙修缮。2014年，当地投资100万元，对残存城墙进行维修。

2010年，灵州城墙遗址被列为自治区级文物保护单位。

郭豹　张依萌　洪峰

灵州所城池：旧在黄河南。明洪武十七年，移筑于北七里。宣德二年，又移筑于东北五里。景泰三年，拓筑并南郭，周七里八分，高三丈。池深一丈。南、北二门。万历五年，巡抚罗凤翔甃以砖石。

——清《考工典》第十九卷，引自《古今图书集成》

花马池城

花马池城，位于宁夏东部盐池县花马池镇，是陕西进入宁夏的东大门，有"灵夏肘腋、环庆襟喉"之称。

战国时，置昫衍县。西魏（535～557），改称"盐州"，因盐池产盐而著称。此后，建置、隶属多有变化。宋、元时期，当地以盐换马，换马池遂演绎为花马池。明太祖朱元璋第十六子庆王朱栴撰《宁夏志》中已载有"花马池"一名。明正统二年（1437），置花马池营。弘治六年（1493），改置花马池守御千户所。正德二年（1507），升为宁夏后卫。清康熙三年（1664），降宁夏后卫为所。雍正八年（1730），在灵州下增设花马池分州。1913年，始设盐池县，花马池镇属之。

明代花马池，有新、旧两处城址。

花马池故城（即旧城），建于明正统二年（1437），据《明实录》记载，该城由宁夏总兵官史昭"相地于花马池，筑立哨马营"，成城（而多部明清史书记载始建于正统八年或九年）。旧"城在今长城外，花马池北"，因为"孤悬寡援"（嘉靖版《宁夏新志》），天顺年间（1457～1464）建置南迁后，旧城遂废。旧城所在位置，一说在今内蒙古自治区鄂托克前旗北大池北侧。也有学者考证，在今定边县盐场堡镇花马大盐池北偏西的地方，即明代安定堡北五公里处，有一处古城遗址，即为花马池故城。该城平面为长方形，东西长250米、南北长200米、周长900米。城墙已经坍塌为平缓的鱼脊状，残高1～3米、顶宽约6米（黄龙程：《花马池故城考》，载《宁夏史志》2013年第5期）。

天顺年间（1457～1464），新筑花马池城，位置在今盐池县花马池镇。正德二年（1507），左都御史杨一清主持扩建。使城周7里余，墙体用黄土夯筑，高3.5丈，设东、北二门：东曰"永宁"，北曰"威胜"，城门上建有城楼（嘉靖版《宁夏新志》）。万历三年（1575），又开南门，称"广惠"，均有门楼及瓮城。因为向西一面风沙大、不便出入，所以不设西门，但西城墙上仍建了城楼。城外有护城河，河宽2丈、深1.5丈。万历八年，宁夏巡抚萧大亨

△ 修缮后的花马池北门与北段城墙 杜震欣摄

主持大规模修城，将土城改建为砖石城。

清代，花马池城多有损毁，也多有修缮，但文献大多疏于记载。乾隆六年（1741），重修花马池城。

20世纪50年代后，花马池城墙上的砖都被拆走，仅存土筑残垣。北门早毁，只有东、南二门尚有瓮城残存。

20世纪80年代后，据当地文物部门调查，遗存的花马池城平面近似方形：东西长1100米、南北长1050米、周长4300米。城墙基厚约12米、顶宽4~5米、包砖厚度约1.5米、残高10米左右。

2000~2010年间，当地文物部门收集旧城砖，先后维修了960米城墙，新修了北门三清阁和南瓮城，还拆除了城墙25米范围内的所有新建筑，进行环境整治。2013年，维修了640米长的北段古城墙。2015年，又对东瓮城北段城墙、南段城墙进行修复。

2005年，花马池古城址被列为自治区级文物保护单位。

附：

兴武营城　位于盐池县城西北48公里处，是明长城宁夏镇的重要关堡，素有"灵夏重地、平庆要藩"之称。

正统九年（1444），都御史金濂始筑此城，就其旧基，设都指挥守备。有学者认为兴武营城前身为唐代的鲁州城，但证据不足，学界多不认同。另据嘉靖版《宁夏新志》卷三载："旧有城，不详其何代何名，唯遗废址一面，俗

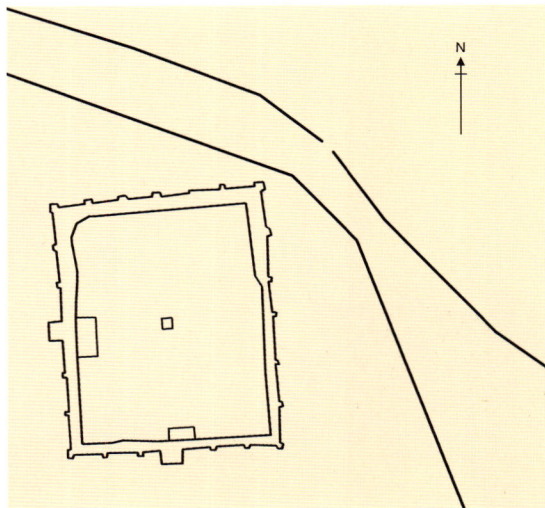

◁ 兴武营平面示意简图 张君重绘

呼'半个城'"。正德二年（1507），左都御史杨一清奏改兴武营为守御千户所，城周长3.8里、高2.5丈。开西、南二门，门及城垣四角皆有楼。城外有护城河，河深1.3丈、阔2丈。万历十三年（1585），甃以砖石。

20世纪80年代后，据当地文物部门调查，兴武营城址平面呈长方形，东墙长610米、西墙长580米、南墙宽470米、北墙宽480米。墙体以黄土夯筑，外包城砖，基宽12米、顶宽3~5米，现存高7~8米。城四隅设角台，上有楼，今已毁。东、北墙各建马面5座。西、南墙正中设门，门外环以长约30米、宽约20米的瓮城；南门瓮城开西门，西门瓮城开南门。城外环绕护城壕一道，壕宽约12米、深1~2米，大部分为流沙填埋。

2013年，兴武营城址被列为全国重点文物保护单位。

夏冬 张依萌 郭豹

宁夏后卫城池：旧在花马池北，明正统八年筑。天顺中，改筑今城。周七里二分，高三丈。池深一丈五尺。东、西、南三门。

——清《考工典》第十九卷，引自《古今图书集成》

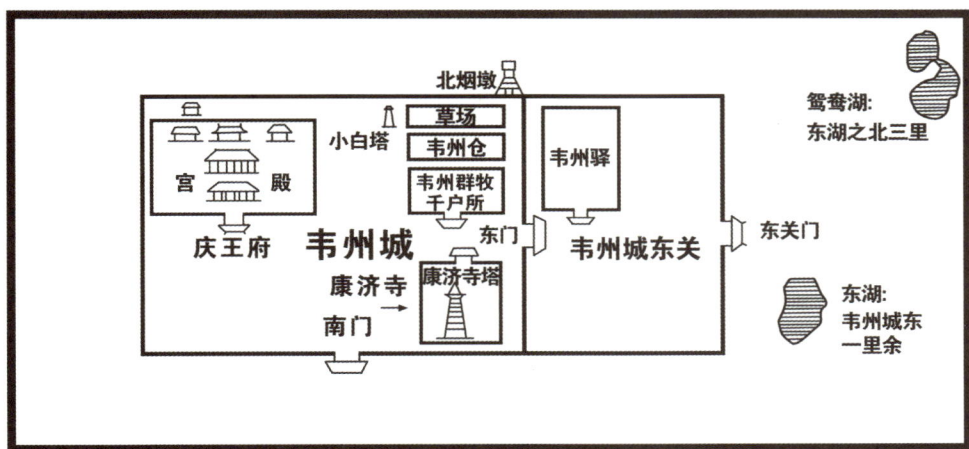

△ 韦州城平面图　据白述礼《韦州古城历史浅议——兼与金玉山、余海堂同志商榷》，载《宁夏史志》2011年第2期，张君重绘

韦州城，位于宁夏回族自治区同心县东北的韦州镇，城址建在两山之间的平滩上。这里"地土高凉，人少疾病"，明朱元璋第十六子庆王朱㮵曾在此居住九年，其与其子孙的陵寝也在韦州（今称"明王陵"）。

秦、汉时，韦州属北地郡。唐咸亨三年（672），置安乐州，后改为"威州"。宋代，改称"韦州"，后为西夏占据，设韦州静塞军。明弘治十年（1497），置韦州守御千户所，属宁夏卫。清同治十三年（1874）前，韦州属灵州管辖。此后，隶属多有变化。1943年，重归同心县管辖至今。

西夏开国皇帝李元昊（1003～1048）为控扼镇戎、萧关、环庆等地交通要道，护卫西平、兴庆的安全，呼应萧关、天都、鸣沙等地的防御，遂在唐代威州城西面重筑韦州城，"周回三里余"，设韦州监军司。

明洪武二十六年（1393），庆王朱㮵"自庆阳徙居韦州"。此时，西夏时

△ 韦州城遗址 居子默提供

期所筑的韦州城"土坚好，城垣尚完如新"，城墙东、南各开一门。弘治十三年（1500），宁夏巡抚都御史王珣上奏朝廷，在韦州城东面添筑东关，东垣正中设关门1座。城"周回四里三分"，城外有护城河，河阔2丈、深7尺。老百姓俗称韦州城为"老城"，添筑的东关为"新城"。过去有学者据此认为是新、老二城并立，不准确，应为一座韦州城带着一个东关（白述礼：《韦州古城历史浅议——兼与金玉山、余海堂同志商榷》，载《宁夏史志》2011年第2期）。

清代，韦州称"韦州堡"。但是，此后韦州堡的损毁及修缮等详情，文献记载不详。

20世纪80年代后，据当地文物部门调查：韦州城平面呈长方形，城东西长570米、南北宽540米，其中西、北二墙保存稍好。现存残墙基底宽10米、高12~14米，墙体为黄土夯筑，夯层厚8~12厘米。墙体四面共设马面49座，城墙的东、西、南、北四面各开一门，南门外有40余米见方的瓮城，瓮城门向东开。

1963年，韦州古城被列为自治区级文物保护单位。

附：

同心城　曾名"半个城"、"半角城"，位于宁夏回族自治区同心县县城。因明末李自成起义军攻打此城，城内军民同心协力守城，未被攻下，故名"同心城"。也有传说元末时，城外河水一夜暴涨，将古城冲得只剩下半段城墙，当地百姓遂称之为"半个城"。清置平远县（后曾改为镇戎县、豫旺县），1938年治所迁至同心城，县名遂改为同心县。

北宋政和五年（1115），秦凤经略使刘仲武率军从会州（今甘肃靖远）向东北进攻西夏，曾在此筑城屯兵镇守。明代弘治年间（1488~1505）重修。"同心城旧名半角城，距县西城120里，明弘治年间重修。周围二里五分，内外皆土"（民国版《预旺县志》），东、西二面开门。此后，该城被扩建为城周五里多，但详情不明。

20世纪80年代后，据当地文物部门调查，同心城地处河湾台地，因地势原因形成南、北两座城池，分别置民居和衙署。现存南城西墙沿着河岸，西南呈弧形，城长557米、基底宽5~8米、残高5米。墙体为夯筑。

郭豹　夏冬　张依萌

都司署　玉皇阁

厉坛

财神庙

×史署　县署　城隍庙　庆筵宫　行台　学署　文庙　中卫营　副将署　关帝庙

龙神庙　西门　旧鼓楼　新鼓楼　东门　东关　教场

中卫驿

文昌宫

应理书院

应理仓

金星阁

北

南门

社稷坛　护　城　河　先农坛　雩坛

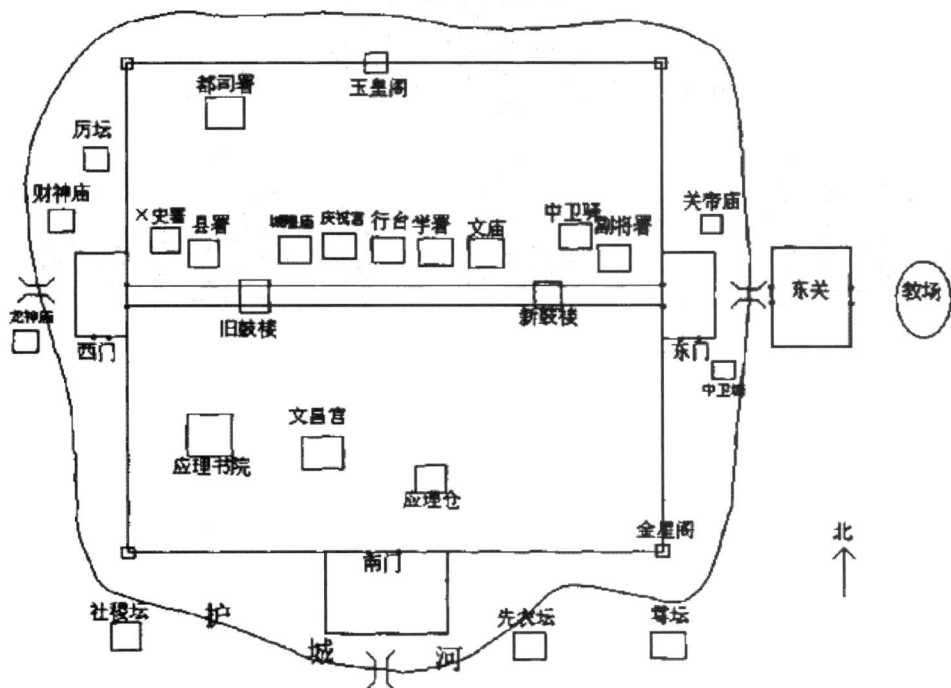

△ 中卫县城图　引自《宁夏中卫县志》清乾隆版

中卫，位于地处黄河北岸，因明代所置"宁夏中卫"而得名，史载"后接贺兰之固，前有大河之险，左联宁夏，右通庄浪，边陲之要路也"，素有"关中屏障，河陇咽喉"之称。

秦代，中卫属北地郡。此后，隶属及建置均有变化。元时，设应理州。明永乐元年（1403），改庆王右护卫为宁夏中卫，"中卫"一名由此而始。清雍正二年（1724），改为中卫县，属宁夏府。1933年，分设中卫、中宁二县。2004年，设立地级中卫市。

中卫最早筑城，详情已不可考。但是据文献记载，元时可能已有城池，"元以前创建，无可考。旧址狭隘"（道光二十一年《中卫县志》卷二）。

明初，地方驻军卫所曾沿用了元代的理应州城（参考《考工典》）。但此时的城墙规模、损毁及修缮等详情不明。明正统二年（1437），都指挥仇廉

△ 中卫玉皇阁　尚珩摄

奏请扩建中卫城，使其城墙周长达到5.8里。天顺四年（1460），参将朱荣再次申请修缮中卫城，城墙增高至3.5丈，设城门2座：东曰"振魏"，西曰"镇远"。同时还疏浚了护城河，使其深1丈、宽7.8丈。嘉靖二年（1523），参将周尚文主持修城，在南垣增开一门，曰"永安"，各城门上均建有城楼。万历二年（1574），参将张梦登最早申请修缮中卫城。获准后，于次年由巡抚罗凤翔主持修建了东关城，周长248丈。万历十一年，巡抚张一元在任时，大规模主持修城，并用砖改筑旧土城，"遂为西路坚城，完固甲于诸塞"（道光版《中卫县志》）。

清康熙四十八年（1709）九月十二日，中卫遭遇大地震，城墙"崩塌十之七八，楼垣尽倾"。灾后，当地军民"捐金修复，仅完葺东西二门"。乾隆三年（1738）十一月二十三日，中卫再次遭遇大地震，"城垣已不复固，较前之崩塌愈甚矣"。这两次大地震后，中卫城墙严重损毁，鉴于中卫战略地位的重要性，各级官吏多次向朝廷呈报请修，并详实汇总了中卫城墙的建造史：中卫县城"仍故城旧址，东西长，南北促，若舟形。周围五里七分，高二丈四尺；女墙五尺九寸。浚濠环城六里三分。城门三，上建楼，外护月城。增角楼三，敌楼八，门台六，炮台十四。……城东关，万历初巡抚罗凤翔奏建，周围二百四十八丈。十一年，巡抚张一元题请砖甃"（引自道光版《中卫县志》）。此后，在中卫县历任官吏主持下，不断对城池进行规模大小不等的修缮。道光二年（1822），知县李棣通利用申请到的库银主持修补东、南、西三面城墙，还在护城桥处建造木牌坊。

1912年后，中卫县城的城墙周长2850米，东、南、西三面各开一门，均有瓮城。东门东侧设有东关城，四角各有一座角楼。城外还有一道外郭（《和龚〈新修支那省别全志〉宁夏史料辑译》，北京燕山出版社，1995年）。但是，城墙基本没有大规模的修缮，许多地段城墙逐渐出现损毁。

1949年后，随着城市建设需要，拆城取砖，甚至人为大规模进行拆城，导致中卫城墙逐渐毁圮殆尽。

附：

中卫县的城墙虽毁，但市区城北建在接连城墙的高台上（包括高台下的保安寺）的高庙尚存。

中卫县历史上最后的城墙，除县城外，还有建于明正统九年（1444）的广武城，建于明弘治元年（1488）的枣园城，建于万历十三年（1585）的石空城，建于弘治元年的镇罗堡城，建于万历四十三年的古水城。这些大小不一的城墙，有的仅存残垣断壁，还有的已经彻底毁圮，仅存城址。

郭豹　杨国庆

宁夏中卫城池：本元理应州城。明洪武中，建为卫。正统初，指挥仇廉、天顺中参将朱荣相继拓筑。周七里三分，高三丈五尺。池深一丈。万历三年，巡抚罗凤翔城东郭。

——清《考工典》第十九卷，引自《古今图书集成》

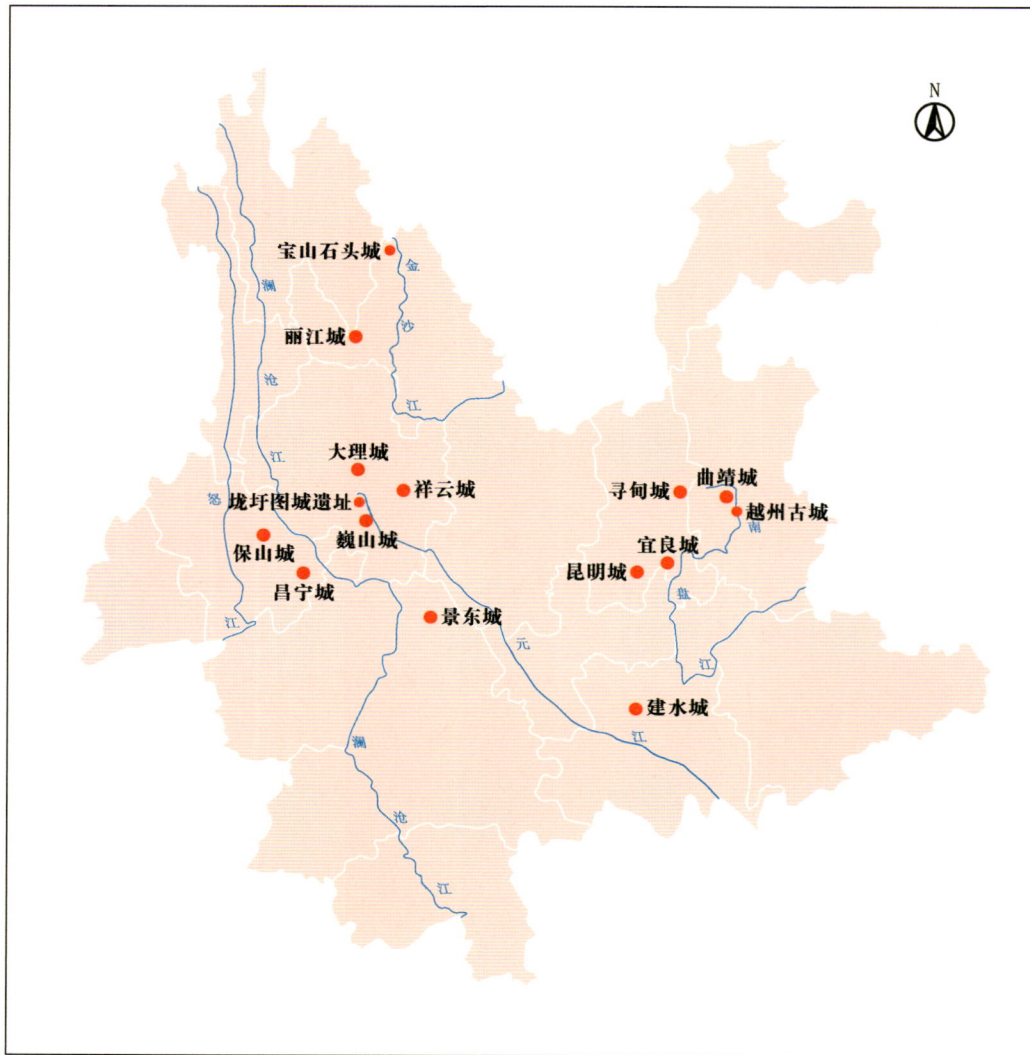

N

宝山石头城

丽江城

大理城

祥云城

垅圩图城遗址

巍山城

保山城

昌宁城

景东城

寻甸城

曲靖城

越州古城

宜良城

昆明城

建水城

金沙江

澜沧江

怒江

盘江

元江

澜沧江

云 南

昆明城

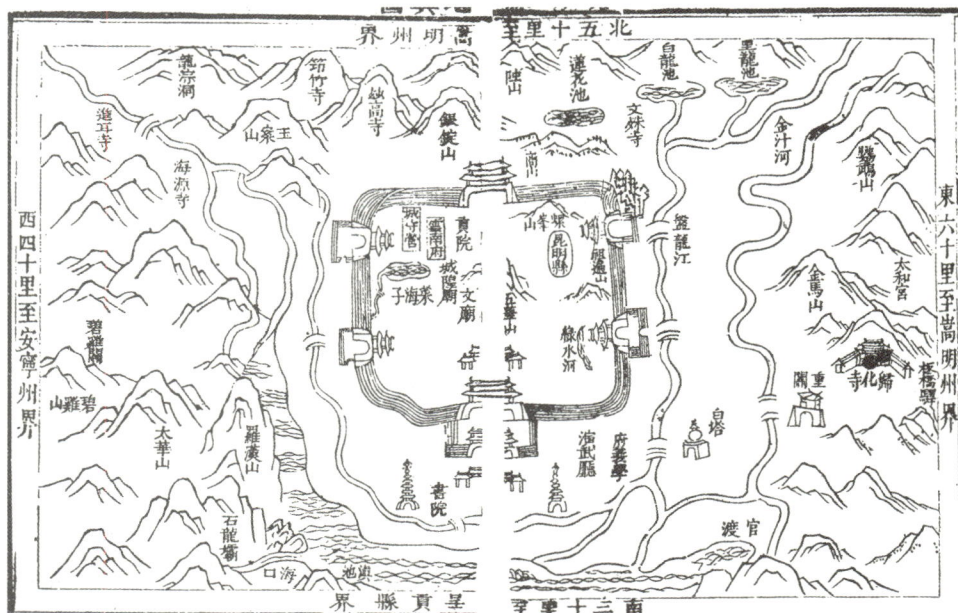

△ 云南府城图　引自《云南府志》清康熙三十五年刊本，载《中国方志丛书·云南省（26）·云南府志》

昆明，位于中国西南云贵高原西部，云南省中东部，南濒滇池，三面环山。因其夏无酷暑、冬无严寒、气候宜人，被誉为"春城"。1982年，被列为国家历史文化名城。

昆明的历史可以追溯至公元前277年，楚国大将庄蹻开滇，因秦攻楚，断了归路，便"服从其俗"留了下来。西汉元封二年（前109），汉武帝加封尝羌为滇王，设益州郡。蜀汉建兴三年（225），诸葛亮南征南中，改为建宁郡。唐朝时期，南诏国筑拓东城，为昆明建城之始。后晋天福二年（937），大理段氏夺取大义宁国政权，建立大理国，统一了云南，在拓东城的基础上设鄯阐府，为大理国八府之一。元至元十一年（1274），建立云南行中书省。至元十三年（1276），置中庆路、昆明县，云南行省迁省治于此。明洪武十五年（1382），改中庆路为云南府，仿内地建制。清光绪三十年（1904），辟为商埠。1922年，设昆明市政公所（1928年成立市政府）。现为云南省省会。

　　昆明最初筑城年代已无考，据清康熙三十五年《云南府志》记载："城创自庄蹻"，名曰"庄蹻故城"，形制无载，不可信。其后各志皆言为唐时始建。广德二年（764），凤伽异筑拓东城（据《新唐书·南蛮传》），为土城，位于"绕道金棱河"（今金汁河）和"萦城银棱河"（今盘龙江）之间，形制不可考。乾符四年（877）以后，南诏隆舜称"鄯阐"为"上都"，称"鄯阐城"。元至元十二年（1275），改称"中庆城"（或用旧名音译称"鸭池城子"），形制皆无考（据1995年《五华区志·行政简建置》）。

　　明洪武十五年（1382），沐英重筑拓基，修建砖城。城高2.92丈，长度所载不一：一说10里334步，计1964丈（据1949年《新纂云南通志》卷四十一）；一说9里3分（据清康熙三十五年《云南府志》卷三），多从后种说法。全城呈梯形，西北面呈长方形，东南面呈三角形，把圆通山和翠湖纳入城中，有民谚道："昆明城内三山一水"，即圆通山、五华山、祖遍山和翠湖。设城门6座：东曰"咸化"，南曰"崇政"，西曰"广达"，北曰"保顺"，东北曰"永清"，西南曰"洪润"，门上皆设门楼（据清光绪二十七年《昆明县志》卷三）。关于所建六门，民间有传说：平西侯沐英因梦见一蛇一龟相

▽ 昆明旧时门楼　姜雪松提供

◁ 昆明市明代城墙残段

斗，特请当时著名堪舆家汪湛海来昆明。其凭据昆明位于蛇山（今长虫山）之首的说法，定下了"龟蛇相交"的设计格局，将昆明城设计为龟形，龟首在南门，有楼曰"向明楼"，楼上有沐英所书"登高望远"四字；龟尾为北门，龟足分列其余四门。万历四十八年（1620），巡按史潘濬重修，于南门西面建钟楼，东面建鼓楼。此时环城有河，可通舟楫；外有重关，跨隘衢市（据清光绪二十七年《续云南通志稿》卷二十四）。

清顺治十七年（1660），城墙因有倾圮，重修（据清康熙二十九年《云南通志》卷八）。康熙二十年（1681），因攻吴三桂残余势力，城倾圮，重修。雍正六年（1728），特设专款，每年存银300两修城。乾隆十三年

（1748），知府徐铎重修。乾隆二十一年，知县额鲁礼重修。乾隆二十九年，知县魏成汉重修。乾隆三十一年，知县李世保重修。乾隆三十三年，小东门城角陷落，城楼、垛口坍塌，知县朱学醇重修。乾隆五十五年，因大雨坍塌，知县施廷良重修。此时城门及城楼名已全部变更：东门曰"咸和"，楼曰"殷春"，俗称"大东门"（在今小花园一带）；东北门曰"敷泽"，楼曰"璧光"，俗称"小东门"（在今圆通公园大门前，圆通街东口）；南门曰"丽正"，楼曰"近日"，俗称"大南门"（在今南屏步行街东口）；西门曰"宝成"，楼曰"拓边"，俗称"大西门"（在今文林街与建设路口的新建设电影院前一带）；西南门曰"威远"，楼曰"康阜"，俗称"小西门"（在今人民中路西口一带）；北门曰"拱辰"，楼曰"眺京"，后改为"望京"（在北门街尽头、圆通山西北门口）。嘉庆四年（1799），小西门外城角陷落，知县李治重修。嘉庆二十一年，总督伯麟，巡抚孙玉庭、陈若霖重修，新建东偏鼓楼。道光九年（1829），知县王燨重修。道光十三年，地震，城垣、鼓楼多半倾圮。道光十八年，总督伊里布、巡抚颜伯焘于近日楼东增修鼓楼，曰"启文楼"，西建钟楼，曰"宣化楼"。咸丰五年（1855），重修，改建启文楼，增高1丈多。咸丰十一年，重修西面城墙，因火灾，修启文楼如故。同治十年（1871），大水，大东门城角陷落，六座城门城楼、垛口倾圮，巡抚岑毓英重修。光绪元年（1875），善后局重修。光绪六年，小东门外城墙坍塌，瓮洞倾圮，总督刘长佑、巡抚杜瑞联重修，并复修垛口、城垣（据清光绪二十七年《续云南通志稿》卷二十四）。光绪三十四年，鼓楼因战火被毁。宣统三年（1911），城西北隅被攻破，旋即修复完好。

▷ 昆明城墙墙体砖石构造结合部

△ 昆明城墙文物保护标志碑

　　1919年，于城之东南角增开一门，曰"护国门"（在今南屏街下穿道口东北侧），俗称"小南门"，以便利交通。该城门无楼无瓮城，门外设桥，称"护国桥"。1922年，因市政建设需要，拆除丽正门及瓮城，修近日公园，其中近日楼得以保存，丽正门改名"正义门"（据1924年《昆明市志》卷二）。1930年，拆除正义路以东、护国路以西城墙，填河建路，取名"南屏街"，今改为南屏步行街。

　　1951年，昆明拆除护国门至圆通公园的城墙，修建青年路，随后又拆除近日公园至小西门、大西门至圆通公园、小西门至大西门的城墙，修建道路。现仅残存圆通公园东北角一段长30米、高7.4米、顶部24米。三面用长方形大型青砖堆砌，中用夯土填实，原是水清门东北面的墩台。

　　1983年，昆明残存的城墙遗迹被列为市级文物保护单位。

王腾　肖瓛

　　云南府城池：唐蒙氏建。明洪武十五年拓筑，周九里三分，高二丈九尺有奇。六门：南曰丽正，楼曰近日；大东曰咸和，楼曰殷春；小东曰敷泽，楼曰璧光；北曰拱辰，楼曰眺京；大西曰宝成，楼曰拓边；小西曰咸远，楼曰康阜。居南门西偏者为钟楼。环城有河，外有重关。昆明县附郭。

——清《考工典》第二十四卷，引自《古今图书集成》

昌宁城

昌宁，位于云南省西部，东与临沧市凤庆县和大理州巍山县毗邻，南与临沧市永德县隔河相望，西与保山市隆阳区和施甸县相连，北与大理州永平、漾濞二县接壤。

西汉时期，县境属益州刺史部哀牢国。东汉永平十二年（69）置永昌郡，县境属永昌郡。南诏时，属永昌节度。宋代，县境大部属大理国永昌府广邑州。明初，分属于永昌府和顺宁府。清代，沿袭明代之制。1933年，析设昌宁县，取旧"永昌"、"顺宁"二府之名。2001年，保山撤地设市，昌宁县隶属保山市至今。

昌宁城，古称"右甸城"。明万历十三年（1585），设右甸土守御所，建守御所城。万历二十六年至三十年，戍边将领杜忠奉令督造右甸土城，设三门，雉堞百余座，未建城楼。万历三十八年，顺宁知府余懋学下令扩建右甸城，其周长300余丈，其他形制不可考。崇祯十二年（1639），徐霞客途经右甸，称右甸土城"城不大而颇高，亦边疆之雄也"。

清道光、咸丰、同治年间（1821～1874），右甸城屡被战事毁坏。尤其以咸丰七年（1857）回民起义（当地称"红白旗乱"）中，城墙损毁较重（据1990年《昌宁县志》第二章）。同治十三年（1874），右甸经历祝庆孚请准复修，城墙下砌大砖，上筑土墙。土墙周长350丈、高1丈余。修四门，闭一门（民间俚语有"好个右甸城，四门开三门"之说）。并于东、南、北三门设城楼。光绪六年（1880），右甸经历韩铣再次修补城墙。

1912年，土墙经战火摧残多半倒塌，砖墙也有多处缺口，东、南城楼圮毁，北城楼损毁欲倒；同年2月，右甸经历张锦雯受顺宁县长委派督修右甸城，8月竣工。此次大规模修城，计补修城墙305丈，新建东城楼1座，补修炮台2座，复修南、北城楼及炮台各1座。修毕，东西相距240米，南北相距280米，总面积6.72万平方米。墙高5米、宽2米。东、南、北三门分别曰"迎春"、"镇南"、"拱震"，西方不设门，而砌高台1座，其上建阁房1间，曰"三星阁"（据1990年《昌宁县志》第二十五章）。1926年，城被"大包头"匪军攻

△ 右甸古城墙遗址　蒋晓博提供

陷，城墙破毁。1949年4月，被"共革盟"军占据，又遭损毁。

　　1950年，当时县委、县政府作出决策：不拆古城，重建新城，右甸古城遂得以保留。如今沿着北门古城墙往东门、南门，绕西门寨再回到北门，明代古城遗址尚可追寻。

　　1987年，右甸古城墙遗址被列为市（县）级文物保护单位。

王腾　肖巘

△ 大理县城街市全图　引自《大理县志稿》民国五年铅字重印本，载《中国方志丛书·华南地方·云南省（255）·大理县志稿》

　　大理，位于云南省西部，地处苍山之麓、洱海之滨，曾是南诏国和大理国的都城，今为大理白族自治州的首府。1982年，被列为国家历史文化名城。

　　大理，是云南最早设立建置之一。汉元封二年（前109），在大理地区置叶榆县，是中原王朝最早在云南设县的地区之一。三国时期，今境属蜀汉云南郡。唐开元二十六年（738），蒙舍诏首领皮逻阁兼并其他五诏，建立南诏国，迁都太和城。大历十四年（779），皮逻阁曾孙异牟寻迁都至羊苴咩城（今大理旧城）。后晋天福二年（937），段思平于羊苴咩城定都建国，国号"大理"。元朝，建立云南行省，后改府为路。明洪武十五年（1382），改路为府。清朝，沿袭明制。1913年后，属滇西道，后属腾越道。1956年，建立大理白族自治州并延续至今。1983年，下关市与大理县合并设立了县级大理市。

　　大理筑城历史可追溯至唐代，城名"太和"，筑于山坡之上。"河蛮"

（白族的先民）为抵御他族侵扰，筑有较大村邑，太和为其中之一。民族语言中，山坡为"和"，城中之尊为"太"，故名。开元二十五年（737），南诏王皮逻阁攻占太和城。次年，以之为都建立南诏，稍有增修。其形制少有文献记述。元代的郭松年在《大理行记》中有"周十有余里"之说；唐樊绰《蛮书》载："……巷隔皆垒石为之，高丈余，连延数里不断。"皆不详实。太和城内还于佛顶峰筑有小城，名为"金刚城"，为天宝六载（747）修，适逢唐朝赐南诏金刚经，故名。该城四周有夯土筑成的不规则圆形围护城墙，与太和城北城墙西端连接在一起。据考古勘察，太和城址现位于太和村西，距大理市城约15里，尚存南、北两道城墙遗迹。北城墙的西端从佛顶峰起，向东延伸至洱海之滨，全长约有4里；南城墙的西端从五指山麓起，向东延伸至洱边村，全长约3里。两道城墙皆夯土筑成，保存较好的一段，高出地面约3米。金刚城遗址，现存一座面积约3600平方米的土台（据李昆声《大理城史话》1980年）。

大历十四年（779），南诏王异牟寻迁都羊苴咩城（《旧唐书》作"阳苴咩"，《蛮书》作"阳苴哶"）。后世学者解读为：云南多山，水草丰茂，盛产羊，而"苴"有幼小之意，"哶"为羊羔叫声，故为"羔羊城"之意。《蛮书》中称之为"南诏大衙门"，在今大理城西。其形制文献记述多有不同。《大理行记》中称："（太和城）又北行十五里，至大理，名阳苴咩……方围四五里。"《旧唐书·地理志》中载："去太和城二十五里。"《资治通鉴》载："延袤十五里。"《蛮书》中较为详实：此城东、西无城墙，也无城门，

▽ 20世纪30年代，云南大理通向城门的大街　本文图片除署名外，
　均由姜雪松提供

太和城遗址范围

洱海

茶马

金刚城

南诏德化碑

古道

太和城遗址范围

▷ 大理市太和城示意图 据《太和城
  遗址文物保护规划》，张君重绘

◁ 20世纪30年代，大理沿城墙摆放的棺材
  板集市 南京城墙保护管理中心藏

▷ 20世纪30年代，云南大理五华楼
  鼓楼

307

△ 修缮后的大理古城门楼　王喜根摄

南、北二门相对，通大道相连。城内有高大门楼，左右设台阶，高2丈余，青石砌垫。后另有门楼，后设大厅、小厅，最后为南诏王的宫室。其遗址现存一段北城墙，其西端起于苍山中和峰，东至今大理城西北角，残长约有2里、高2～4米、基宽8～10米，大部分为夯土筑成，部分用砖砌垒。

明洪武十五年（1382），明军攻占大理，弃羊苴咩城，指挥周能重筑砖城，又名"紫城"、"叶榆城"（据清康熙三十三年《大理府志》卷六）。洪武十六年，都督冯诚率指挥使郑祥广拓建之，展筑东城100丈。修毕，城周长12里、高2.5丈、宽2丈，城壕宽4丈、深8尺（据清康熙二十九年《云南通志》卷八）。设城门4座：东曰"通海"，南曰"承恩"，西曰"苍山"，北曰"安远"，门各有楼。另设敌楼15间、铺舍39间。城四角各置角楼1座：东北曰"颖川"，东南曰"西平"，西南曰"孔明"，西北曰"长卿"。后角楼废弃（据光绪二十七年《续云南通志稿》卷二十四）。

清康熙（1662～1722）初年，提督张国柱、知府万邦和重修城垣，将垛口并三为二。康熙三十一年，提督诺穆图、知县张泰交重建四座城楼，改东门为"永清"，改西门为"永镇"，题鼓楼为"五华"（据1949年《新纂云南通志》卷四十一）。雍正八年（1730），知县罗忻再次重修。乾隆四年（1739），城垣坍塌，知县姚恪详重修。乾隆六年，大雨袭城，城墙垛口坍塌损坏严重。乾隆八年，再次坍塌，知府汪上堉、知县徐淳并增修。乾隆十二年，知府王岱捐修。修毕，城周长7.3里、高2.4丈，设门4座：东曰"洱海"，南曰"双鹤"，西曰"苍山"，北曰"安澜"，其上各有城楼：东曰"迎晖"，南曰"迎恩"，西曰"永安"，北曰"拱极"，皆高2.2丈、宽4.8丈。共设垛口1560座。咸丰年间（1851～1861），杜文秀据城谋反。同治十一年（1872），巡抚岑毓英统兵攻城，开掘地道，东、南两面城墙轰塌300余丈，同年筹款重修。光绪三年（1877），东面城墙坍塌50余丈，巡道熊昭镜、知府毛庆麟、知县曹廷铨、州判汪启源请款重修。光绪七年，又倾圮，巡道熊昭镜、知府邓华熙、知县张会亮重修东门城楼及南门外城城楼。次年，东面城墙复圮10余丈，知县吴申祐重修。光绪二十九年，知县李庆恩重修，改北门为三塔，角楼已废（据1916年《大理县志稿》卷三）。

1949年后，大理城墙均遭大范围拆毁。

1982年，当地政府重修南城门，门头"大理"二字是集郭沫若书法而成。1995年，大理市政府出台《大理古城墙修复工程实施方案大纲》。1999年

▷ 1986年，大理市修缮后的龙尾关城门及城楼，该城曾是南诏、大理国的南大门，是重要的古城遗址。1987年，被列为大理州文物保护单位 李日影摄

4月25日，完成总投资2650万元的大理古城墙一期修复工程。现保存下来的部分城垣为大理南北城部分。

　　1961年，太和城遗址被列为全国重点文物保护单位。1985年，大理城被列为市级文物保护单位。1987年，羊苴咩城遗址被列为省级文物保护单位。

王腾　肖巍

　　大理府城池：一名紫城，即汉叶榆地。明洪武十五年重筑。明年，都督冯诚展东城一百丈，周十二里，高二丈五尺，敌台十五座，铺舍三十九所，池阔四丈，深八尺。开四门，东曰通海，南曰承恩，西曰苍山，北曰安远，城上四陲为曲楼。太和县附郭。

——清《考工典》第二十四卷，引自《古今图书集成》

▽ 龙尾关遗址　李日影摄

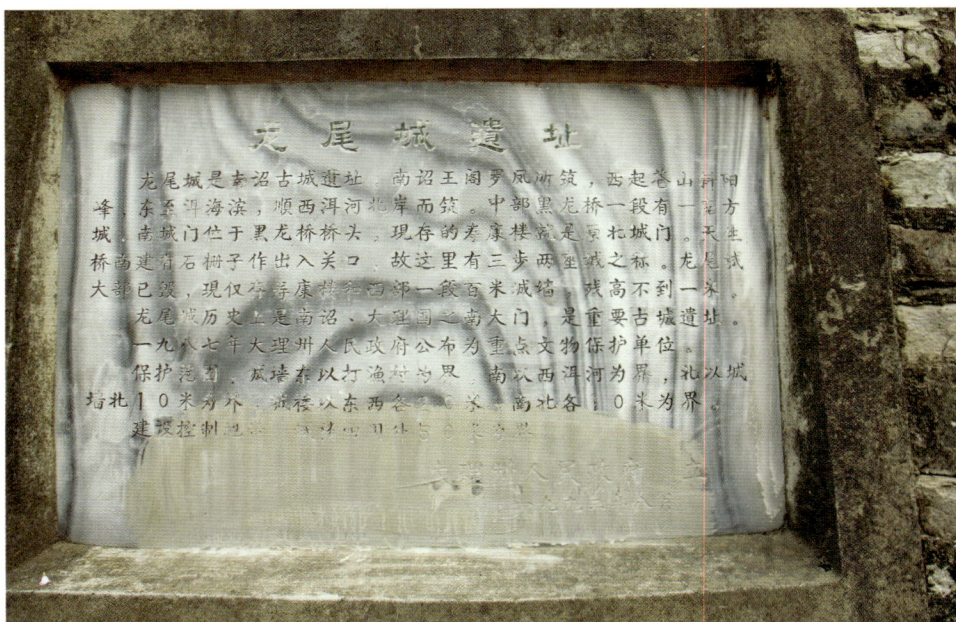

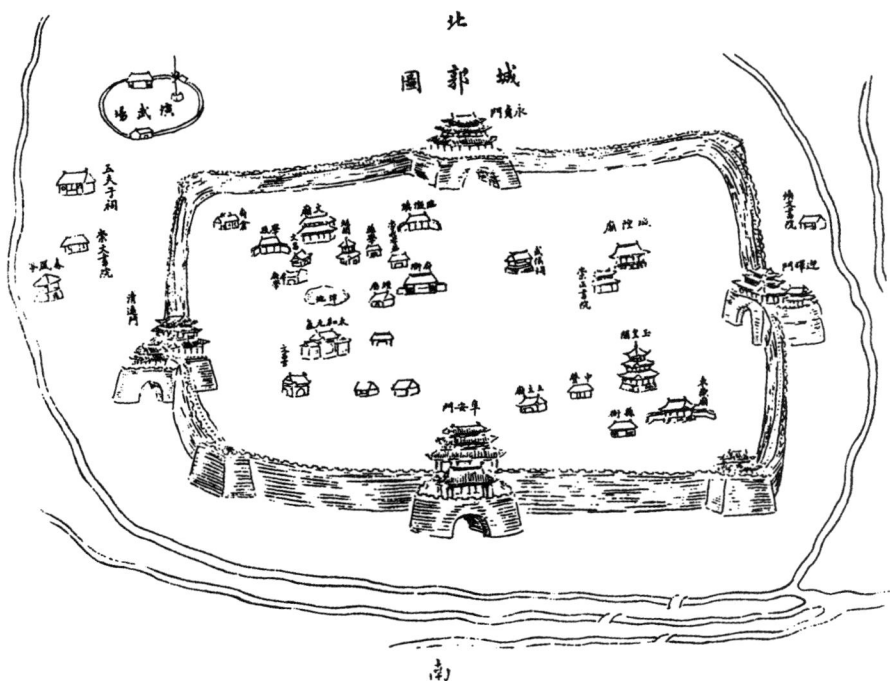

△ 建水县城郭图　引自《民国续修建水县志稿》民国九年铅字本，载《中国地方志集成·云南府县志辑（56）·民国续修建水县志稿》

　　建水，古称"步头"、"巴甸"。位于云南省南部红河北岸，素有"滇南邹鲁"之称。1994年，被列为国家历史文化名城。

　　西汉时期，属牂牁郡毋掇县。三国蜀汉（221～263），改属益州建宁郡。元朝，设建水千户；至元十三年（1276），改名建水州，隶临安路。明洪武十五年（1382），临安路改府，府治迁至建水州，并设临安卫指挥使司。清初沿用。乾隆三十五年（1770），改建水州为县，仍属临安府。1913年，撤府改县。1914年，因与浙江临安县重名，恢复"建水"旧名。1957年，设红河哈尼族彝族自治州，建水县属之。

　　建水最早筑城为唐元和年间（806～820），南诏蒙氏筑土城于巴甸（汉译为建水），名"惠剧城"，为土城（据清光绪二十七年《续云南通志稿》卷二十四），具体规模、形制不可考。

明洪武二十年（1387），宣宁侯金朝兴令指挥万中拓建城池，改建砖城。城周长6里（清康熙二十九年《云南府志》作"六里三分"）、高2.7丈（清道光十五年《云南通志稿》作"高二丈五尺，厚减五之一"）。设城门4座：东曰"迎晖"，南曰"阜安"，西曰"清远"，北曰"永贞"，门各有楼，皆为三层，楼高4丈余、宽6丈余（清康熙五十四年《建水州志》作"高八尺"；清雍正九年《建水州志》作"高八丈"）。城东南角有钟楼1座、警铺48座。南、北二面城墙外设屏墙；各门内设碑坊，匾以门名（据清康熙二十九年《云南府志》卷三）。成化十六年（1480），兵备副使何纯重修，并挖凿城壕，其深1丈、宽1丈。成化二十一年，分巡佥事刘福于每座城门布置大铁炮2尊，并建亭以覆之。弘治元年（1488），兵备副使谢秉中于城上每30步建1座台，台上设旗杆石。弘治十二年，兵备副使王一言修葺城垣，并于城壕旁各增设拦墙。东、西二门外设应捕官军房各6间。正德七年（1512），兵备副使王昊于南、北二门补设应捕官军房各6间，东门又添设哨探军房6间。嘉靖二年（1523），兵备副使王忠于每门置"严谨门禁"、"盘诘奸细"两块牌。嘉靖五年，兵备副使戴书于东、西门内建金鼓房12间，四门楼皆设更鼓，东门楼设铜漏，此时城壕已无水。嘉靖十八年，兵备副使鲍象贤欲引异龙湖水环注城壕，升任未果，于东门外设官厅2座，城内设守门军房左右各10间（据清康熙二十九年《云南府志》卷八）。

清顺治四年（1647），农民义军李定国率大西军余部入云南，攻陷建水城，先毁北门楼，后西、南、北三座楼及炮亭、应捕军房俱毁，唯东门迎晖楼留存。顺治十六年冬，贺九仪烧西、南两座角楼，应捕官军房、官厅俱废。康熙四年（1665），知府曹得爵重建北门楼、钟楼、鼓楼，并建炮台1座；守备李承芳重建西门楼，修葺东北角城墙；知州李溥重建南门楼，并建炮台10座。

◁ 云南建水古城迎晖门及
朝阳楼 飞翔的足迹摄

此时西北、西南有城壕，正东及东南已无。康熙七年，知州李湅重建南楼及东南瓮城，并改西瓮城门为南向，此后南、北城垣多有倾圮（据清康熙五十四年《建水州志》卷三）。雍正五年（1727），总兵杨天纵、知府栗尔璋、知州祝宏捐增修（清道光十五年《云南通志稿》为"雍正四年"）。雍正七年，知州祝宏修补完固，"高14.1丈、直24.65丈、横2.25丈、宽17.8丈"（据清雍正九年《建水州志》卷一：维修高度总计14.1丈，南北长度总计24.65丈，东西长度总计22.5丈，厚度总计17.8丈。）。雍正十三年，知府石去浮重修。乾隆二年（1737），知州夏治源重修城楼、城垣，并悬匾于各门：东曰"东关霞燦"，南曰"南浦云飞"，西曰"西山爽气"，北曰"北极星辉"。嘉庆十五年（1810），知府王善垲重修。道光六年（1826），知府企善、同知戴泽、知县龚正谦等捐修南、北、西三门。咸丰元年（1851），重修东门城楼，后因匪乱，北城墙毁。同治六年（1867），依城筑堡垒，守之。光绪四年（1878），知县章于锦重修钟楼及各城门。光绪八年，西、南、北城楼坍塌，巡道沈寿榕、知府刘毓珂、知县秦述先重修（据1949年《新纂云南通志》卷四十一）。光绪十三年，大地震，东门城楼倾侧复起数次。

1958年，建水城墙被大规模拆毁。

1998年，重修迎晖楼。2000年9月27日，《中国青年报》刊《建水古城走向毁灭的边缘》，报道建水拆除古建问题未得改善。现仅存东城门及城楼迎晖楼，位于县城东南部临安路东端。城门依地势筑于高岸，占地2312平方米，城墙南北长77米、东西宽26米。城门楼有三层，由48根合抱粗的大木柱和许多粗大的楹梁接合形成坚固的构架，高24.5米、进深12.31米、面阔26.8米、面积414平方米，五开间，三进间回廊廊周通，三重檐歇山式屋顶。在顶层檐下，东面悬有清代书法家涂晫题"雄镇东南"，西面悬摹唐朝书法家张旭"飞霞流云"狂草榜书。

1954年，迎晖楼被列为省重点文物保护单位。2006年，迎晖楼被列为全国重点文物保护单位。

王腾　肖瓛

临安府城池：旧为土城。明洪武二十年，宣宁侯金朝兴檄指挥万中拓地，易以砖石。周六里三分，高二丈七尺。设四门，东曰迎晖，南曰阜安，西曰清远，北曰永贞，东南为钟楼。东北角遶西北及西南角有池，正东及东南无池。建水州附郭。

——清《考工典》第二十四卷，引自《古今图书集成》

景东城

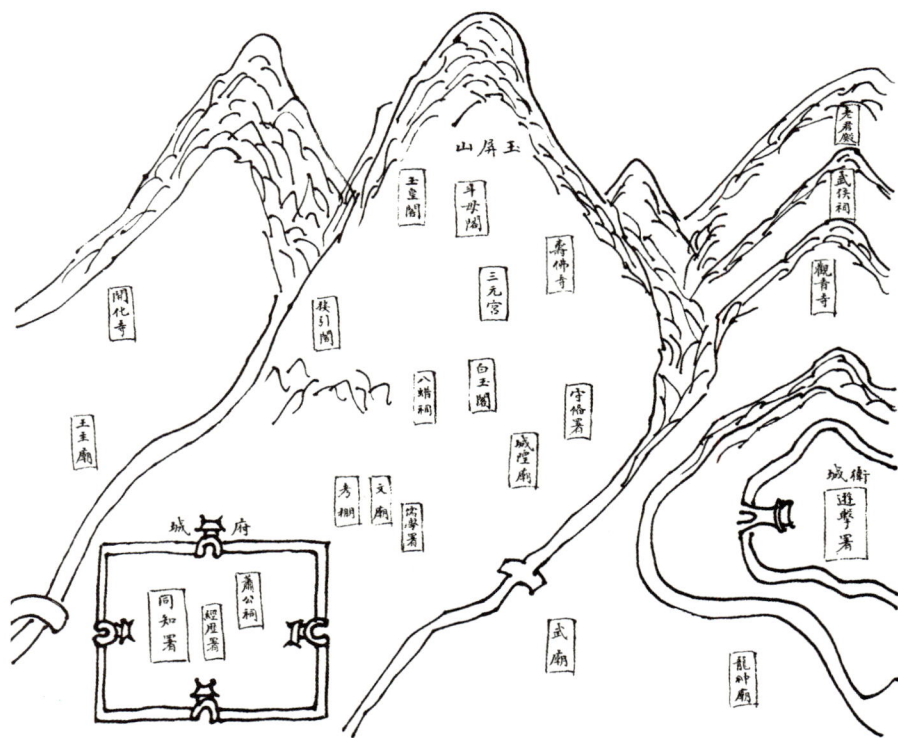

△ 景东直隶厅城图　据《景东直隶厅志》1933年版，张君重绘

　　景东，即景东彝族自治县，系傣语转音，意为坝子城，位于云南省西南部、普洱市北端。唐代樊绰所著《蛮书》已有记载，其自南诏时期即为南方贸易重镇，有"银生古城"之称。

　　景东，古为西南夷地。两汉至两晋时期，属益州郡和永昌郡。北周至隋朝，属濮子部。唐朝，南诏置开南节度，辖今普洱市，治所在开南城即今景东县。元至元十二年（1275），置开南州，隶威楚路；至顺二年（1331），置景东军民府，隶属云南行省。明洪武十五年（1382），降府为州，属楚雄府。洪武十七年，重升为府。清乾隆三十五年（1770），设景东直隶厅，隶迤西道。1913年，废厅改县，属腾越道。1985年，成立景东彝族自治县。

　　景东，最早筑城时间不详。据明·景泰《云南图经志书》记载，景东古名为"柘南"、"勐谷"，为昔濮和泥二蛮所据。柘南，意即水渍之城。柘南城就是景东各土著民族弃山林后建起的第一个城邑，城址即为今县城一带，但因无具体记载，皆不可考。元朝，有土司居此，但未筑城。

有明确文献记载的筑城时间为洪武二十二年（1389）。因缅蛮袭景东，土司战败，投诚西平侯，请神策卫保障，故让宅建城（据1923年《景东县志稿》卷四），位于今景东城西北侧的御笔山上。又有《明史·地理七》载：西有景董山，洪武中，筑景东卫城于其上，又筑小城于山巅，谓之月城。卫城周长2里240余步（1923年《景东县志稿》为"十里零二百四十余步"）。城门有"三门"、"四门"两说，1923年《景东县志稿》与1933年《景东直隶厅志》载"三门"，不知其名；清《景东府志》与明·刘文征《滇志·建设志·城设》作"四门"，并载：卫城四门，南曰"泰安"，北曰"肃静"，东曰"利城"，西曰"定夷"，南门外东曰"府署"，卫府同城而治。疑后者为实。

清康熙十五年（1676），筑土城于玉屏山麓，周一里，设四门（1923年《景东县志稿》作"设东、南、北三门"），有楼，无池。雍正十一年（1733），同知徐树闳奉文修葺，拓城四丈。东、北二门包砖石于夯土之上。乾隆五十四年（1789），游击固宁阿捐筑卫城城楼两座。其后多圮坏。

1912年后，景东卫城遭到了严重破坏，仅存南门门堡及部分残墙。1992年，对卫城南门门堡进行了修复，门洞下半部用五面石错缝平砌，上半部用长41厘米、宽19厘米、厚9厘米青砖砌成拱顶。

20世纪80年代后，据当地文物部门调查，景东卫城现仅存南门门堡及部分残墙，总长1510米。遗址位于景东一中校址，南门即为一中大门。卫城南门

▽ 景东卫城遗址南门　本文照片均由李昌荣提供

△ 景东卫城南门门洞内部

门堡长33.4米、宽20米、高7.8米。城门洞高5.5米、宽3.2米、进深18.2米。卫城东门遗址至南门遗址还保存一段长66.6米、高4.7米，用五面石砌筑的城墙。南门以上残存断断续续依山而筑的砖墙160米，最高处达6米。西边保存一段长35米、高3.6米的石墙及120米断断续续的砖墙。

1986年，景东卫城被列为县级文物保护单位。1998年，列为省级文物保护单位。

王腾　肖璇

景东府城池：系卫城。明洪武二十三年建，周二里。东曰利成，南曰泰安，西曰定彝，北曰肃靖。康熙九年，设城守、建营房。别为小城，周一里四分，在卫城之外景东山顶，名曰玉笔。城无池。

——清《考工典》第二十四卷，引自《古今图书集成》

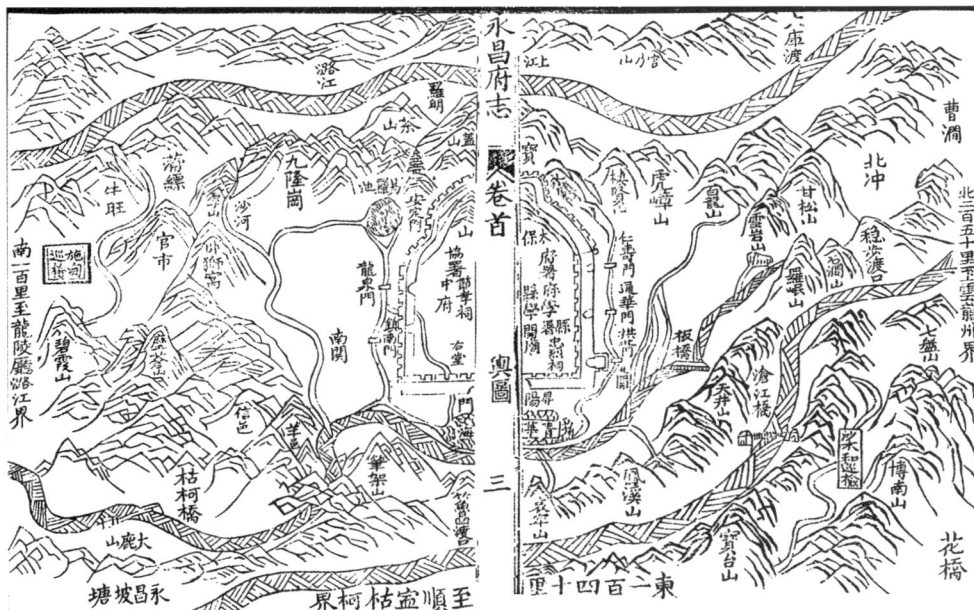

△ 永昌府城图　引自《永昌府志》清光绪十一年刊本，载《中国方志丛书·云南省（28）·永昌府志》

保山，古称"永昌"，位于云南省西南部，外与缅甸山水相连，内与大理、临沧、怒江、德宏四州市毗邻。素有"滇西文献名邦"之誉，是古代南方丝绸之路的重要驿站。

保山一带是云南省开发较早的地区。最早为百濮地，战国时期，属哀牢古国。西汉元封二年（前109），设不韦县，属益州郡。东汉永平十二年（69），设永昌郡，取"永世良久，昌盛繁荣"之意。此后，建置隶属多有变化。明嘉靖三年（1524），设保山县，因西依太保山而得名，隶永昌府。清朝沿用。1950年属保山专区。1983年，撤县设为县级市。2001年，升为地级市。

据文献载，保山初筑城墙，始于唐天宝二年（743），由南诏王蒙氏皮逻阁建土城，规模、形制俱不可考。元至元十五年（1278），都元帅段阿庆重筑（据康熙二十九年《云南通志》卷八）。

△ 隶属于保山市的腾冲城俯瞰（1944年战前航拍）
李日影翻拍于腾冲博物馆

保山城

△ 永昌府城老城门 本文照片除署名外，均由李日影摄

　　明洪武十五年（1382），指挥王真于元时旧城基重修城垣。洪武十六年六月，为酋思可圮毁。洪武十八年，云南前卫指挥李观镇守永昌，于旧址建城，改土城为砖城，并且于太保山顶筑子城，俗称"寨子顶"，设兵防守。洪武二十八年（《考工典》记为"三十年"），指挥司胡渊扩建西城，包太保山于内，仿金陵城包钟山之制，使山与城浑然一体。城周长13里余，东、南、北三面城墙高2.2丈，西城墙高约1.5丈。设门8座：东曰"昇朝"（康熙二十九年《云南通志》作"昇阳"），南曰"镇南"，西南曰"龙泉"、"安定"，西曰"永镇"，西北曰"仁寿"，北曰"通华"，东北曰"拱北"。镇南、拱北门外又建子城，另旁开两座小门，各门皆设门楼，另于城墙上建角楼、炮楼、钟楼、鼓楼。嘉靖二十八年（1549），副使韩廷伟檄同知戴希灏、指挥赵明臣、千户张轩增筑西城，城周13里14步，增高5尺许。安定、永镇门因修于山上，虽设不开。修角楼4座、炮楼1座、钟楼1座、鼓楼1座、城铺64间。城之东、南、北皆修城壕，壕深5尺、宽2尺有余；南面以易罗池为壕。各门之外俱修跨桥。后城壕因沙淤积，指挥曹宗岱重疏并加深（据清光绪十一年《永昌府志》卷十）。万历二十八年（1600），知府华存礼重修，此时已无城壕。后经兵乱，城郭、楼橹尽圮。

　　清康熙三十九年（1700），总兵周化奉、知府罗伦（清光绪十一年《永昌府志》作"罗纶"）、知县程奕重修。康熙五十六年，知县冉琪再建。雍正四年（1726），东门城楼被火烧毁，城墙坍塌。乾隆四年（1739），知县张福昶重修。乾隆二十年，知县邵棨捐修。嘉庆二十二年（1817），知府刘彰宽

筹资重修东南门城楼。道光四年（1824），知府陈廷焴率民挖四周城壕。咸丰
四年（1854），知府彭崧毓筹资增修城墙，修整女墙、垛口3000有余，疏浚城
壕，深5尺。咸丰十年，为叛军占据。同治十一年（1872），官兵攻城，城垣
多倾圮，城壕多壅塞，未修（据光绪二十七年《续云南通志稿》卷二十五）。
光绪二十六年（1900），城垛坍塌，重修之。光绪二十八年八月，大雨后山洪
暴发，巨石泥沙将仁寿门洞堵塞，整个城门城楼一半埋入泥石之中。宣统二年
（1910），城西围山之墙圮塌10余丈，保山县陈□委托当地绅民重修（据1949
年《新纂云南通志》卷四十二）。

△ 永昌府城门内部构造

△ 永昌府城门砖砌拱券

1942年，侵华日军轰炸保山城，城垣毁损严重。后为便于人口疏散，将城墙开豁口数处。1951年后，东门城楼、小北门城洞相继被毁。1960年之前，南门城楼也被拆除。

20世纪80年代以后，据当地文物部门调查，保山（即永昌府城）古城仅存西北的仁寿门门洞和两侧城墙，以及仁寿门至西南龙泉门一线蜿蜒于太保山上的部分城墙残段，局部残墙仍清晰可辨。由遗迹可辨，城坐西朝东，略呈长方形，总面积约2.7平方公里，其中山下2.2平方公里、山上0.5平方公里。

1988年，永昌府城墙（仁寿门至龙泉门残垣）被列为市级文物保护单位。

王腾　肖瓛

△ 永昌府城址保护碑

△ 永昌府城门拱券

永昌府城池：唐皮罗阁创。元至元间，都元帅段阿庆重筑。明洪武十八年，指挥李观复甃以砖，又于太保山绝巘为子城。三十年，指挥胡渊辟广西山，罗太保山于城内。东南北三隅高二丈二尺，西省三之一，周十三里有奇。设八门，东曰昇阳，南曰镇南、西南曰龙泉、曰安定，西曰永镇，西北曰仁寿，北曰通华，东北曰拱北，镇南、拱北门外复为子城，辟开二小门。嘉靖中，副使韩廷伟筑西城，增高五尺，无池。保山县附郭。

——清《考工典》第二十四卷，引自《古今图书集成》

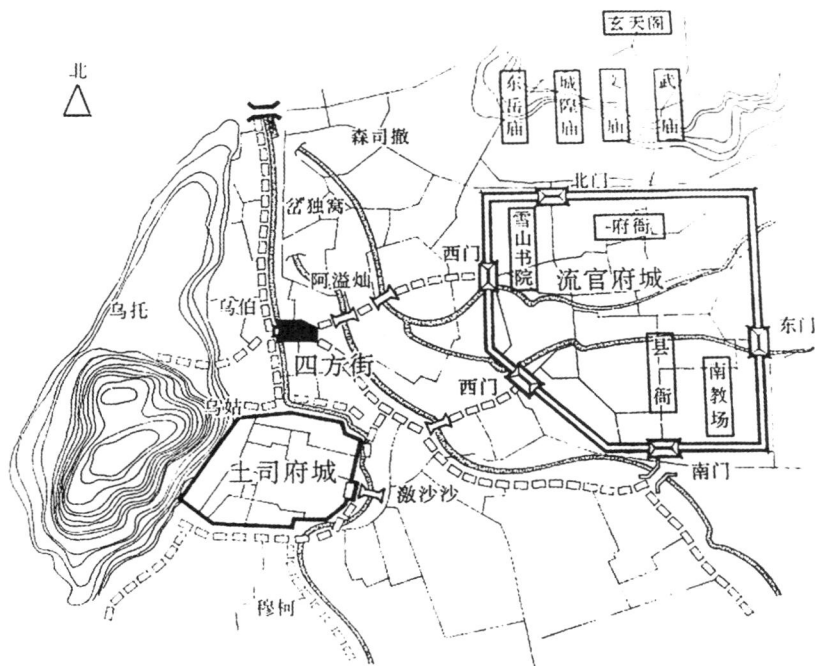

△ 丽江城平面图　引自乔柳《西南山地典型古城人居环境研究》，重庆大学2010年硕士论文

丽江，又名"大研古镇"，位于中国西南部云南省的丽江市，坐落在丽江坝中部、玉龙雪山下，北倚象山、金虹山，西枕狮子山。1986年，被列为国家历史文化名城。1997年，以整座古城申报世界文化遗产获得成功。

汉时，丽江境属越嶲（xī）郡。三国时期属云南郡。南宋时期，丽江木氏先祖将其统治中心从白沙移至狮子山麓。元至元十三年（1276），改为丽江路，"丽江"之名始于此，以依傍于丽江（"金沙江"古名）湾而得名。明朝末年已具规模，府城"大研"之名也始于明代，以其位于丽江坝子中心，四周青山环绕，形似一巨砚，故名"大研"（砚）厢。清顺治十七年（1660），设丽江军民府，仍由木氏任世袭知府；乾隆三十五年（1770），置丽江县。1913年，丽江废府留县。1961年成立丽江纳西族自治县。2003年，丽江撤地设市，延续至今。

关于丽江古城的形成时间，说法有二：一说始建于宋末元初（公元13世纪后期），由丽江木氏先祖将统治中心由白沙迁至现狮子山，兴建"大叶场"；一说为唐初，古城的历史当再上溯600年。此二说均无文献记载，不可考。

明代，丽江古城的建设主要由历代木氏知府主持进行，但皆不修筑城墙。传说原因有二：一是统治纳西的土司为木姓，木字加口即为"困"字，此乃大忌，故木氏土司不筑城墙；二是古城四周青山环抱，形成了天然的"城墙"，通往外地的要隘，都有天然的关口，起着防御的作用。

清雍正元年（1723），改土归流以后，巡抚杨名时提请筑城，下基以石，上覆以瓦。城周长4里、高1丈。设城门4座：东曰"向日"，南曰"迎恩"，西曰"服远"，北曰"拱极"，门上皆修有门楼。后又开小西门曰"饮玉"，以方便居民汲水，后倾圮。当时的城墙范围只限于府署四周，古城大部分地区如土司木府、四方街等均未包括进去。而且，城墙外未修城壕。乾隆十六年（1751），城墙因地震倾圮严重，知府樊好仁重修。乾隆五十八年，城垣复圮，重修。同治十二年（1873），巡抚岑毓英奏请改建砖城，未果（据1949年《新纂云南通志》卷四十二）。

如今丽江古城城垣已无存，只有从北门坡、南门桥、营盘洛等地名看到城垣痕迹。丽江古城集中体现了纳西文化的精华，并完整地保留了宋、元以来形成的历史风貌。2011年，丽江古城被列为国家5A级景区。

▽ 丽江关门口　王喜根摄

附：

宝山石头城　位于丽江金沙江畔，玉龙雪山景区山后。丽江宝山石头城纳西语称为"拉伯鲁盘坞"，意为宝山白石寨。

宝山石头城建于元代，当时为丽江路宣抚司所辖的七州之一宝山州治所。《元史·地理志》载宝山州："其先自楼头（宁蒗县永宁）徙居此二十余世。"宝山石头城是一座天生岩石城，整座城建在一块独立的蘑菇状岩石上，四壁陡峭，势如刀削，猿猴也难攀爬上来。岩石上的居民在四周加筑了一圈五尺高的石墙，使石城更易防御和掩护，整个宝山石头城只有前后二道门可以出入。

现石头城中依然有居民600余人，1998年被列为为省级文保单位。

王腾　肖瓛

丽江府城池：未建。

——清《考工典》第二十四卷，引自《古今图书集成》

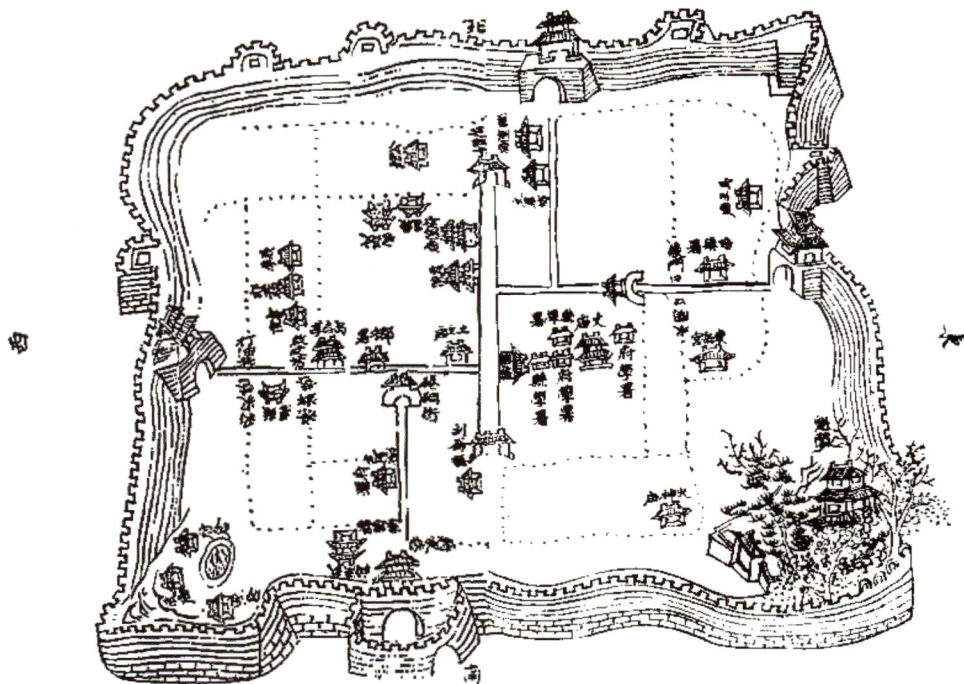

△ 南宁县城图　引自《中国地方志丛书·云南省·南宁县志》清咸丰二年
抄本

曲靖，位于云南省东部，东与贵州省、广西壮族自治区毗邻，南与文山州、红河州接壤，西与昆明市连接，北靠昭通市和贵州省毕节市，是边疆中的内地。素有"滇黔锁钥"、"云南咽喉"之称。也是我国珠江的发源地，故别名"珠江源头第一城"。

曲靖，古滇国腹心地带，史称"靡莫之属"。秦修"五尺道"，将今境与内地紧密联系起来。西汉元封二年（前109），置益州郡（治味县）。蜀汉建兴三年（225），改益州郡为建宁郡。西晋泰始七年（271），改设宁州。大理国时，置石城郡于味县。元至元十三年（1276），改中路总管府为曲靖路总管府。清乾隆三十年（1765），改曲靖军民府为曲靖府，南宁县附郭。1913年，撤府改县。1997年，撤销曲靖地区，设立地级曲靖市。

曲靖筑城记录较少。据樊绰《蛮书》记载："……置南宁州都督府，领十六州，治味县之石城。"可见唐代已有石城，但形制已不可考。

明洪武二十年（1387），筑砖城。城周长6.3里、高3丈、宽3丈、雉堞高1丈。设垛口1630余座，设城门4座：东曰"乐耕"，南曰"来薰"，西曰"胜峰"，北曰"迎恩"。增修2座楼于城北，名曰"临漪"、"眺京"，设鼓楼于城中。城外修挖城壕。后因沙定州、孙可望之乱先后被焚毁（据清光绪二十九年《续云南通志稿》卷二十五）。

清康熙二年（1663），总督卞三元巡抚袁懋功、分巡道赵廷标、知府李率祖、知县程封先后主持大规模修城，重修城楼3座，乐耕楼因焚烧无存，后补建之。另新建瓮城、箭楼，四角角楼与临漪、眺京2座楼皆废，改筑城垣249丈，修筑808丈。康熙五十一年，地震，城垣复圮（清咸丰二年《南宁县志》为"五十二年"）。康熙六十年，总兵杨鲲同府县官员重修，后再次倾圮。雍正四年（1726），巡抚管总督事鄂尔泰、总督管巡抚事杨名时重修，新建城楼4座，未修城壕。乾隆二年（1737），知县张国祚重修。乾隆二十九年，垛口有倾颓之处，知县魏之柱捐廉修补。乾隆五十二年，知府保金重修城池。嘉庆二年（1797），垛口坍塌600余座，知府熊爵勋倡士民修葺。嘉庆五年，4座城楼全部倾圮，城垣也有崩裂之势，知府卢元伟、知县宫制锦倡士民重修，新建4座城楼，修筑城垣22丈，计费银4090余两。嘉庆七年，知府卢元伟重修4座城楼。嘉庆十九年，西城墙坍塌，知府宋湘补修。道光十二年（1832），4座城楼复圮，知县陈步贤重修，此时已无城壕（据清咸丰二年《南宁县志》卷

▽ 新建的曲靖南城门楼　蒋晓博提供

二）。咸丰五年（1855），城垣坍塌，知府贾洪诏重修。同治二年（1863），
为匪徒马联升踞，克复后，4座城楼复圮。战后，布政使岑毓英、知府程诚、
知县唐湛春重修。

1911年，东门瓮城倾圮3丈余。1918年，因雨浸，瓮城又倾圮2丈余。
1920年，西城墙倾圮10余丈，后修补如初（据1949年《新纂云南通志》卷
四十二）。此后，因城市建设，改善交通，曲靖城墙逐渐被拆毁。

20世纪80年代后，据当地文物部门调查：现存的曲靖城墙长100多米、高
10米，是曲靖城的北城门处城墙，现位于康桥处的国风影剧院进门的左边。墙
基础到中部是由寥廓山产尺寸规则不一、形制不一的长方形和方形砂石块砌
就，中部以上是石块和砖砌筑。

1985年，曲靖古城址被列为市（县）级文物保护单位。

附：

越州古城　越州古城位于曲靖城南20里处，建于明代，是一个具有千年
历史的军事重镇。越州在两汉时期属同劳（今陆良县），唐代置悦州，从此这
里成了一方军事政治中心。大理国时期它是三十七部之一普磨部的治所，元代
云南行省建立之后，又改置越州，100年后明军平定云南，才将越州废弃，改
为越州卫。

如今尚存的古城全城面积不到一平方公里，有东、西、南、北四门，四
门连着四街八巷，即东门街、西门街、南门街、北门街，八巷是姚家巷、方家
巷、杨家巷、瞿家巷、殷家巷、北门巷、衙门巷等。同时还在西门街建起了五
福殿、圣母殿，北门街建了观音寺、三官庙，南门街建太阳庙，东门街建财
神庙。

1985年，越州古城被列为市（县）级文物保护单位。

王腾　肖璇

曲靖府城池：明洪武二十年建。周六里三分，高三丈。设四门。东曰乐
耕。南曰来薰，西曰胜峰，北曰迎恩。增二敌楼于城北。有池。南宁县附郭。

——清《考工典》第二十四卷，引自《古今图书集成》

巍山 **城**

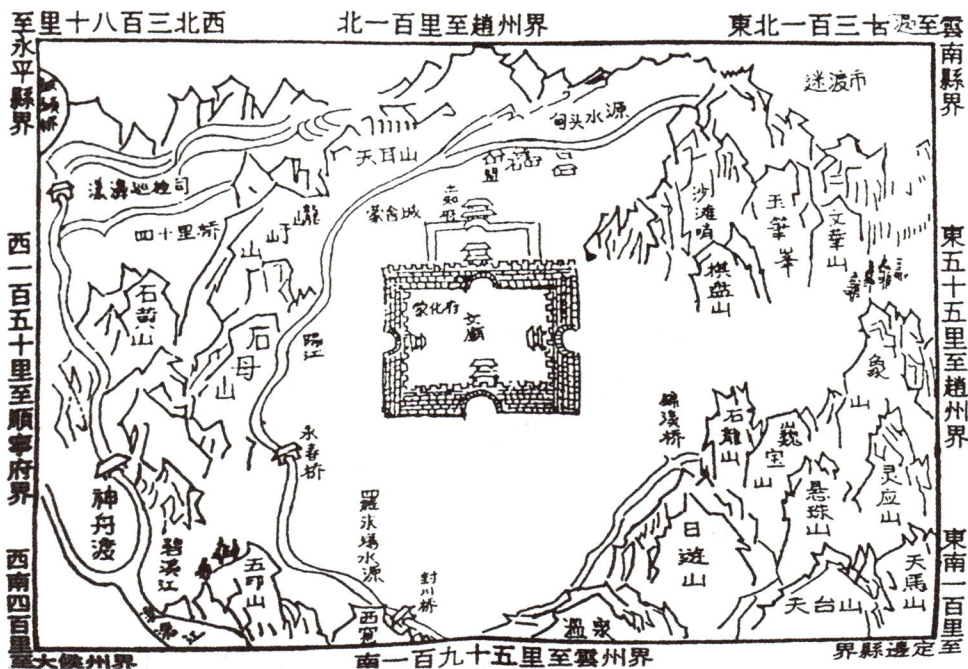

△ 蒙化府城图　引自《清康熙蒙化府志》1998年版

巍山，即巍山彝族回族自治县。位于云南省西部、大理白族自治州南部，东与弥渡县毗邻，南与南涧、凤庆县相邻，西与漾濞、昌宁县以漾濞江为界，北与大理市相连。巍山是南诏国的发祥地。1994年，被列为国家历史文化名城。

春秋时期，巍山属滇国地。西汉元封二年（前109），设邪龙县。唐朝时，称巍州、阳瓜州，因县城东有巍宝山而得名。宋朝，大理国时为开南县。元朝，为蒙化州。明正统十三年（1448），升为蒙化府。清朝改为蒙化直隶厅。1914年，改为蒙化县。1954年，更名巍山县。1958年10月，设巍山彝族回族自治县。

巍山，早在唐初就有村落。据史料记载，唐贞观二十三年（649），南诏始祖细奴逻在巍山建立了大蒙国，自号"奇嘉王"，从此开创了南诏国的基

329

业。此时有筑蒙舍城，遗址位于巍山县庙街镇古城村东，距县城7公里。据史籍记载，此城为南诏王始祖细奴逻所筑的第二座王城。其后南诏王逻盛、盛逻皮、皮逻阁、阁罗凤、凤伽异等都先后经营过此城，并曾作为唐朝中央政府设置的巍州、蒙舍州治所住地，后被废弃。城为正方形，周长约660米。城南临河，建于从东向西的倾斜坡地上，现还存留高12米的残墙。城内有一座约27米见方的土台基。大理段氏曾于赵州白崖一带筑土城，名"箐口新城"，有四门（据1996年《蒙化志稿》卷七）。

明洪武二十二年（1389（《考工典》记为"二十三年"）），指挥范兴始于旧址上拓建，甃以陶甓，城周长5.2里（计937丈，清光绪二十七年《续云南通志稿》及1949年《新纂云南通志》皆为"五里三分"）、高2.32丈、厚2丈。设城门4座：东曰"忠武"，南曰"迎熏"（清康熙二十九年《云南通志》记为"开南"），西曰"威远"（清康熙二十九年《云南通志》记为"镇彝"），北曰"拱辰"（清康熙二十九年《云南通志》记为"泽润"）。门各有楼，北楼高三层（1996年《蒙化志稿》为"二层"），下建月城，"城方如印，中建文笔楼为印柄"。全城设垛头1277座、垛眼430个。正统八年（1443），同知杨浚建西门钟楼（据1918年《蒙化县志稿》卷七）。

清顺治五年（1648），守道熊启宇、知府彭翮健复建，减北楼一层，南楼仍为二层，置更鼓，与西门相应。康熙二十六年（1687），同知陈文成、土知府左世瑞重建城铺24座，修城壕，壕深1丈、宽3丈。康熙二十八年，同知陈文成重修（据清康熙二十九年《云南通志》卷八）。康熙三十年，大雨，城

▽ 现存的巍山城拱辰门　本文照片均由李日影摄

△ 巍山城拱辰门及城楼

△ 巍山城内直通城门的大街

垣倾圮。康熙三十三年，顺宁府知府徐俪署蒙化府印捐修。康熙三十四年，
西城墙倾圮，城洞壅塞，同知蒋旭重修（据清康熙《蒙化府志》卷二）。雍正
十年（1732），同知朱粲英修文笔楼。乾隆五十一年（1786），同知黄大鹤重
修。嘉庆十一年（1806），因大雨坍塌，同知色克精阿摊重修。嘉庆十六年，
又坍塌，同知庆瑞重修（据清光绪二十七年《续云南通志稿》卷二十五）。
同治二年（1863），起义军领袖杜文秀麾下李芳园摧毁附郭，当地居民沿城
开挖壕堑，其深和宽均三四丈；东、南、西三门环以土墙，置木栅防守，
又于城四角建碉楼。道光二十八年（1848），同知张锦修四面城墙，增高5
尺。后因兵乱，文笔楼及4座城楼皆毁（据1996年《蒙化志稿》卷七）。光
绪（1875～1908）初，同知夏廷变主持重修（据1949年《新纂云南通志》卷
四十二）。

　　1938年后，蒙化县长宋嘉晋为适应经济和社会发展的需要，对古城用地

向北进行改扩建，拆除月城建小公园，拆除北城墙建新东街、新西街，拓宽拱辰楼四周，原古城中心星拱楼变为次中心，拱辰楼成为古城中心。拱辰楼建在2丈多高的砖石城墙上，土木结构，楼高23.4米、长41.7米、宽24.8米，由28根合抱的大圆柱支撑。城楼上檐南面悬挂着清乾隆三十六年（1771）蒙化府同知康□题写的"魁雄六诏"的巨匾；北面悬挂着乾隆五十年蒙化直隶厅同知黄大鹤书写的"万里瞻天"大匾。它与南边的星拱楼遥相呼应，成为古城的标志性建筑。2015年1月3日，拱辰楼遭火灾，城台基座以上木结构部分全部焚毁。同年10月，经修复重建并对游人开放。

1981年，星拱楼被列为市（县）级文物保护单位。1988年，蒙舍城被列为市（县）级文物保护单位。1993年，拱辰楼被列为省级文物保护单位。

△ 拱辰楼保护碑

附：

垅圩图城遗址　位于巍山彝族回族自治县西北大仓镇团山村西。距县城约20公里的垅圩图山上，有一个面积约300多平方米的缓坡，据说是南诏国的第一代都城垅圩图城的遗址。

垅圩图城遗址是一块长方形台地，南北长400米、东西宽约100米，高出地面约200米左右，上有一座三层的台基。

1993年，垅圩图城遗址被列为省级文物保护单位。

王腾　肖瓛

蒙化府城池：明洪武二十三年始建砖城。周四里三分。设四门，东曰忠武，南曰开南，西曰镇彝，北曰泽润。有池。

——清《考工典》第二十四卷，引自《古今图书集成》

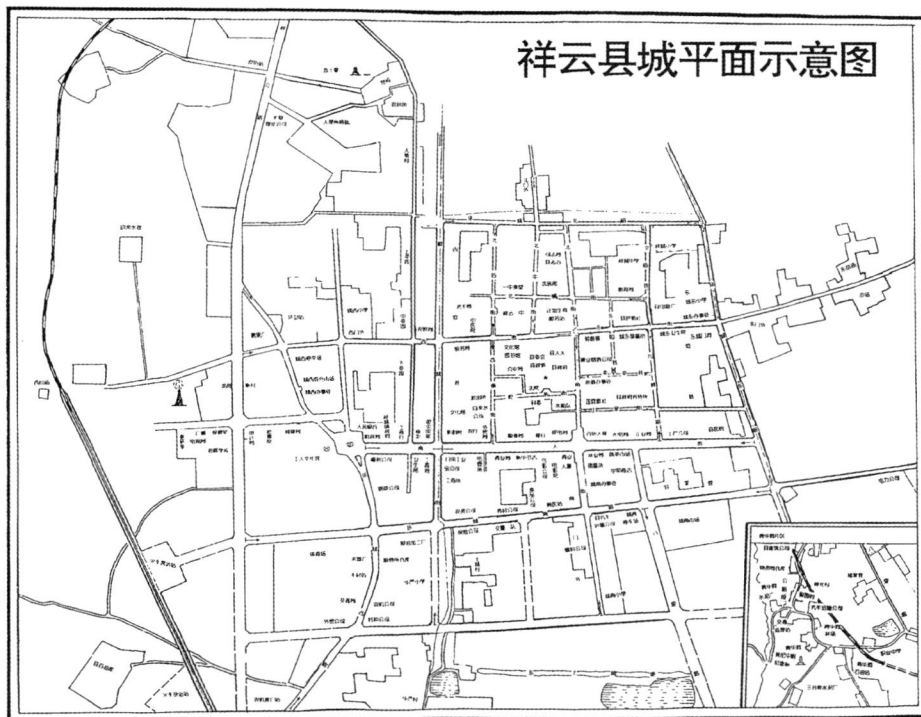

△ 祥云县城平面示意图　引自《祥云县志》1996年版

祥云，原名"云南县"，位于云南省中部偏西，东与大姚、姚安、南华三县交界，南和弥渡县相连，西与大理市接壤，北和宾川县毗邻，是滇西交通咽喉，也是云南省四大平坝之一。

西汉元封二年（前109），设置益州郡，下设云南（今祥云）等县。因梦见彩云南现，便为该地取名云南县。明洪武十五年（1382），云南县城从现云南驿迁至现祥云城，并建洱海卫城（今祥云城）。清朝沿用。1918年，因县名与省同，故改称祥云县。1956年，大理白族自治州成立，祥云县属大理州至今。

祥云筑城，始于明洪武十五年（1382），由指挥周能重筑土城。次年，派遣六安侯王志、安庆侯仇成、张龙等督兵一万人立屯堡，又遣都督冯诚、指挥赖镇及千百户等督建洱海城，其城周长12里、高25尺（清康熙二十九年《云

南通志》、清光绪二十七年《续云南通志稿》及1949年《新纂云南通志》皆为
"周四里三分，高二丈三尺"，疑误抄）。洪武十九年，改墙体为砖石混砌，
上砖下石，墙高23尺、厚14.3尺、长1612弓。整城建筑为象征权力的正方大印
形状，正中置钟鼓楼为印柄，与西面卧龙岗相呼应，称为"卧龙捧印"。设
城门4座：东门曰"镇阳"，南门曰"镇海"，西门曰"清平"，北门曰"仁
和"，各门皆建城楼，城楼为二层重檐式歇山顶木结构建筑，城门外有吊桥。
四周城墙上有垛口1530座。建钟鼓楼1座于城北。城墙正北、东北、西南各设
进水口1处，南、东、西各设出水口1处。城壕宽4丈、深2丈，河旁栽种杨柳，
周4.3里。天启三年（1623），因地震，城之东南隅楼堞俱毁，唯南楼仅存
（据清光绪二十七年《续云南通志稿》卷二十四）。

　　清康熙七年（1668），守备叶蓁，知县王请度、涂方升重修。雍正八年
（1730），知县王璐再修。乾隆二十六年（1761），知县徐谥请帑大修。修
毕，城周长920丈，增筑南门月城。乾隆四十九年，知县徐焕重修。嘉庆十九
年（1814），知县蔡世英增修。同治十一年（1872），因遭炮击，部分墙体被

▽ 修缮后的镇阳门拱券　本文照片均由李日影摄　　▽ 从镇阳门外远眺城内

△ 镶嵌在城墙上的"红二军团祥云东城门战斗遗址纪念碑"

△ 修缮后的城门拱券外观

轰塌，东北城缺高2.3丈、宽18.5丈；西城缺宽2.5丈；南城缺宽1.43丈；北城缺宽21.3丈。后由乡绅捐银817两修复。但4座城楼及南月城楼因经费不足而无法修复。光绪三年（1877），大雨，城墙复崩50余丈，知县鸣泰等筹款400两复建城垣，而4座楼仍未修（据清光绪十六年《云南县志》卷三）。

20世纪50年代中期，四门保存完好，多数城墙尚存。1957年，拆除小月城。1976年，为安排城镇居民建房，先后拆除东、西、北面城墙及西、北城门。1978年，新建百货大楼，拆除南城门；同年，南大街规划建设拆除南面城墙。

1987年2月，财政拨款3.46万元由文化局主持维修（据1996年《祥云县志》第三章）。现仅存东城门洞为古城遗物，门洞为砖拱卷门，高3.7米、下宽4.2米、进深24米。整个门洞部分已毁，但局部保留了当年的门洞及部分城墙。

1983年，祥云城遗迹被列为县级文物保护单位。2003年，祥云城列为省级文物保护单位。

王腾　肖璘

云南县城池：即卫城。明洪武十九年建。周四里三分，高二丈三尺。池阔四丈，深二丈。

——清《考工典》第二十四卷，引自《古今图书集成》

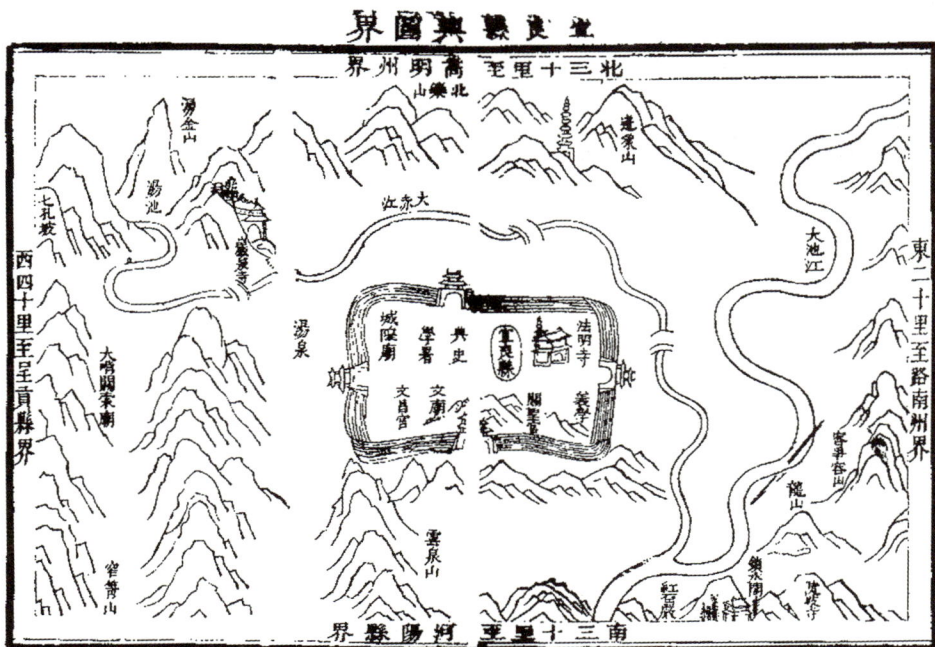

△ 宜良县舆图　引自《云南府志》清康熙三十五年刊本，载《中国方志丛书·云南省（26）·云南府志》

宜良，彝语意为"山谷间的坝子"，位于云南省中东部，属昆明市郊县。东临陆良县、石林县，南接弥勒市、华宁县，西与澄江县、呈贡区和官渡区毗邻，北同嵩明县、马龙县相连。

西汉元封二年（前109），武帝置益州郡，宜良为昆泽县。晋永嘉二年（308），为晋宁郡。隋开皇十七年（597），隶属昆州。元至元十三年（1276），升为宜良州；至元二十一年（1284），改州为县。明清时，沿称宜良县，属云南府。1914年，属滇中道。1983年，宜良县划属昆明市。

据《元史·地理志》记载，宜良最早筑城自唐武德元年（618）之后，蛮酋罗氏据此，筑城，名"罗裒笼"，其他细节皆无从考证。

明洪武二十四年（1391），副千户许斌于雉山之麓始建砖城，城周长4里、高1.3丈（据清康熙二十九年《云南通志》卷六）。设城门4座：东曰"太

337

◁ 宜良城东门夜景　蒋晓博提供

和"，南曰"文焕"，西曰"严肃"，北曰"广润"。无城壕。弘治十二年（1499），因地震，城垣倾圮，指挥方略按察司知事陈乐重修，修门楼4座：东曰"向阳"，南曰"来薰"，西曰"奋武"，北曰"拱极"（据清光绪二十七年《续云南通志稿》卷二十四）。

清康熙五十年（1711），知县徐琳重修。雍正十年（1732），知县朱干倡重修，改东门为"仁育"，改南门为"文焕"，改西门为"义正"，改北门为"观光"（据1949年《新纂云南通志》卷四十一）。乾隆九年（1744），知县张日旼重修。乾隆二十六年，知县富森主持重修，次年竣工。城周长595.4丈（计3.3里）、高1.8丈，城下基以条石砌6尺，上用砖砌6尺。底厚1.4丈、顶宽8尺。建城门楼4座，各5间，一层，四角出峰。共设垛口850多座，城垛高3尺。另设土牛、系石板、铺墁。嘉庆二年（1797），署知县周熊重修。光绪十七年（1891），知县皮尔梅监工补修。光绪二十七年，知县赵文哲补修北城墙右侧城垣。光绪三十一年，北城墙焚毁。光绪三十三年，知县王镇邦主持重建。宣统元年（1909），知县龚泽培重修北门城楼及城墙。

1914年，县知事钱良骏补修西门城楼。1918年，县知事何光龄补修南、北两座城门楼。1920年，县知事王槐荣、督区长许朝舜、实业员长马云翔补修东门、北门一带城垣。1921年，城东北隅城垣倾圮，县知事赵光寿补修（据1921年《宜良县志》卷三）。

20世纪50年代后，因县区改造，城垣几乎全被拆除。

1990年，残存的宜良城遗迹被列为市（县）级文物保护单位。

王腾

宜良县城池：明洪武二十四年建。广四里，高一丈三尺，无池。
——清《考工典》第二十四卷，引自《古今图书集成》

△ 寻甸县城图　引自张驭寰《中国古代县城规划图详解》（科学出版社，
2007年）

寻甸，地处云南省东北部，横跨金沙江、南盘江两流域之间，是滇东北
之要冲。

汉元封二年（前109），始置郡县，此地为益州郡牧靡县。天宝九载
（750），为大蒙国的寻甸部，始有"寻甸"之名。明洪武十五年（1382），
改仁德府为寻甸军民府。成化十二年（1476），改称寻甸府，至此之后均称
"寻甸"。清康熙八年（1669），改府为州，隶曲靖府。1913年，改州为县，
称寻甸县。1979年，成立寻甸回族彝族自治县。

寻甸最早筑城时间有二说：清光绪二十七年《续云南通志稿》及1949年
《新纂云南通志》均载为明成化十五年（1479），而明嘉靖版《寻甸府志》及
1999年《寻甸回族彝族自治县志》均载为明成化十九年，现多从后种说法。为
知府屈伸始筑土城，设三门，城址在今城东古城村。正德九年（1514），知府

戴鳌增拓，周长3里左右，设四门：东曰"大有"，西曰"高冈"，南曰"清流"，北曰"凤梧"（据明嘉靖版《寻甸府志》上卷）。嘉靖六年（1527），土酋安铨破城，城毁。嘉靖十一年，知府刘秉仁在玉屏山下另筑砖城1座（今城址），周长530丈（清康熙二十九年《云南通志》为"三里三分"），"径一里三分"（据清光绪二十七年《续云南通志稿》卷二十五），城高1.9丈、厚2.5丈。设城门4座，门上皆建城楼：东曰"启明"，西曰"宝成"，南曰"朝宗"，北曰"拱辰"。设垛口901座、城铺8座（据明嘉靖版《寻甸府志》上卷），并开挖城壕（清《考工典》记为"无池"）。

清康熙三十一年（1692），知州黄肇新重修东、北两座城楼。康熙五十二年，因地震，女墙倾圮。知州李月枝重修。康熙五十九年，南门城楼因火被毁。乾隆三年（1738），知州陈齐庶重修四门城楼，并题写额匾：东曰"复旦迎曦"，南曰"南熏介阜"，西曰"西成普遂"，北曰"北绮流青"。乾隆二十六年，城垣倾圮，知州舒瑞龙用大石补修坍塌处。乾隆四十年，知州德坤捐修。乾隆五十七年，巡道王禄朋修四门城楼。嘉庆八年（1803），知州廖映暄、卢念先后捐修。道光十九年（1839），巡道朱士达重修，增高三尺，后因兵乱坍塌。光绪七年（1881），巡道崇缮重修（1949年《新纂云南通志》卷四十二）。

1953年，拆除城墙，将东、南、北城墙基地改为1770米的环城砂石公路；拆除钟鼓楼，将其南北的东钟、南钟街拓修为9米宽、600米长的"三合土"路面。至今仅幸存下东门街口一小段残缺不全的城墙，为东门遗址。

1990年，残存的寻甸城遗迹被列为市（县）级文物保护单位。

王腾

寻甸州城池：明成化十九年，知府屈伸创筑土城。嘉靖十二年，抚按檄知府刘秉仁等相改筑，砌以砖。周三里三分，无池。

——清《考工典》第二十四卷，引自《古今图书集成》